二戰硝煙下的蘇德、遠東與上海

An Overview
on World War II History

馬 軍 ——— 著

目錄

序／華強 1

蘇德篇

• 蘇德戰爭合圍戰特點探析 7
• 德國侵蘇僕從軍史略 25
• 略論「相向突擊」在蘇德戰爭中的使用 45
• 善出奇兵的曼斯坦元帥 51
• 史達林在衛國戰爭初期的三次戰略失誤 59

遠東篇

• 對「中國戰場決定性地位」的再思考 67
• 第二次世界大戰日本陸軍兵器生產的局限 79
• 論二戰時期日軍戰車兵種的落後 97
• 漠視後勤：日本舊陸軍的特性
　　——評藤原彰回憶錄《中國戰線從軍記》 115
• 誰是戰勝日本軍國主義的決定性力量？ 123
• 論第二次世界大戰日本陸軍軍事學術的落後 135
• 《申報》所見的靖國神社 155

上海篇

- 戰後國民政府遣返韓人政策的演變及在上海地區的
  實踐 181
- 戰後國民政府留用日籍技術人員政策的演變及在
  上海地區的實踐 209
- 上海兩租界邊界鐵門：從一二八到八一三 259
- 《「八一三」抗戰史料選編》是怎樣編成的？ 289
- 1946 年上海美軍軍事法庭對澤田茂等在滬虐殺美國
  杜立德航空隊飛行員的審判 295
- 石原勇在上海吳淞、江灣集中營虐待美國戰俘案
  329
- 《「九‧一八」——「一‧二八」上海軍民抗日
  運動史料》是怎樣編成的？ 345

後記 351

序

華　強
國防教育進修學院教授

　　馬軍囑我為他的大作《二戰硝煙下的蘇德、遠東與上海》寫一個序，我欣然應允。說起來，馬軍是我的老朋友了。1990 年代，我在軍校工作，馬軍在復旦大學求學。有一天，值班室打電話說有人找你。我在學校大門口見到一個騎自行車的青年，他就是馬軍，那是我們初此見面。馬軍人高馬大，是一個挺帥氣的小夥了，給我留下深刻印象。

　　馬軍酷愛軍事史，這本書匯聚了他過去三十年有關二次大戰史的論文、文章等，是他多年鑽研軍事史的焦點所在。馬軍年輕時就喜愛閱讀戰爭史，特別是二戰時期蘇聯將帥的回憶錄，例如朱可夫的《回憶與思考》、科涅夫的《方面軍司令員筆記》等，我很驚訝馬軍與我的同好。我讀小學時，喜愛看課外書籍，可是當時找不到什麼書。我母親的朋友在中蘇友好協會圖書室工作，得此之便，我讀了不少蘇聯方面的書，特別是戰史書。讀中學以後，學的是俄語，自然而然對俄羅斯歷史感興趣，自覺不自覺地閱讀了不少前蘇聯書籍，特別是軍事書籍。馬軍閱讀的範圍寬廣，他提到的書籍，我有一些沒有讀過。

　　讀得多，想法自然就多，這本書的論文就是馬軍多年來關於二戰史的想法，全書分為蘇德篇、遠東篇和上海篇三大部分。在〈蘇德戰爭合圍戰特點探析〉一文中，馬軍研究了 1930 年代在

德國和蘇聯應運而生的「閃擊戰」和「大縱深戰役」新型軍事理論，闡述了裝甲戰車部隊在合圍戰役中的作用。學界對「二戰」時期僕從國家的參戰問題研究甚少，而其具有深刻的歷史背景和重要的軍事、政治影響，馬軍撰寫了〈德國侵蘇僕從軍史略〉彌補了這一空白。在蘇德戰爭中，戰爭雙方在合圍、突圍戰役中曾經廣泛採用「相向突擊」的戰略戰術，馬軍為此撰寫了〈略論「相向突擊」在蘇德戰爭中的使用〉。蘇聯衛國戰爭時期，史達林在戰勝法西斯德國及其同盟者的事業中立下巨大功勳，但也發生了不少失誤。馬軍在〈史達林在衛國戰爭初期的三次戰略失誤〉研究了這一問題。在〈論二戰時期日軍戰車兵種的落後〉一文中，作者選擇了三個表格，將日本與蘇聯、德國、美國、英國的戰車從數量到質量進行對比，得出「第二次世界大戰的日軍戰車兵種絕不可與列強同日而語」的結論。其餘如〈誰是戰勝日本軍國主義的決定性力量？〉、〈《申報》所見的靖國神社〉、〈戰後國民政府留用日籍技術人員政策的演變及在上海地區的實踐〉、〈上海兩租界邊界鐵門：從一二八到八一三〉、〈石原勇在上海吳淞、江灣集中營虐待美國戰俘案〉等，都是我比較欣賞的、有學術分量的論文。

馬軍自己總結說：「我總是將軍事學術的三個層次——戰略、戰役、戰術，作為自己分析問題、處理社會事務乃至進行學術管理的基本思維，旨在從遠、中、近的三種視野中，選擇最恰當的措置。這或許是我長期喜好軍事史的一種別樣的收穫。」馬軍研究軍事歷史，其切入點可以概況為三個層次和三種視野。三個層次即戰略、戰役和戰術；三種視野即遠、中、近。馬軍研究軍事歷史的方法，我十分贊同。馬軍的軍事史論文高屋建瓴，視

野開闊，頗有軍人氣質，原因在於此。

　　馬軍的父親曾經是軍人，他給愛子取名「軍」，既是對自己的肯定，也是對兒子的期望。馬軍說：「我在童年時常常在腦際想像著一個騎著馬的解放軍的形象，並幻想著自己長大後也能成為解放軍。」馬軍從軍的願望，我在今年與馬軍的一次交談中才知道。他的這個願望，應該說我曾經有機會相助一臂之力，但卻陰差陽錯，失之交臂。我所在單位的軍事歷史學科點不僅有碩士、博士學位授予權，而且有《軍事歷史研究》雜誌這樣一個陣地。退休前，單位曾經授權我物色兩位接班人作為人才引進，軍、地皆可。當時我物色了幾位，卻沒有想到馬軍。原因在於我們平時接觸不多，相互之間缺乏瞭解。我印象中，馬軍是從事上海地方史研究的，不知道他對於軍事史有強烈的愛好，並發表了那麼多有分量的學術文章。當然，馬軍成果豐碩，而我卻孤陋寡聞，責任在我。像馬軍這樣的人才，正是我們軍事歷史博士點所需要的，未能發現並引進他，是軍事歷史學科點的損失。

　　我讀過馬軍的一些隨筆，記敘他在海外和港臺訪學期間千方百計挖掘資料、搜羅資料的情況。他在學術方面追求真理、一絲不苟的態度使我十分欽佩。此外，他對學術前輩的尊重與懷念也值得稱道。是金子在哪裡都會閃光的，馬軍雖然沒有成為馬上的軍人，今天的馬軍學術成果累累，已經成為上海社會科學院歷史研究所的中堅和骨幹。

　　馬軍研究員目前是該所現代史研究室主任、碩士生導師、學術委員會委員。他的主要著作有《1948年：上海舞潮案──對一起民國女性集體暴力抗議事件的研究》、《國民黨政權在滬糧政的演變及後果（1945年8月至1949年5月）》、《舞廳・市政：上

海百年娛樂生活的一頁》、《鐵門內外：對上海兩租界一項公共防
衛措施的研究（1925-1946）》等等。

　　在上海的各種學術會議上經常看到馬軍忙碌的身影。學然後
能行，思然後有得。馬軍正當壯年，翹首期待他有更多精彩的學
術成果問世。《禮記》曰：博學之，審問之，慎思之，明辨之，
篤行之。與馬軍學弟共勉！

2021 年 12 月

蘇徳篇

蘇德戰爭合圍戰特點探析 [1]

　　第二次世界大戰期間，蘇聯和德國在彼此間的戰爭中先後實施了大大小小數十次合圍戰。戰役規模之大、次數之多、形式之多樣、戰果之豐碩，是有史以來任何戰爭，乃至第二次世界大戰的其他戰場，均無法比擬的。本文擬從戰略戰役諸角度對其特點作一番分析探討。

一

　　合圍是戰略行動的一種樣式，與擊潰戰相比，它更能有效地殲滅敵重兵集團，改變作戰雙方的戰略態勢。蘇德戰爭中，對戰爭的進程和結局有過重大影響的戰役，大多數是以合圍形式解決的。在最初的五個月裡，德軍利用突襲贏得的戰略主動權，先後在比亞威斯托克、明斯克、斯摩棱斯克、烏曼、基輔、布良斯克、維亞茲馬等地圍殲了蘇軍二十多個集團軍。這些戰役的巨大勝利，使法西斯德國的軍事和政治擴張在當時達到了其歷史的頂點。史達林格勒會戰（1942 年 7 月至 1943 年 2 月）標誌著戰爭的根本轉折，是役蘇軍圍殲了德軍一個三十三萬人的大兵團。誠如史達林所說：「斯大林格拉是德國法西斯軍隊開始沒落的起點……德軍在斯大林格拉大激戰之後，就已不能恢復自己的元氣

1　本文修改自：《史林》，1993 年第 3 期（1993.09）。

了。」[2] 為收復國土，蘇軍在 1944 年又先後對德軍實施了十次重大打擊。在蘇軍殲滅的軸心國部隊一百三十個師中，就有半數以上是在合圍戰役中被殲或被俘的。[3] 戰爭後期的柏林戰役（1945年 4、5 月間）、布拉格戰役（1945 年 5 月）也是以蘇軍大合圍戰的勝利告終的，德國法西斯政權及其國防軍因此遭到了徹底的覆滅。莫斯科會戰（1941 年 9 月至 1942 年 4 月）和庫斯克會戰（1943 年 7、8 月間）是戰爭進程中另外兩次里程碑性質的戰役。從嚴格意義上說，這兩次戰役都不能算是合圍戰，但它們卻都與合圍有著一定的聯繫。前者穿插著一系列合圍性質的局部戰役，後者的前半部分實際上就是德軍實施的一次未成功的合圍戰。

合圍戰役按級別可簡單地分為戰略性和非戰略性兩種。參加戰略性合圍戰的部隊，蘇軍通常是數個方面軍，德軍通常是集團軍群或數個集團軍；非戰略性合圍戰，雙方投入的兵力一般為數個集團軍或數個軍。縱觀戰爭中的數十次合圍戰役，前期大部分是德軍針對蘇軍，後期則正好相反。很明顯，掌握戰略主動權，在經濟及軍事等方面占據優勢的一方，較多也較易實施這類戰役。

規模宏大，是蘇德戰爭合圍戰的一個顯著特徵。為達到奪取勝利之目的，雙方常常在作戰地域內投入數量龐大的兵力兵器。這裡以戰爭前、中、後期具有代表性的三個戰略性戰役為例，見

2　斯大林，《論蘇聯偉大衛國戰爭》（莫斯科：外國文書籍出版局，1950），頁 97。

3　安・安・格列奇科著，廈門大學外文系俄語專業 1972 級工農兵學員譯，《蘇維埃國家的武裝力量》（上海：上海人民出版社，1976），頁 379。

表所示：

	人員（萬）	火砲和迫擊砲（門）	戰車和突擊砲（輛）	作戰飛機（架）
莫斯科會戰	305.0	21,600	2,690	2,067
史達林格勒會戰	211.7	25,790	2,183	2,566
柏林戰役	350.0	52,400	7,750	10,800

資料來源：蘇聯軍事百科全書中譯本編譯組編，《外國著名戰爭戰役》（北京：知識出版社，1981）。

　　單就參戰人數而言，三次戰役都在百萬以上。柏林戰役甚至達到三百五十萬人，實為世所罕見。即使是規模略小的非戰略性合圍戰，雙方參戰兵力的總數一般也有幾十萬之眾。就合圍戰的戰場而言，戰役常常在相當廣闊的地域內進行。德軍戰場的正面寬度為二百至八百公里，縱深達二百五十至三百五十公里。蘇軍的作戰範圍則更大，正面寬度可至一千二百公里，縱深達六百公里。[4] 如此寬廣的正面、深遠的縱深，真是戰爭史上的奇觀。由此可見，合圍戰無論發生在戰爭的哪個階段，無論規模如何，實際上都是蘇德雙方集聚國家大量人力物力而展開的生死大搏鬥。

　　蘇德戰爭中的合圍戰還以戰場殲敵數量巨大而聞名於世。一次戰役中陷入合圍的部隊少則數萬，多則數十萬。以編制計算，少一點的是幾個師或幾個軍，多點的則有數個集團軍，甚至一個方面軍。以下援引戰果最大的十個合圍戰數字：

1. 比亞威斯托克－明斯克戰役（1941 年 6、7 月間），德軍俘蘇軍三十二萬八千人。

2. 斯摩棱斯克戰役（1941 年 7、8 月間），德軍俘蘇軍三十一萬人。

4　詳見蘇聯《軍事歷史雜誌》1985 年第 10 期所載「蘇聯武裝力量在偉大衛國戰爭中的戰略性進攻戰役表」，轉引自張海麟等著，《第二次世界大戰經驗與教訓》（北京：世界知識出版社，1987），頁 206-217。

3. 基輔戰役（1941 年 7 至 9 月），德軍俘蘇軍六十六萬五千人。

4. 維亞茲馬戰役（1941 年 10 月），德軍俘蘇軍六十六萬三千人。

5. 卡爾科夫戰役（1942 年 5 月），德軍俘蘇軍二十四萬人。

6. 史達林格勒會戰（1942 年 8 月至 1943 年 2 月），蘇軍圍殲德軍三十三萬人。

7. 雅西－基什尼奧夫戰役（1944 年 8 月），蘇軍俘德軍及羅馬尼亞軍二十萬八千六百人。

8. 布達佩斯戰役（1944 年 10 月至 1945 年 2 月），蘇軍圍殲德軍及匈牙利軍十八萬八千人。

9. 柏林戰役（1945 年 4、5 月），蘇軍俘德軍四十八萬人。

10. 布拉格戰役（1945 年 5 月），蘇軍俘德軍及俄羅斯解放軍（弗拉索夫偽軍）共八十六萬人。[5]

　　縱觀二戰的其他陸上戰場，大概只有西線戰場的魯爾戰役可與它們媲美，是役西方盟軍合圍了德軍一個集團軍，俘獲了三十二萬五千人。[6]

二

　　規模宏大、地域廣闊、戰果豐碩……這些都是蘇德戰爭合圍戰外在的特徵。這些特徵之所以得以顯現，很大程度上取決於新技術兵器性能的不斷提高，以及新型戰略戰役理論的完善與運用。

5　以上數據引自蒂佩爾斯基希著，賴銘傳譯，《第二次世界大戰史》，上、下冊（北京：解放軍出版社，1986）；蘇聯軍事百科全書中譯本編譯組編，《外國著名戰爭戰役》；蘇聯國防部軍事歷史研究所等編，張海麟等譯，《第二次世界大戰總結與教訓》（北京：軍事科學出版社，1988）。

6　蒂佩爾斯基希著，賴銘傳譯，《第二次世界大戰史》，頁 673。

　　第一次世界大戰以後，軍事技術發展到一個新的歷史階段，在新技術兵器日新月異的變化之中，戰車、飛機的改進是最引人注目的。與一戰時相比，戰車在火力、速度、行程、裝甲防護力、複雜地形通行能力和集中協調能力等方面有了長足的進步；飛機在航速、行程、火力、爬升高度、機動性能、載彈量等各項指標上亦有了驚人的飛躍。「坦克和飛機的機動性已大幅度地提高，因此有可能發展成一種新的戰術，徹底地影響戰爭的藝術。」[7] 於是，「閃擊戰」、「大縱深戰役」這樣的新型軍事理論便分別在 1930 年代的德國和蘇聯應運而生。

　　「閃擊戰」理論是納粹德國狂妄侵略野心在軍事上的必然反映。德國法西斯軍政領導人希特勒、戈林、古德林、哈爾德等人，在繼承本國毛奇、希里芬的「短促突擊」，魯登道夫的「總體戰」思想的基礎上，吸收義大利人杜黑的「空軍制勝」和英國人富勒的「機械化戰爭」理論中的某些原則，揉合成自己的一整套新的戰略、戰役、戰術理論。該理論關於準備和實施戰役的原則主要可歸結為：「以一個或兩個突擊集團突破敵防禦。在幾個主要突擊方向投入一個或兩個坦克群，坦克群向縱深神速推進，分割敵防禦陣地，粉碎敵戰役預備隊，攻占守軍的最重要據點，進入敵主要集團的後方，以快速部隊截斷敵退路，然後俟後續進攻的步兵一開近即形成戰役或戰術合圍圈；借助在整個進攻過程中始終同地面部隊密切協同動作的航空兵的連續襲擊而最後完成粉碎敵軍的任務。」[8]「大縱深戰役」理論是蘇聯軍事領導人圖

7　富勒著，綻旭譯，《戰爭指導》（北京：解放軍出版社，1985），頁 224。
8　杰列維揚科主編，《第二次世界大戰史》，第 3 卷（上海：上海譯文出版社，1981），頁 581。

哈切夫斯基、特里安達菲洛夫、葉戈羅夫等人創立的。這是一種
關於大規模使用現代化、有良好技術裝備的軍隊作戰的戰役理
論。該理論規定，戰役的「第一項任務是對敵人的整個戰術縱深
同時實施突擊，以突破敵人正面；第二項任務是立即將機械化部
隊投入突破口，該部隊在空軍協同下應向敵整個戰役防禦縱深進
攻⋯⋯只有使用空軍和砲兵摧毀敵整個防禦縱深，加之對敵軍集
團的翼側和後方實施堅決的行動以合圍並殲滅敵人，才能保證縱
深戰役的勝利」。[9] 上述兩種理論在實施進攻戰役的具體原則上
有著許多相似之處。它們都拋棄了一戰期間形成的那種緩慢、按
部就班地克服敵一道道防禦陣地的做法，主張在主要方向上大量
集中使用突擊力量（戰車、飛機、火砲），實施一系列大縱深、高
速度的連續突擊，並盡可能地以合圍敵大兵團的形式完成戰役。
這裡的「合圍」顯然已不是先前意義上的那種合圍了。它在理論
上被賦予了諸如機械化、大縱深、高速度等完全嶄新的內容。

　　「閃擊戰」理論是很能滿足德國擴張主義野心的。這種理論
在 1938 年基本形成之後，很快就付諸實踐。德軍在波蘭戰役和
法國戰役中的勝利，證明了「新型合圍戰」具有的普遍意義，同
時在實戰中又使其得到了進一步的完善。初戰得勝使德軍領導人
十分迷信合圍戰役的應用，於是決定在即將進行的對蘇戰爭中也
「如法炮製」。與此相比，「大縱深戰役」理論命運多舛，1937
年因圖哈切夫斯基等人被冤殺，幾乎使這一理論被完全否定。而
後，儘管一部分年輕、富有新思想的將領始終堅持它的作戰原

9　朱可夫著，中國人民解放軍軍事科學院外國軍事研究部譯，《回憶與思考》
　　（北京：中國對外翻譯出版，1984），頁 125。

則，儘管蘇軍也有了進行戰車合圍戰的成功實例（1939 年蘇日諾門罕戰役），但總的來說，戰爭爆發前，無論在合圍戰役的理論指導上，還是在實戰經驗上，蘇軍都還遠不及德軍。

德軍的合圍手段在戰爭之初即已相當嫻熟，它的一系列輝煌的合圍戰絲毫不比蘇軍後來的史達林格勒會戰遜色。但是，在 1943 年初失去戰爭主動權之後，德軍在這方面就很快變得無所作為。蘇軍的情況正好相反，最初在組織對敵合圍時，常常顯得很笨拙，不僅次數少，而且成功率也低。蘇軍是在戰爭中通過不斷摸索、積累經驗，甚至借鑒其對手的某些作戰原則後，才逐步掌握和完善合圍這門戰爭藝術。

三

蘇德戰爭中，合圍戰的機動樣式是繁複多變的。從開始實施合圍，到建立合圍的對內對外正面，直至最後消滅被圍之敵，每個階段都呈現出多樣化的色彩。

對敵實施合圍最常見的樣式可概括為以下三種：

（一）進攻一方實施一個強大而猛烈的包圍突擊，將敵軍壓到難以克服的天然地區，譬如瀕海或半島地區，然後予以殲滅。第一次塞凡堡戰役（1942 年 7 月）、第二次塞凡堡戰役（1944 年 5 月）即屬此種。海陸軍協同作戰，是此種樣式的基本特徵。海軍能否有效地從海上封鎖、打擊敵人，切斷其退路，這對戰役的成敗至關重要。

在具體作戰中常常會出現這樣一種情況，即進攻一方只對被逼至瀕海地區的敵軍集團實施嚴密封鎖，而不對其進行最後的圍殲。例如在波羅的海沿岸戰役（1944 年 9 月至 11 月）中，蘇軍

曾將德軍北方集團軍逼進庫爾蘭半島內，但此後對其一直圍而不打，並直至戰爭結束。[10] 出現這種情況多半是由於攻方兵力不足的緣故，因為該方向可能只是一個次要方向，而此時主要方向正需投入大量的兵力，出於戰略考慮，因而只能「厚彼薄此」。

（二）進攻一方在兩個方向上同時實施強大突擊，突擊部隊沿向心方向迅速推進，在敵軍集團的後方會合以達成合圍。其特點是利用快速部隊的鉗形突擊，形成一個龐大的合圍圈，將敵重兵集團完全包容在內。如斯摩棱斯克戰役、史達林格勒會戰、雅西－基什尼奧夫戰役等。

相向突擊是重要的合圍手段，經常被運用到消除敵突出部或殲滅突入之敵的戰役行動中。由於各種原因，綿亙的戰線常常在某一地段形成伸向一方的突出部。在突出部的根部兩側實施相向突擊，是切斷突出部內敵軍與其後方部隊聯繫從而將其合圍的最有效手段。如比亞威斯托克－明斯克戰役、刻爾松－舍甫琴科夫斯基戰役（1944 年 1、2 月間）等。合圍除了用於戰略進攻外，有時也可用於戰略防禦。這種情況一般出現在敵突擊集團突破我當面防線，並向縱深推進的時候。因為此時如果在敵突破口的兩端實施類似關門的相向突擊，則可以達到封閉突破口、恢復原防線、合圍突入之敵的目的。如柳班戰役（1942 年 1 月至 4 月）、卡爾科夫戰役等。

（三）進攻一方在數個方向上，沿向心、平行或離心方向對敵戰役全縱深實施深遠突擊，突擊部隊在高速挺進的同時，抽出

---

10 參見什捷緬科著，軍事科學院外國軍事研究部譯，《戰爭年代的總參謀部》，第 2 部（北京：軍事科學出版社，1984），頁 356-360。

部分兵力圍困或圍殲被分割並已失去戰役聯繫的敵軍各孤立集團。如白俄羅斯戰役（1944 年 7 月至 9 月）、維斯瓦－奧得河戰役（1945 年 1 月）、柏林戰役等。在戰爭末期，擁有大量快速部隊、占據兵力兵器較大優勢的蘇軍，經常實施這類戰役。其主要特點是：縱深和正面特別廣大；常常形成數個合圍圈，在圍殲孤立之敵的同時，突擊部隊仍在不停頓地前進；能在較短的時間內產生重大的軍事和政治影響。以最具代表性的白俄羅斯戰役為例：戰役之初，蘇軍在六個方向上同時實施的強大突擊，完全打亂了德軍的布勢。接著，在蘇軍的平行追擊和正面追擊下，德軍五個被割裂的集團相繼遭到了圍殲。整個戰役在正面一千一百公里、縱深五百五十至六百公里的遼闊大地上進行，總共持續了八十八天。[11]

　　合圍圈形成之後，為了將被圍之敵同正在行進的解圍部隊可靠地隔離開來，重要的是必須建立合圍的對外和對內正面。對外正面是為了抗擊合圍圈外敵預備隊的反突擊，挫敗其解圍企圖；對內正面目的在於阻止被圍敵軍突圍，並最後予以分割、殲滅。

　　對外正面主要有防禦、機動兩種樣式。當敵解圍部隊開始實施大規模的反突擊，而施圍一方尚未占據明顯優勢時，一般應建立防禦性的對外正面。刻爾松－舍甫琴科夫斯基戰役是比較鮮明的例證。此役，德軍試圖以十四個師（其中八個裝甲師）的兵力打破蘇軍二十五個師外加二個戰車集團軍構成的對外正面。雖然蘇軍在人數上略占優勢（德軍師的人數約為蘇軍師的二倍），但

---

11 蘇聯國防部軍事歷史研究所等編，張海麟等譯，《第二次世界大戰總結與教訓》，頁 459。

戰車數量卻不如德軍。在這種情況下，蘇軍就地轉入牢固防禦，直至對內正面完成殲敵為止。[12] 當進攻部隊構成合圍圈後，如果己方仍保持著較強的突破力，敵軍又未組織有效的反突擊，那麼毋須轉入防禦，而應構成機動對外正面，繼續向敵縱深發展進攻。機動對外正面不是凝固不變的，而是在不停地移動，使敵軍無法組織被圍集團與其基本兵力之間的直接協同。在機動的對外正面上，常常集結著進攻一方的大部分兵力，以及絕大多數的裝甲戰車部隊。與此同時，用於對內正面作戰的，則一般都是小部兵力。譬如在比亞威斯托克－明斯克戰役中，德軍用來對蘇軍進行近距離包圍的是戰鬥力相對薄弱的若干步兵師，而向蘇軍後方迅猛挺進的卻是二個強大的裝甲軍團。[13] 又如雅西－基什尼奧夫戰役，是役蘇軍部署在對外正面上的兵力竟比對內正面多二十個師左右。在對外正面上究竟取攻勢還是取守勢，總的來說，是依據於具體地段、具體時間的敵我兵力狀況而定。

對內正面上的部隊肩負著反突圍和殲敵兩項基本任務。為此，必須預先在被圍敵軍最有可能突破的方向上加強兵力。一旦敵軍開始突圍，則應以頑強的防禦阻止其與對外正面上的敵軍會合。殲滅戰役開始後，通常採取壓縮和分割的方法，交替進行。壓縮是為了突破敵軍構築的環形防線，將其逼進狹小地域；分割則是將被圍敵軍切割成失去聯繫的數個部分，使其喪失總體協調和機動的能力。在殲滅殘敵時，一般先消滅其最弱的部分，然後

12　詳見科涅夫著，肖兵等譯，《方面軍司令員筆記》（北京：軍事譯文出版社，1985），頁 101。

13　詳見西頓著，中國人民解放軍軍事科學院外國軍事研究部譯，《蘇德戰爭（1941-1945）》（上海：上海人民出版社，1983），頁 128。

再逐次突擊其他較強的部分，由弱及強，直至全殲。

四

　　裝甲部隊是陸軍的主要突擊力量，在合圍戰役的各個環節中，它所起的決定性作用是其他軍兵種無法替代的。

　　為能順利實施大縱深的合圍戰役，「必須有威力強大的坦克兵團和軍團，它們應具有強大的突擊力、高度的快速性和機動性」。[14] 戰車的戰鬥威力首先依賴於它本身的技術性能。蘇德戰爭中的主戰戰車，在主要的技戰術指標上都已達到了相當高的水準。「T-34」、「KB-1C」、「M-5」、「M-6」四種型號的戰車，全重在二十八點五至五十八點六噸，裝甲厚度四十至一百一十公厘，火砲口徑七十五至八十八公厘，裝備二至三挺機槍，最大時速為三十五至五十六公里，最遠行程可達一百三十六至三百公里。[15] 強大的火力、迅猛的速度、牢固的防護構成了它們共同的技術特徵，成為進行新型合圍戰不可缺少的物質基礎。此外，新型的編組又相應地提高了戰車的戰鬥威力。因為「坦克單獨行動或協同步兵行動都不能取得決定性的勝利……因此，不要把坦克編在步兵師內，而要建立包括各兵種的裝甲師」，[16] 使戰車更好地發揮作用。蘇德雙方都先後建立了由諸兵種合成、旨在解決不同戰役問題的各級戰車／裝甲兵團和軍團，如戰車／裝

14　洛托茨基等著，烏傳袞等譯，《戰爭史和軍事學術史》（上海：上海譯文出版社，1980），頁 455。

15　詳見馬塞爾・博多等主編，曹毅風等譯，《第二次世界大戰歷史百科全書》（北京：解放軍出版社，1988），頁 700-701、704。

16　馮・梅林津著，劉名于譯，《坦克戰》（北京：戰士出版社，1981），頁 2-3。

甲旅、戰車／裝甲師、戰車／裝甲軍、戰車／裝甲軍團、戰車集團軍等。這既有利於近距離範圍有效地支援步兵和砲兵作戰，又能夠在航空兵配合下，獨立擔負起遠距離的貫突、合圍任務。

　　東歐平原雖然分布著許多沼澤和森林，但是山地卻較少，從總體上說，比較易於發揮戰車的快速運行能力。蘇德戰爭期間，戰車大兵團為保持高速行進，常常脫離步兵作戰，其進攻速度每晝夜一般在四十至五十公里之間，個別可達八十公里以上。[17] 戰車部隊的高速進軍，在整體上加快了合圍戰役的節奏，使其瞬息萬變而又緊張激烈。圍殲敵軍一個幾十萬人的大兵團，過去往往曠日持久，而現在只需幾十天、十幾天，甚至更短的時間。前列的十個戰果最大的合圍戰，其中就有五個是在二十天內完成的。[18] 戰車部隊的參戰，又能更多地創造合圍的機會。在大致相同的態勢下，以前由於沒有理想的遠距離突擊兵器，因而只能打縱深有限的擊潰戰，而現在卻可以憑藉快速集群的深遠突擊，輕易地前出至敵軍後方，趕在敵軍撤出基本兵力之前，將它完全包圍在內。蘇德戰爭的合圍戰之所以出現得如此頻繁，原因就在於雙方的軍事統師都熟諳了這一戰法。以往的合圍戰，施圍的一方在兵力上一般都要比對方多幾倍，乃至十幾倍。這是因為在機動能力差、火力薄弱的時代，要在廣闊的空間確保合圍戰役的成功，就必須配置足夠數量的兵力，以此形成對敵軍的壓倒優勢（除非控制了極為有利的地形）。戰車武器的出現打破了這種慣

17　蘇聯國防部軍事歷史研究所等編，張海麟等譯，《第二次世界大戰總結與教訓》，頁 469。

18　比亞威斯托克─明斯克戰役持續時間：十六天。維亞茲馬戰役：十一天。卡爾科夫戰役：十五天。雅西─基什尼奧夫戰役：十五天。布拉格戰役：七天。

例，它將機動力與突擊力融為一體，一俟情況需要，即可從次要地段迅速集中趕至最急需的地段投入交戰。因此，高度機動地使用極具殺傷力的戰車，能夠同樣完成在過去需投入龐大的兵力才能完成的戰鬥任務。在蘇德戰爭中往往出現這種情況，即施圍的一方並不在兵力上占據多大的優勢，有時甚至居於劣勢，但最後卻取得了圓滿的成功，其原因就在於此。另外，戰車的強大火力、堅厚的裝甲和龐大的軀體，以及它的集群編制投入戰鬥，更使它具有一種精神威懾作用，能使被圍敵軍因恐懼而喪失戰鬥意志，以致最終不戰自降。戰爭初期，由於戰車數量不足，蘇軍曾不得不以騎兵代之，如葉列茨戰役（1941 年 10 月）等。實踐證明，戰車的作用是不可替代的。騎兵雖同樣具有快速應變的能力，但火力、持久力、防護力都較差。合圍敵軍，也許並不困難，但要順利完滿地將其殲滅，騎兵就常常顯得力不從心。由騎兵實施的合圍戰，其成功率是不高的。

在合圍戰役中，占第二位的兵種是航空兵。航空兵通過執行殲擊、轟炸、強擊、運輸、偵察等各項任務，能對合圍戰役的進程和結局施加舉足輕重的影響。

地面部隊在準備進攻和突破敵人主要防禦地帶的時候，要求航空兵進行不間斷的支援和掩護。支援的內容在於，以航空兵的密集突擊直接消滅戰役全縱深的敵軍，並竭力壓制阻礙我快速集群前進的敵預備隊、戰車、砲兵、支撐點等有生力量。掩護則可以使執行貫突任務的地面部隊免遭空中敵機的襲擊，它通常以奪取制空權的形式來得以實現。在合圍達成之後，航空兵還需擔負起對被圍敵軍的空中封鎖任務，目的是阻止敵人從空中向其輸送用以加強的物質器材和人員。空中封鎖，對於戰役的最後成敗

具有特別重要的意義。蘇軍在傑米揚斯克戰役（1942 年 1 月至 5 月）中，曾將德軍六個師合圍起來，結果由於未能從空中對其嚴密封鎖，致使德軍能夠借助空運給其被圍部隊調來大量的彈藥、給養和補充兵員。依仗良好的空運保障，德軍打得十分頑強，蘇軍最終未能將其殲滅。[19] 在後來的史達林格勒會戰中，蘇軍吸取了教訓，「飛行員廣泛組織了埋伏、驅逐和游擊敵人運輸機，襲擊位置在包圍圈內外的敵人飛機場，很快地打破了希特勒德寇由空中支援被圍兵團的試圖……敵人損失了一千架運輸機」。[20] 陷入重圍的德軍每天需補給七百噸物質，但實際上平均只能得到一百零四點七噸，糧食、彈藥均感奇缺。[21] 這次空中封鎖有力地促成被圍德軍的最後崩潰。

　　威猛的砲兵是火力最大的兵種，密集有效的砲兵火力是壓制和消滅敵人的極有效手段。砲兵在合圍戰役的起始階段，重點加強擔負合圍任務的突擊集團，壓制敵人縱深內的防禦。合圍達成後，集中配置在對內和對外正面之間，用以抗擊敵解圍或突圍集團的反突擊。在最後殲敵時，支援擔負分割任務的突擊集團，打擊敵人的有生力量，並同航空兵配合進行空中封鎖。

　　步兵可以在任何時間、任何地形、任何氣候條件下作戰，能夠完成各種複雜的戰鬥任務。在合圍戰役中，步兵雖然不如裝甲

19　參見西頓著，中國人民解放軍軍事科學院外國軍事研究部譯，《蘇德戰爭（1941-1945）》，頁 267-269。

20　捷尼索夫上校著，臧守珩等譯，《蘇聯空軍的戰鬥榮譽》（北京：時代出版社，1956），頁 108。

21　見漢斯・阿道夫・雅各布森等著，中國人民解放軍外國軍事研究部譯，《第二次世界大戰的決定性戰役：德國觀點》（南京：江蘇人民出版社，1982），頁 243。

兵、航空兵那樣顯眼，但由於它擅長近距離戰鬥，因此常常可以
彌補技術兵種的某些不足。突破敵戰術地幅，尾隨戰車部隊跟
進；近距離包圍敵集團；在合圍正面抗擊敵突圍等等，是步兵在
合圍戰役中的例行任務。

五

　　遭到合圍，意味著人員、兵器的重大損失，意味著將導致軍
事上的慘敗。如何避免被圍，在被圍以後如何突圍，也是探討合
圍戰役特點應該涉及的問題。

　　及時有效地遏制敵突擊集團高速度的迂迴、貫突，是挫敗敵
方合圍企圖的關鍵。正確判斷對手的主突方向、預先在那裡布置
重兵、建立把諸軍兵種的火力與工程障礙物結合在一起的反戰車
防禦體系是至關重要的。當敵人即將發起進攻時，應施以準確的
反準備，以強大密集的火力毀傷在進攻出發位置集結的敵軍，削
弱其首次突擊的威力。當攻方發起進攻並楔入守方防禦縱深時，
應堅決地對其翼側實施一系列猛烈的反突擊，其中打擊的重點應
指向對方的快速集群。反突擊通常由事先建立的戰略戰役預備隊
來實施，目的是分散敵人在突進方向上的兵力、降低其前進速
度、消滅楔入之敵和恢復原防禦態勢。戰爭期間，借助反準備、
反突擊得以粉碎敵人合圍攻勢的戰例有很多，庫斯克戰役是其中
的典範。參與此役的一個德國將軍這樣寫道：「俄國人正像我們
預料的那樣，對我們的行動作了實際的準備。他們在我們可能突
破的方向加強了防禦，構築了好幾道防禦地區……情況已經十分
清楚，德軍的進攻徹底地破產了。進攻剛開始時，突破俄軍有綿
密的地雷場掩護的陣地遠比我們設想的困難得多。俄軍使用大量

兵力兵器實施的猛烈反衝擊使我們不知所措。」[22] 此役，德軍最終不得不撤回到原來的進攻出發位置。

在攻守雙方兵力過於懸殊的情況下，攻方的突入實際上是很難遏制的。「如果我重兵集團面臨著被合圍和覆滅的威脅，那麼就應當儘快地把它從敵人的突擊下撤出，以避免重大的失敗和無謂的損失。」[23] 撤退必須迅速、果斷，有時候，稍一遲疑，便很難逃脫對方鋼鐵巨流的環抱。如果受到合圍威脅時，仍固執地停留在原地域，那麼後果更不堪設想。蘇德兩方都曾為此付出過慘重的代價。

對一個大兵團來說，沒有比陷入合圍更為惡劣的態勢了。陸路交通被完全切斷，後勤供應得不到保障，在四面強敵圍攻下，被圍部隊是很難作持久抵抗的。在這種情況下，就必須組織突圍。「突圍是一種最困難、最複雜的戰鬥行動。」[24] 在蘇德戰爭中，被圍部隊得以全部或大部突圍的例子屈指可數。其中，蘇軍的布良斯克突圍（1941 年 10 月）、德軍的傑米揚斯克突圍和卡緬涅茨－波多利斯基突圍（1944 年 3 月）值得一提。在這些突圍過程中，部隊雖然丟失了大部分的重型武器裝備，但有生力量（十幾萬、幾十萬的作戰人員）卻基本得以保存。成功的突圍常常連繫著這樣一些因素，如：正確選擇突圍的時機與地段；確定被圍部隊與主力的協同；建立由戰鬥力最強的部隊組成的突圍、

22　馮・梅林津著，劉名于譯，《坦克戰》，頁 279、294。

23　朱可夫著，中國人民解放軍軍事科學院外國軍事研究部譯，《回憶與思考》，頁 366。

24　朱可夫著，中國人民解放軍軍事科學院外國軍事研究部譯，《回憶與思考》，頁 147。

解圍集團；通過空中運輸保障被圍部隊的後勤供應等等。

　　部隊一旦被圍就應迅速突圍，其最佳時機是在合圍圈剛剛形成的時候，被圍與突圍的時間間隔越短越好，若拖延至合圍正面趨於穩固、被圍部隊出現嚴重的物質短缺和心理恐慌時，突圍就很少有成功的希望。突圍的方向一般選擇在易於突破並能與主力迅速會合的地段。走近路當然是最理想的，但有時候遠路比近路更安全，那裡的防範往往相對薄弱。蘇軍在維亞茲馬突圍（1942年 5、6 月間）時，曾兵分兩路，結果走近路的部隊全軍覆沒，走遠路的卻得以幸免。[25] 又如德軍卡緬涅茨－波多利斯基突圍，依據當時的戰場情況，德軍在兩條可能的通道中選擇了一條距離雖遠但較為安全的路線，最後，整整一個集團軍平安脫險。[26] 被圍部隊與其主力實施以戰車為先導的相向突擊，是蘇德戰爭突圍戰鬥的必備動作。要突破牢固的合圍正面，僅僅依靠被圍或解圍部隊的單方面努力是不夠的。事實證明，僅憑單向突擊，絕少能夠突出重圍。由於陸路隔絕，食品、彈藥、燃料的供給只能得之於空中。良好的空中運輸有助於防止（或延緩）被圍部隊的崩潰，亦可增強突圍的能力。戰爭中最出色的一次空中運輸發生在傑米揚斯克上空，德軍為援救被圍的十萬部隊，使用六百架運輸機，連續三個月實施空運，總共運出傷員二萬二千名，運進兵員一萬五千名，平均每日輸送補給品二百七十三噸。[27]

25　參見蘇共中央馬克思列寧主義研究院莫斯科分院編，余力譯，《莫斯科會戰》（北京：軍事譯文出版社，1985），頁 62-64。

26　參見曼施坦因著，鈕先鍾譯，《失去的勝利》（北京：戰士出版社，1980），頁 529-537。

27　見西頓著，中國人民解放軍軍事科學院外國軍事研究部譯，《蘇德戰爭（1941-1945）》，頁 269。

　　被圍部隊除突圍以外還有另外一種選擇，即堅守到底。這通常是由於無力突圍或是為了照顧全域。堅守對戰略全域的貢獻在於能牽制敵方大量的兵力，使其不能被用來對付未被合圍的友鄰部隊。堅守時間的長短，主要取決於兵力對比、地形特點、被圍部隊的抵抗意志和物資供應狀況。其中以抵抗意志最為重要。戰爭期間，蘇軍在布列斯特和列寧格勒，德軍在庫爾蘭和布勒斯勞的長期堅守，給人以至深的印象。

　　蘇德戰爭是世界歷史上規模最大的一次戰爭。它在戰略戰術領域積累了許多寶貴的經驗，對今天的現代化作戰同樣具有很重要的參考價值。

德國侵蘇僕從軍史略 [1]

　　蘇德戰爭是法西斯德國及其僕從國為侵略蘇聯而進行的聯盟戰爭。從 1941 年 6 月戰爭爆發，到 1945 年 2 月德國失去在歐洲的最後一個盟國匈牙利為止，僕從國軍隊始終是蘇德戰場上一支不容忽視的力量。其數量頗為客觀，通常占同期東線德軍的六分之一至四分之一。在希特勒同盟最初用於進犯蘇聯邊境的一百九十個師中，僕從軍占了三十七個，以後逐漸增加，至 1942 年夏秋達到了約六十九個師的最大兵力。轉折點的史達林格勒戰役，使德軍亦使其僕從軍蒙受了空前損失，其總兵力開始連年下降，1943 年夏降至三十六個師，1944 年末僅剩下了二十四個師。在 1945 年上半年蘇軍的強大攻勢下，僕從軍伴隨法西斯德軍遭到了徹底的覆滅。

　　僕從國家的參戰有著深刻的背景和重要的軍事、政治影響。中國大陸二戰史學界先前對此探究甚少，筆者擬圍繞各僕從國的兵力、戰場使用、與德軍協調等相關問題作一個初步的論述。

一

　　希特勒歐洲的大多數國家都曾派軍參與侵蘇戰爭。正式宣戰並以國家軍隊身分開赴東線作戰的是義大利、匈牙利、芬蘭、羅馬尼亞、斯洛伐克和克羅埃西亞。派遣所謂「志願人員」的有西

1　本文修改自：《俄羅斯研究學刊》，2000 年第 3、4 期合刊（2000 年 12 月）。

班牙、荷蘭、丹麥、挪威、比利時、維琪法國等。各國投入的兵
力相差很大，少則數千，多則數十萬。參戰動機亦不盡相同，有
的是為了履行對軸心同盟的義務，有的想借機向蘇聯「復仇」，
還有的則試圖報答納粹德國的舊恩。

　　義大利在蘇德戰爭爆發的當日（1941 年 6 月 22 日）即向蘇
聯宣戰。墨索里尼「決心要在希特勒預期會打贏這場戰爭的戰線
上一顯身手，並對軸心國的作戰提供較多的兵士和較少的非戰鬥
人員，從而提高義大利的威望」。[2] 因此他急於派出部隊。1941
年 6 月底，「義大利對俄遠征軍」（Corpo di Spedizione in Russia）
組成，喬瓦尼・梅塞（Giovanni Messe）將軍任遠征軍軍長。該軍
下轄三個配備新式兵器的精銳師和二個獨立空軍大隊，共六萬零
九百人，擁有約一千門火砲和迫擊砲、六十輛輕型戰車和七十
架飛機。[3] 遠征軍旋即奔赴東線，以後一直在南方向作戰。經
不斷增兵，於 1942 年 7 月擴編為軍團，即義大利第八軍團，下
轄阿爾卑斯山地軍、第二軍和第三十五軍，由加里波第（Italo
Gariboldi）將軍任司令官。是年秋末，該軍團達到最大兵力，共
有十個師二十二萬人，其中六個步兵師、三個山地師和一個輕裝
師。[4] 在 1942 年 12 月伏爾加河畔的大激戰中，第八軍團的防地
被全線突破，短短的幾個星期中幾乎悉數被殲。其殘部（第二
軍）於 1943 年 4 月撤返回國，率先退出了東線戰事。

2　阿諾德・托因比等合編，孫基亞譯，《國際事務概覽 1939-1946 年：希特
　　勒的歐洲》，上、下冊（上海：上海譯文出版社，1980），頁 485。

3　杰列維揚科主編，《第二次世界大戰史》，第 3 卷，頁 572。

4　馬塞爾・博多等主編，曹毅風等譯，《第二次世界大戰歷史百科全書》，
　　頁 873。

　　匈牙利於 1940 年 11 月加入三國同盟，從而把自己同希特勒德國緊緊地拴在了一起。它進行反蘇戰爭的目的，主要是想「鞏固它在 1938-1940 年掠奪到的領土，並進一步從各鄰國那裡奪取新領土」。[5] 霍爾蒂政府擔心，「如果匈牙利不參加反蘇『十字軍戰爭』的話，那麼羅馬尼亞和不久也隨之參戰的斯洛伐克人將來在瓜分大歐洲時比他們更有利」。[6] 1941 年 6 月 27 日，匈牙利對蘇聯宣戰。根據與德國的預訂協議，匈軍指揮部派出了一個快速軍、一個邊防獵兵旅、一個山地旅及一個空軍大隊，共約四萬五千人，向加里西亞挺進。這些部隊擁有九十輛輕型戰車、二十六門輕型突擊砲和四十八架作戰飛機。[7] 7 月 12 日，又向前線增派了三個摩托化師。1941 年 10 月，希特勒由於在莫斯科外圍戰鬥中受挫，堅決要求匈牙利增兵。迫於強大壓力，1942 年春匈牙利政府向東線派駐了由亞尼（Gusztáv Jány）將軍指揮的第二軍團，約十八萬人。同年夏又另外加派了五萬人。[8] 秋末，東線匈軍的總兵力已升至十三個師。1943 年 1 月，匈牙利第二軍團在沃羅涅什附近被蘇軍擊潰，兵力損失 70%-80%。所剩的幾個師以後僅限於在後方對付游擊隊。匈牙利政府曾多次要求將他們撤回國內，但均遭到了希特勒的拒絕。1944 年 3 月，德軍對匈牙利實施武裝占領，此時匈軍尚有二十五萬人。1945

5　伊斯萊梁、涅仁斯基著，黑龍江大學俄語系翻譯組譯，《匈牙利現代史（1918-1962 年）》（哈爾濱：黑龍江人民出版社，1972），頁 127。

6　溫蓋爾・馬加什、薩博爾奇・奧托著，關思靜等譯，《匈牙利史》（哈爾濱：黑龍江人民出版社，1982），頁 346。

7　杰列維揚科主編，《第二次世界大戰史》，第 3 卷，頁 578。

8　伊斯萊梁、涅仁斯基著，黑龍江大學俄語系翻譯組譯，《匈牙利現代史》，頁 142-143。

年 2 月，匈牙利僕從軍在布達佩斯戰役中被蘇軍全殲。

在德國的僕從國中，羅馬尼亞王國是最賣力的國家，先後有一百多萬羅軍官兵在東線作戰。[9] 安東尼斯古政府希望在對蘇戰爭中使自己的領土要求得到滿足，既收復失地（北布科維納、比薩拉比亞、外西凡尼亞），同時又取得「占領和管理以第聶伯河為界的蘇聯領土的權利」。[10] 1941 年 6 月，羅馬尼亞派出首批部隊二個軍團（第三和第四），總數三十六萬人，計十三個步兵師、五個步兵旅、一個摩托化旅和三個騎兵旅，近三千門火砲和迫擊砲、六十輛戰車、六百二十三架作戰飛機，以及海軍艦艇五十七艘。[11] 隨後兵力進一步加強，很快增至三十多個師。在烏克蘭南部的歷次戰役中，羅軍損失慘重，至 1941 年 11 月傷、亡、失蹤已達三十萬人。[12] 二十多個羅馬尼亞師參加了 1942 年德國軍隊的夏季攻勢。在年末最後幾個星期蘇軍的大反攻中，羅軍一敗塗地，先後有十八個師被擊潰，僅被俘就達七萬二千人。[13] 1943 年 1 月，羅軍殘部撤至布格河以西戰場，並宣布不再向德軍提供任何新的部隊。夏季以後，僅留有八個師在克里米亞半島和亞速海沿岸實施防禦。1944 年初在德國的壓力下，羅馬尼亞又組建了若干新的部隊，到 7、8 月間大約還有五十萬

9　庫拉索夫主編，吉林師範大學翻譯組譯，《世界通史》，第十卷上冊（長春：吉林人民出版社，1978），頁 356。

10　庫拉索夫主編，吉林師範大學翻譯組譯，《世界通史》，第十卷上冊，頁 106。

11　杰列維揚科主編，《第二次世界大戰史》，第 3 卷，頁 576。

12　弗‧恩‧維諾格拉多夫等著，中國科學院世界歷史研究所翻譯組譯，《羅馬尼亞近現代史》，下冊（北京：商務印書館，1974），頁 510。

13　弗‧恩‧維諾格拉多夫等著，中國科學院世界歷史研究所翻譯組譯，《羅馬尼亞近現代史》，下冊，頁 510。

人。羅軍在雅西－基什尼奧夫戰役及八二三政變後，倒向蘇軍，轉而向德軍作戰。

芬蘭力圖收復在 1940 年蘇芬戰爭中失去的省分，為此願意與德國實行軍事合作。1941 年 6 月 26 日，芬蘭以蘇軍「挑釁」為由對蘇宣戰，隨即出動了十六個步兵師、二個獵兵旅和一個騎兵旅約四十七萬人，含二千多門火砲和迫擊砲、三百零七架作戰飛機、八十六輛戰車及五十二艘戰鬥艦艇。[14] 芬軍基本兵力（卡累利阿軍團、東南軍團）在芬蘭東南部展開，主攻列寧格勒和彼得羅扎沃茨克方向。在馮·曼納海姆（von Mannerheim）元帥指揮下，芬軍很快收復失地，但隨後卻無心進取。同年 12 月，戰線停頓在斯維里河一線，直到 1944 年夏季。1942 年春，芬蘭為減輕財政負擔，將其所有陸軍部隊整編為十六個旅，總人數因此大幅度下降。1943 年曾建立三個戰鬥群，取代了原先的軍團。是年秋，尚有武裝人員三十五萬人。1944 年 6、7 月間蘇軍的大規模攻勢改變了長期膠滯的蘇芬戰線，芬蘭丟失了 1941 年占領的大部分土地，傷亡達六萬人。同年 9 月，被迫退出戰爭。戰爭中，芬蘭總共傷亡二十萬人，其中五萬五千人陣亡。[15] 需要一提的是，還有一千四百多名芬蘭人曾應募參加了德國黨衛軍的「海盜師」。

斯洛伐克和克羅埃西亞是法西斯德國炮製出來的兩個傀儡國。「作為三國公約和新秩序的一個公認的支持者」，它們也不得不派出部隊。斯洛伐克在對蘇宣戰（1941 年 6 月 22 日）後，

---

14 杰列維揚科主編，《第二次世界大戰史》，第 3 卷，頁 578。

15 詳見西頓著，中國人民解放軍軍事科學院外國軍事研究部譯，《蘇德戰爭（1941-1945）》，頁 520。

立即將其東線部隊的一個先遣支隊約四千八百人配置給德軍第十七軍團。7月1日，該部隊的主力二個師約三萬六千人也轉隸給德軍。1942年4月，東線斯軍擴充到十二萬人，並參加了南方向的夏季攻勢。在人數損失三分之二後，改編為兩支小部隊，一支是全部機械化的輕裝師，另一支是保安師。1943年，斯軍大批地開小差——曾有二千之眾的一個整團在其軍官的領導下投向蘇軍，另有八百人參加了烏克蘭的游擊隊。同年9月，斯洛伐克國防部收回對東線斯軍的指揮權。

克羅埃西亞於1941年8月在東線部署了一個加強步兵團，該團後來在史達林格勒包圍圈中覆沒。1942年以後組建過「德國－克羅埃西亞軍團」的三個混成師，置於納粹指揮之下。到1944年底，又有三個烏斯塔沙（Ustashe）分子組成的師加入，除去保衛本土的三萬八千人外，共有十一萬四千人。

西班牙因「經濟上和軍事上的準備不足」，[16] 始終沒有正式參戰。但這並不妨礙它徵召「志願部隊」——藍色師（Azul-Division）參加東方的戰爭。佛郎哥此舉「在某種程度上是為了報答德國在反對共產黨人的內戰中給它的援助」。[17] 藍色師因其人員身著藍色襯衫而得名，正式番號是西班牙第二五〇步兵師。它倉促建成，首批人員包括六百四十一名軍官、二千二百七十二名軍士、一萬五千七百八十名士兵，總共一萬八千六百九十三人。其中有些是真正的志願兵，但很多都是正規軍。該師包括三個步兵團、四個砲兵營、一個偵察營、一個工兵營、一個反戰車

---

16 伊·米·馬依斯基等主編，中山大學外語系翻譯組譯，《西班牙史綱（1918-1972年）》（北京：三聯書店，1983），頁298。

17 蒂佩爾斯基希著，賴銘傳譯，《第二次世界大戰史》，頁210。

營、一個通訊營、一個醫療隊和一個參謀處，此外還有由二、三個空軍小隊組成的空軍分隊，最高指揮官是穆尼奧斯‧格蘭德斯（Munoz Grandes）將軍。[18] 1941 年 10 月，藍色師到達戰線北端的諾夫哥羅德地區，經三次擴充達到了四萬七千人。在伊爾門湖、沃爾霍夫沿岸和列寧格勒前線的交戰中，藍色師迭遭重創，1942 年 2 月間損失了三萬二千人。1943 年 10 月西班牙政府要求將師殘部（約一萬二千萬人）從東線撤回。經長時間談判，德國統帥部同意這一要求，但仍留下空軍分隊和一個由二千五百名志願人員組成的「西班牙軍團」。1944 年 2 月該軍團亦被召回。自此，西班牙全部兵力退出東線。

在法西斯德國的占領國中，幾乎「每個國家都有一幫出於信念或自身利益考慮的通敵分子在替德國招募人員赴俄國前線作戰」，[19] 這些所謂的「志願」人員，除少數自行組隊外，大多數在德國武裝黨衛隊範圍內建立自己的隊伍。其數量一般較少，政治的象徵意義遠大於軍事價值。

維琪法國的「反布爾什維主義軍團」（Légion des volontaires français contre le bolchévisme）由法蘭西人民黨等法西斯組織組建於 1941 年 8 月，最初約三千人，隸屬德軍第六三八步兵團。該軍團參加了莫斯科會戰，傷亡累累，經整編後隨即在白俄羅斯負責鎮壓游擊隊。1944 年，其殘部在東普魯士與維琪民警及其

---

18 參見伊‧米‧馬依斯基等主編，中山大學外語系翻譯組譯，《西班牙史綱（1918-1972 年）》，頁 298；阿諾德‧托因比等合編，上海電機廠職工大學業餘翻譯班譯，《國際事務概覽 1939-1946 年：大戰和中立國》（上海：上海譯文出版社，1981），頁 446。

19 亨利‧米歇爾著，九仞譯，《第二次世界大戰》，上冊（北京：商務印書館，1980），頁 275。

他法西斯分子組成了查理曼旅（Charlemagne），共七千餘人。
1945 年 2 月，該旅升格為黨衛軍第三十三步兵師。此後參加了
東普魯士境內的多次戰鬥，最後潰散。

　　在比利時，先是法蘭德斯民族主義聯盟等納粹黨團聯合組
建了「法蘭德斯黨衛軍團」，繼而瓦隆尼亞雷克斯黨運動也組
建了瓦隆尼亞軍團（Légion Wallonie），它們分別被派往戰線北
端的沃爾霍夫和南端的烏克蘭。瓦隆尼亞軍團最初為一個營，
1943 年回國後擴建為一個旅。1944 年初重返蘇聯南方，遇重創
後，旋即被調往愛沙尼亞。以後又在德國整編，擴充為黨衛軍第
二十八師。1945 年初，為配合德軍，該師在波美拉尼亞困守，
一直打到戰爭結束。

　　荷蘭通敵分子在德軍入侵蘇聯後，迅速派出了荷蘭軍團，此
外還有約二十萬荷蘭人在德軍中服務。

　　淪亡的盧森堡有一萬一千一百六十八名青年被迫參加德軍，
除少數開赴北非外，大多數到東線充當砲灰。戰爭期間，總共
有二千八百四十八名盧森堡人在東線陣亡或失蹤。[20]

　　在挪威，德國專員特波文（Josef Terboven）於 1941 年 6 月
宣布組織挪威軍團，作為在「挪威人領導下，並按照挪威軍事路
線組成的一支單獨而完整的隊伍」。[21] 吉斯林（Quisling）分子
把挪威軍團分成兩部分，一部分開赴東線，一部分維護本國的
「治安」。

20　參見馬塞爾・博多等主編，曹毅風等譯，《第二次世界大戰歷史百科全書》，
　　頁 477。
21　阿諾德・托因比等合編，孫基亞譯，《國際事務概覽 1939-1946 年：希特
　　勒的歐洲》，上、下冊，頁 896。

在丹麥，當地的親德分子也不遺餘力地為德軍輸送人員。所謂的丹麥自由軍人數極少，司令官先為馮・莎爾堡（1942 年 6 月陣亡），後為 K・B・馬廷森。[22]

充當僕從軍的蘇聯人的數目是龐大的。這些人出於不同的政治目的，甘願為德軍效勞。1942 年春，約有二十萬蘇聯「輔助志願兵」在德軍中服役，一年後增至五十萬人。他們多半是企圖逃避苦獄生活的戰俘。「輔助志願兵」沒有武裝，但身著德軍制服，編入各種輔助部隊，主要從事彈藥運輸、汽車駕駛、醫藥衛生、翻譯、飼養馬匹等工作。東方部隊（Osttruppen）──由蘇聯人組成的武裝僕從部隊，其編制一般不超過營。它的建立是試圖彌補德軍的人力不足，「在前線節省德國人的鮮血」。第一批東方部隊建於 1941 年秋，在德國中央集團軍編成內首先組建了六個營。以後陸續擴建，1943 年夏發展到一個團、七十八個營、一百二十二個連。[23] 德軍統帥部曾打算將其大部分人員編入蘇軍叛將弗拉索夫組建的俄羅斯解放軍（Russian Army of Liberation），此事後來作罷。1943 年底，待編人員或就地解散，或派赴西歐、東南歐對付那裡的游擊隊。1944 年 9 月，弗拉索夫再次受命組建俄羅斯解放軍。該軍下轄三個師、一個後備旅、一個軍官補充隊和一支小型空軍，共五萬人。[24] 該部於1945 年 4 月參加了柏林戰役，5 月在捷克斯洛伐克境內瓦解。戰

22 阿諾德・托因比等合編，孫基亞譯，《國際事務概覽 1939-1946 年：希特勒的歐洲》，上、下冊，頁 870。

23 Alexander Dallin, *German Rule in Russia, 1941-1945* (New York: St. Martin's Press, 1957), p. 581.

24 Alexander Dallin, *German Rule in Russia, 1941-1945*, p. 644.

爭期間，有許多民族分離分子亦站在德軍一邊同蘇軍作戰。有數
千名愛沙尼亞人和拉脫維亞人加入了德軍或芬軍，在列寧格勒附
近戰鬥。

在烏克蘭，當地的民族主義者也組織了若干戰鬥集團。突厥
斯坦人、喬治亞人、亞美尼亞人、高加索穆斯林則在德國的贊助
下，各自建立了獨立的「軍團」。此外，蘇維埃國家的宿敵——
前白軍，也秉承希特勒政府的指示，組建了凶悍的哥薩克部隊。

保加利亞是德國在東歐的重要盟國。儘管它曾對英、美作了
象徵性宣戰，但未敢與蘇聯公開為敵，所以始終未向東線派遣一
兵一卒。然而保軍在色雷斯和馬其頓的僕從行動，卻使德軍得以
抽調那裡的部隊派往東線。

二

各僕從國的政治目的、經濟力量、地理位置和軍事戰略均有
不同，因而直接影響到它們對戰爭的貢獻程度。在蘇德戰場上，
羅馬尼亞、匈牙利、芬蘭和義大利都曾投入戰略單位（軍團），
斯洛伐克、克羅埃西亞、西班牙等則投入了戰術單位（師）。這
些部隊的參戰，加強了德軍的作戰序列和戰役布局，使其能夠騰
出更多的突擊力量集中用於各主要方向。由於戰地遠離本土，僕
從軍通常疏於接受本國統帥部的指揮，而只能隸屬於高一級的德
軍軍團或集團軍，並在其指揮下遂行各項任務。由此，法西斯德
軍可以輕易地把自己的作戰意志強加於它的僕從軍，從而以德國
一國的戰略代替應有的聯盟戰略。戰爭期間，德國在芬蘭和羅馬
尼亞均常駐有軍事代表團，其主要任務也在於力促該國武裝力量
能夠完成德國制訂的計畫。無論是戰略還是戰役層面，僕從軍都

是德軍真正意義上的「僕從」。它們常常被配置在戰線的次要地段或德軍同級部隊的兩側。至於事關重大的主要方向，一般為德軍獨占，僕從軍絕少能夠「染指」。

部隊的戰鬥力取決於物質和精神的多種因素，和德軍相比，僕從軍遠為遜色。其普遍弱點是：武器裝備陳舊，尤以技術兵器不足，後勤供應貧乏；軍官、軍士未經良好訓練，士兵文化水準低、戰鬥素養差；對蘇軍存有畏懼心理，紀律鬆懈、士氣低落，缺乏對戰爭的真正熱忱。德軍曼斯坦元帥曾對羅馬尼亞陸軍作過這樣的描述：

雖然通常都是農民出身的羅馬尼亞軍人在物質要求上都是非常的低，而且也都能勇敢善戰；但是由於一般教育水準都太低，所以要訓練他們成為一個有思想能力，能夠個別作戰的戰士，通常都會很感困難，更不必說要想使他們變成一個夠標準的士官了……在羅馬尼亞的高級和中級軍官中，有相當的比例也都是不夠水準的。在多數的情形中，羅馬尼亞的官兵之間是缺乏密切的連繫……因為他們並無戰爭的經驗，所以羅馬尼亞的戰鬥訓練是完全不合於近代戰爭的要求……其軍事領袖自 1918 年以來，就一直受到法國人的影響，所以其思想是跳不出第一次大戰的圈子。兵器與裝備是一部分已經陳舊，而同時也都不適當。對於戰防單位尤其是如此，所以當他們遭遇到蘇俄戰車的攻擊時，是很難希望他們能夠守住其陣地……而且只有用德軍為骨幹來增強之後，才能適合於防禦之用。[25]

---

25 曼施坦因著，鈕先鍾譯，《失去的勝利》，頁 191-192。

　　窺一斑而知全豹，義軍、匈軍、芬軍的狀況和羅軍是基本相似的。在德軍的四大僕從軍中，比較而言，羅軍和芬軍還都算是最強的，它們不僅參加了陸上戰鬥，而且均出動了海軍。羅軍人數最多，是「德國最好的盟國」；芬軍長於冬季戰和森林戰，「堪稱軸心國裡最好的勇士」。其次為義軍，即使是配備了義大利最優良裝備的黑衫師，其戰鬥力仍不能與德軍相比。德國能否提供足夠的摩托化裝備，常常是義大利派兵赴蘇的必備條件。最弱的是匈軍，內含 20% 在匈牙利定居的外僑，裝備、後勤自戰爭一開始就毫無把握，在遭到蘇軍打擊時也瓦解得最快。大多數僕從國都是貧弱國家，軍事經濟能力非常有限，侵蘇部隊的武器供應、後勤保障以及人員訓練，在很大程度上需仰仗德國。一旦戰局不利，德軍自顧不暇，它們本已脆弱的戰鬥力便得大打折扣。實踐證明，僕從軍難以經受殘酷戰爭的考驗，他們的參戰有時確乎是利弊參半。大量僕從部隊的加入，雖然緩解了德軍的兵力不足，但無形中也給整個戰線帶來了不安全因素。一旦受到任何實質性的損失時，僕從軍很快就會喪失進攻和防禦能力，他們的駐地通常是蘇軍重點打擊、楔入的目標，而其結果勢必嚴重威脅著鄰近德軍部隊的生存。戰爭最初，由於僕從軍多數是小分隊和較優秀的部隊，且都編入德軍序列，這種情況還不甚明顯。但是到 1942 年，隨著獨立的、單一國籍的軍和軍團的建立，危害就很快暴露出來──在南方則尤為突出。德國南方集團軍編成內的僕從部隊數量最多，幾達集團軍總人數的一半。史達林格勒會戰期間，羅、匈、義軍四個軍團負責防守漫漫數百英哩的兩翼，在蘇軍強勁的鉗形突擊下，這些部隊抵抗無力，潰不成軍，致使中路的德軍兩個精銳軍團陷入合圍。

　　德軍指揮部一直試圖以派遣聯絡組或特遣隊的形式加強對僕
從軍的控制，以此盡可能提高其獨當一面的能力。由德國參謀本
部軍官和通訊部隊組成的聯絡小組，一般派駐僕從軍師級以上的
指揮部。他們曾指出，「友軍的高級參謀部和同級的德軍司令部
比較起來既缺乏經驗，紀律性又不強，同時它們的指揮渠道和通
訊系統既笨拙又緩慢。希望派了新的聯絡小組後這方面的弱點能
得到彌補」。[26] 至於特遣隊，則多由德軍後備力量中的反戰車營
組成，用以滲入各個非德國師，以此監督和幫助它們抗擊蘇軍。
如果非德國師被打垮，特遣部隊就必須堅決頂住，以限制敵軍滲
透和突破的範圍。但是，以上作法在實戰中卻收效甚微，而且常
常會產生另外一些影響協作的消極後果。僕從軍的戰鬥效能固然
有限，但起到的輔助、替代作用也不應全盤抹煞。史達林格勒一
役，僕從軍折損了四個軍團四十多萬人，曼斯坦元帥為此哀嘆：
「他們的喪失也使德軍在比較平靜無事的地區中缺少了可以替換
的兵力。」[27]

　　德軍統帥部對僕從軍的戰場使用，隨著戰爭形勢的變化，前
後有著顯著不同。東歐大地，西窄東寬，呈扇形。戰爭伊始，戰
線位於扇形底部──從波羅的海之濱延伸至黑海僅一千三百英
哩，當時德軍實力雄厚，在絕大多數地段擁有足夠完成任務的兵
力兵器。巴巴羅莎計畫因此也僅給芬軍和羅軍規定了在戰線兩端
實施輔助進攻的任務。至於匈軍，希特勒集團認為，現有兵力充
足，可留待稍後參戰。希特勒也接受了義大利出兵的建議，但同

---

26 維爾納·克賴佩等著，申庚譯，《納粹將領的自述：命運攸關的決定》（北
　　京：商務印書館，1982），頁 127。
27 曼施坦因著，鈕先鍾譯，《失去的勝利》，頁 432。

時又聲稱並不急需這些部隊。至於荷蘭法西斯領導人穆塞爾特
（Anton Adriaan Mussert）派遣三十萬荷蘭士兵的提議，他則乾
脆予以拒絕。對僕從軍的作戰能力，希特勒始終存有疑慮。隨著
戰事展開，戰線逐漸拉長，人員損耗加劇，德軍兵力日趨匱乏。
這就迫使他不得不向各僕從國施加壓力，要求增兵。為此他曾示
意各國：誰在蘇德戰場上提供的兵力最多，誰就將在戰後得到好
處。1942 年夏季，整個東線已長達二千六百多英哩，而三個集
團軍下轄的一百四十八個德國師卻大都嚴重減員。在希特勒的再
三催促下，僕從國向戰事正酣的南方向總共增派了二十八個師。
與此同時，希特勒也深知僕從軍的弱點，即使是迫不得已，也只
能讓他們執行力所能及的防禦任務。他親自為他們挑選的任務就
是防守綿亙而暴露的頓河東北翼。而正是這些部隊的失職和無
能，直接導致了 1943 年初的大潰敗。此後，德軍統帥部一度不
讓他們到第一線作戰，而僅讓其在後方守護交通線或對付游擊
隊。但是到 1944 年，隨著戰局急轉之下，德軍兵力更見緊缺，
情急不顧的希特勒又再次要求安東尼斯古和霍爾蒂向第一線提供
部隊。是年底，他甚至還起用了向來為他所不屑的、主要由蘇聯
戰俘組成的弗拉索夫兵團。

三

　　儘管在同一陣營內戰鬥，但是「主僕」般的協作關係、懸殊
各異的軍事效率，以及頗不一致的利益步調，卻使德國和各僕從
國乃至僕從國之間產生了涉及諸多領域和層面的矛盾。

　　對德軍的戰略戰役指揮，僕從軍並非時時遵從。以匈牙利而
言，其政治結構「還存在一個符合民主概念並認為自己完全有權

奉行獨立外交政策的政府」。[28] 雖然它很樂意在戰爭的頭幾年利用同德國的友好關係得到政治好處和領土實惠，但卻頗不情願完全從屬希特勒的政策和軍事指揮。例如，1942 年德國為迫使匈牙利加派一個完全符合要求的軍團，竟要一而再、再而三地施加強大壓力。而事實上該軍團並不是最精銳的部隊。

義大利人和匈牙利人一樣，有著很強烈的民族自尊心，「總是把面子問題擺在實際需要的前面」。[29] 他們對本國部隊接受德國人的指揮極為反感，也討厭德國人充實他們的隊伍。義軍梅塞將軍經常與德軍克萊斯特元帥（P. L. E. von Kleist）發生衝突，一個抱怨德國人對義大利部隊要求過高，另一個則指責他的盟友缺乏進取精神。

相對來說，羅馬尼亞人對德軍比較順從。在戰爭的前半階段，他們「完全自願」地把部隊「毫無保留地交由德國人指揮」，儘管有時需要壓服，但經常願意接受德軍的領導，而且總能較好地執行命令。不過，這種態度並未持續很長時間，自戰爭中期起就有了明顯的改變。

芬蘭是僕從國中最與眾不同亦最桀驁不馴的一個，雖然在經濟上依賴德國，但仍力圖在軍事方面保持獨立性。由於遠在北歐，鞭長莫及，德國對其顯露的自主意識表現得也最為無奈。儘管德國方面多次要求訂立一項有約束力的同盟條約，但芬蘭政府卻僅願意加入「反共產國際條約」，而不願簽署「軸心同盟條約」，從而始終拒絕在軍政上同德國全面結盟。它只把德國當作

---

28 蒂佩爾斯基希著，賴銘傳譯，《第二次世界大戰史》，頁 445。
29 曼施坦因著，鈕先鍾譯，《失去的勝利》，頁 192。

反對共同敵人的「戰友」，而不是「盟友」。和不習慣森林戰的
德軍相比，有著蘇芬戰爭經驗的芬軍顯然處於優勢地位。在烏克
蘭，德軍經常用來為僕從軍撐腰，但在芬蘭戰線，角色竟然完全
顛倒，德軍有時竟需芬軍打氣，「離開了芬蘭部隊的支援，黨
衛軍抵擋不住蘇聯的進攻」。[30]芬蘭戰線的特殊性還在於：編制
上，基本是德軍配署芬軍，而不是相反；數量上，芬軍一直多於
德軍，約為後者的兩倍；軍事指揮上，芬蘭部隊通常直轄於自己
的軍團司令部，行動較少受到德軍的轄制和干擾。出於自身利益
考慮，芬蘭在戰略上表現出強烈的自主性，不願意盲目地追隨德
國，一旦恢復了 1939 年的國界後，便馬上適可而止。1941 年 8
月下旬，鑒於芬軍離列寧格勒城郊不到三十英哩，德軍參謀總長
凱特爾元帥（W. B. J. G. Keitel）曾致函芬軍統帥曼納海姆，要求
他揮軍南下渡過斯維里河，與正在北進的德軍北方集團軍會合。
但是後者卻藉口傷亡過大，拒絕南下，反而要求德軍先拿下列寧
格勒，向芬軍靠攏。以後無論德國方面怎樣勸說、敦促，都無法
使芬軍再進一步。同年年底，正當莫斯科會戰高潮之際，芬蘭卻
出乎意料地開始了大規模裁軍，理由是：芬蘭弱小的人力、財力
難以長久維持龐大的武裝部隊。實際上則是想見好就收了。整個
戰爭期間，芬軍只承擔他們認為適合的作戰任務，一遇到與本國
利益相衝突的行動時，就馬上裹足不前，而且從不向德國人作必
要的解釋，說明不能合作的真正原因。希特勒對此常感惱火，但
又無計可施。德國可以想方設法使其他僕從國俯首帖耳，但是對

30 西頓著，中國人民解放軍軍事科學院外國軍事研究部譯，《蘇德戰爭（1941-1945）》，頁 171。

芬蘭，任何高壓手段都無濟於事。

　　1944 年 9 月芬蘭不顧德國的堅決反對，毅然退出戰爭，整個過程進行得順利、圓滿。而這對羅馬尼亞和匈牙利來說，是難以想像的。一般來說，當德軍在戰略形勢上占優勢時，僕從軍尚能聽命，反之，便會三心二意，矛盾分歧頻現。有時候甚至某些僕從小國也膽敢對德國的軍事統帥權表示異議。例如，1943 年 9 月附庸國斯洛伐克的國防部提出了足以令柏林大吃一驚的要求：「今後未經斯洛伐克政府許可，德國不得動用斯洛伐克的兩個野戰師，而且德國如果不首先確保這兩個師獲得完成任務所需的手段，就不得賦予他們任何戰鬥任務。」[31] 斯洛伐克此舉根本上在於對德國能否在戰爭中獲勝產生了懷疑。

　　在希特勒的新秩序下，所有外國人都要比德國人低一等。戰場上，德國官兵驕橫跋扈，瞧不起僕從軍，反過來，則引起後者的恐懼、憎恨和厭惡，彼此間積怨甚深。給養問題至為敏感，經常引起磨擦，僕從部隊常常「在供應和福利方面受到德國人很苛刻的待遇」。[32] 希特勒所有的盟友都沉痛地抱怨說，由於德國方面援助不力，他們常以劣勢裝備迎擊蘇軍的攻勢。有時候德軍在撤退時為了保全自己的生命、武器和給養，表現得相當凶殘，甚至不惜從自己盟友手中奪取武器和運輸工具，並毫不猶豫地殺死那些敢於抗拒的人。

　　1943 年初南方大潰敗時，德國人拒不向義大利人提供任何運

31　西頓著，中國人民解放軍軍事科學院外國軍事研究部譯，《蘇德戰爭（1941-1945）》，頁 434。

32　阿諾德·托因比等合編，上海電機廠職工大學業餘翻譯班譯，《國際事務概覽 1939-1946 年：大戰和中立國》，頁 446。

輸工具，義軍殘部只能盡可能設法從頓河退到基輔。與此同時，羅軍和匈軍對德國「盟友」的冷酷無情也深感氣惱。安東尼斯古因此致信曼斯坦元帥，「指控德國的軍官和兵士，無論在公私兩方面，對於羅馬尼亞的軍隊，都犯有虐待的罪行，並且對他們加以惡意的誣衊？」[33] 而德國方面則將引起歧視和施虐行為的原因歸罪於羅馬尼亞部隊士氣低落、作戰不力，「當鄰近單位紛紛潰逃之後，把德國部隊陷在重圍之中，這種憤怒之情固然可以諒解的」。[34] 從 1943 年初起，本來尚好的德、羅關係出現了嚴重裂痕。安東尼斯古堅持：羅軍和德軍要有平等的指揮權。他不再同意把羅軍部隊配屬給級別比它低的德軍指揮部，亦不允許德軍特遣隊插到羅軍布防區內，除非這些部隊接受後者的指揮。於是，羅軍變得越來越不把德軍放在眼裡，事先不通知也不進行磋商就把關鍵的羅軍指揮官和參謀人員撤走，有時甚至包括那些併入德軍野戰部隊的人員。這種情況在戰爭的頭兩年是根本不可能發生的。隨著戰線西移，駐羅德軍在補給、維修和財政上出現了無數難題，由此又引起支付平衡問題和羅馬尼亞的經濟緊張，以致雙方間矛盾重重。

「主僕」難以協調，「僕人」間也不融洽。匈牙利和羅馬尼亞的長期對立，最為典型。兩國因外西凡尼亞的歸屬問題，早成世仇。1940 年 8 月 30 日，德、義主持下的「維也納仲裁」將北外西凡尼亞（面積四萬三千平方公里、人口二百五十萬）劃歸了匈牙利。這使得匈、羅矛盾更趨尖銳，彼此間的憎恨甚至超過了

---

33 曼施坦因著，鈕先鍾譯，《失去的勝利》，頁 294。
34 曼施坦因著，鈕先鍾譯，《失去的勝利》，頁 294。

對另一個共同敵人蘇聯的仇視。戰爭期間，匈牙利並未傾全力於東線，它竭力把精銳之師留在國內，以備一旦同羅馬尼亞發生衝突時可以保護自己的利益。與此同時，邊界另一邊的羅馬尼亞人也同樣虎視眈眈，有著類似的想法和作法。在前線，兩國軍隊是如此地仇視，以致希特勒認為有必要下令禁止兩軍直接接觸。在戰役布署上，常用德軍或義軍將兩者隔開，以防可能的內訌和相互破壞。此外，在外交、經濟等其他領域，兩國間也始終是糾紛不斷。鷸蚌相爭，漁翁得利。法西斯德國通過插手匈、羅紛爭，恫嚇訛詐、縱橫捭闔，從而把兩國緊緊地拴在自己的侵略戰車上。德國外長里賓特洛甫曾露骨地表示：「我們對匈牙利和羅馬尼亞的政策的基本思想是：使兩個熨斗都處在赤熱狀態，順應事件的發展，解決問題要對德國有利。」[35]

---

35 祖博克等著，北京編譯社等譯，《世界通史》，第9卷上、下冊（長春：吉林人民出版社，1975），頁630。

略論「相向突擊」在蘇德戰爭中的使用 [1]

　　蘇德戰爭是人類有史以來規模最大的雙邊戰爭，戰略戰術蘊含豐富，變幻多端，對今天的現代化作戰有較大的參考價值，很值得深入研究。本文擬就蘇德戰爭中的相向突擊問題，作一簡要論述。

一

　　相向突擊，亦稱對進，是指作戰一方的兩支部隊為達到特定目的，而沿相對（迎面）方向展開的突擊動作。它的成敗常常直接牽涉戰役的勝負，並進而影響戰爭的進程。在蘇德戰爭中，相向突擊大都出現於合圍、突圍戰役，其具體用途主要有以下四種：

1. 消除敵突出部

　　蘇德戰場綿延廣闊，極易在某一地段形成伸向一方的突出部。在敵突出部的根部兩側實施一個或數個相向突擊，是切斷突出部內敵軍與其後方部隊聯繫，進而將其合圍的最有效手段。如德軍針對蘇軍的比亞威斯托克 – 明斯克戰役（1941 年 6 月至 7月）和庫斯克戰役（1943 年 7 月）等。

1　本文修改自：馬軍，《屜內拾遺集》（上海：上海書店出版社，2018），
　　撰於 1993 年。

2. 合圍楔入之敵

當敵突擊集團突破我正面防線並向縱深深遠推進時，如果在敵突破口的兩端實施堅決有力的反突擊，並進一步發展成類似關門動作的相向突擊，則可以達到封閉突破口、恢復原防線、合圍突入之敵的目的。實例可見德軍針對蘇軍的卡爾科夫戰役（1942年5月）和柳班戰役（1942年1月至4月）。

3. 分割敵被圍集團

對被圍敵軍實施分割，能夠使其喪失總體協調和機動的能力，以致無法組織有效的抵抗和突圍，便於最終將其殲滅。在合圍圈四周實施一個或數個相向突擊，可以將敵軍切割成兩個或數個孤立集團。這是割裂敵軍、加速其崩潰經常採用的方法。比如在史達林格勒戰役的最後階段（1943年1月），蘇軍第二十一集團軍與第六十二集團軍展開的相向突擊，曾成功地將德軍被圍部隊分割成兩個部分，幾天以後兩部德軍便相繼投降。

4. 解救己方被圍部隊

部隊一旦被圍，敵方必構築合圍對內及對外正面。被圍部隊與合圍圈外的解救部隊實施相向突擊，有可能在敵對內正面及對外正面之間打開一條通道，從而實現突圍的目的。如德軍的傑米揚斯克戰役（1942年1月至5月）、列寧格勒會戰中蘇軍突破封鎖戰役（1943年1月）等。

在某種態勢下，相向突擊能夠達到雙重效果。例如在瑟喬夫卡－維亞茲馬戰役（1942年1月至4月）中，德軍第九軍團兩部從東面勒熱夫方向、從西面奧列尼諾地域實施的對進，不僅解

救了己方被圍的七個師，同時又切斷了突入的蘇軍第二十九集團
軍的退路。柳班戰役也是如此：德軍第一軍與第三十八軍從南、
北兩面向蘇軍突破口兩側的對進，既消除了第一軍面臨的被圍危
險，又將蘇軍第二突擊集團軍合圍了起來。由於相向突擊具有迅
速打亂敵軍戰役布勢的特點，因此深受蘇、德兩國軍事領導人的
青睞，它曾屢屢出現在許多會戰和戰役中。同一戰役，為達到合
圍、反合圍、解圍和突圍目的，作戰雙方均頻繁使用。刻爾松－
舍甫琴科夫斯基戰役（1944 年 12 月）是較為鮮明的例證。此役
中，蘇軍合圍突出部內德軍；德軍截擊楔入蘇軍；德軍解救己方
被圍部隊，這些都是以相向突擊的形式來完成的。

二

相向突擊，在大多數場合下是由兩個戰略單位（軍團）或數
個戰術單位（軍）來承擔的。一般地說，前一種情況是為了達成
戰略目的，後一種則更側重於戰役目的。具體實施時，為了促成
對進部隊儘快會師，通常以裝甲兵團（戰車軍、戰車師）為先
導，步兵兵團（步兵師）隨即跟進。裝甲兵團的多寡、戰鬥力的
強弱，是決定戰役成敗至關重要的因素。對進雙方的起始距離，
往往在幾十公里左右，最遠也不過一百五十公里。由於彼此相隔
較近，再加強大戰車部隊協調一致的快速進軍，常打得敵軍措手
不及，因兩面受敵、應接不暇而難以組織有效的抗擊。如果不為
惡劣天氣、複雜地形所羈絆，那麼從開始發動至最後會師，一般
只需幾天、十幾天的時間。下表為五個具有代表性的相向突擊的
概況：

	實施目的	投入兵力	起始距離	會合時間
傑米揚斯克戰役 （1942 年 1-5 月）	德軍解救 被圍部隊	第二軍 第十軍一部 賽德利茨特別軍	約四十公里	一個月
卡爾科夫戰役 （1942 年 5 月）	德軍截擊 楔入蘇軍	第八軍 第三裝甲軍	約一百公里	六天
史達林格勒會戰最後階段 （1943 年 1 月）	蘇軍割裂 被圍德軍	第二十一集團軍 第六十二集團軍	約三十公里	十一天
列寧格勒突破封鎖戰役 （1943 年 1 月）	蘇軍突破 德軍封鎖	第二突擊集團軍 第八集團軍一部 第六十七集團軍	約十五公里	六天
刻爾松－舍甫琴科夫斯基 戰役（1943 年 1-2 月）	蘇軍消除德 軍突出部	戰車第五集團軍 戰車第六集團軍	約五十公里	四天

　　蘇德戰爭中相向突擊的成功率是很高的。少數失敗的例子常常聯繫著這樣一些因素，如兩軍相距過遠；後勤供應匱乏；敵方預構嚴密防禦；對進一方未行動或行動遲緩等。這裡以史達林格勒會戰和庫斯克會戰為例：

　　1942 年 12 月，德軍第六軍團在史達林格勒地域被圍，德國最高統帥部旋即命令在九十英哩（約一百四十四公里）之外的科捷利尼科沃建立解圍集團（內含四個裝甲師、一個摩托化師、九個步兵師）。12 月 12 日至 19 日，解圍集團突進了六十英哩，在距合圍圈三十英哩處，已屬強弩之末，急需被圍部隊突圍策應。但此時第六軍團卻動作消極，主要是因為它喪失了機動力，而且各類補給品極為短缺，戰車只剩下了一百輛，油料只夠行駛十二至二十英哩，因此難以越過最後三十英哩的空隙。

　　1943 年 7 月，德軍鑒於己方在庫斯克突出部的有利態勢，決心投入五十個師（內有十六個裝甲師）的龐大兵力，從南、北兩面向該突出部的根部實施相向突擊。德軍的企圖被蘇軍事先偵知，蘇軍因此構築了牢固的縱深梯次防禦，並在德軍進攻前實施

了反準備。戰役打響後，在蘇軍的頑強阻擊下，德軍進攻受挫，南、北對進部隊在各自推進了三十五公里、十公里後，便無力前進，而此時離會合地點還有三分之二的路程。

除此之外，典型性的對進敗例還有：刻爾松－舍甫琴科夫斯基戰役中的德軍解圍、突圍戰鬥，和維亞茲馬戰役（1942 年 5、6 月）中的蘇軍突圍戰鬥。

善出奇兵的曼斯坦元帥 [1]

　　希特勒手下名將頗多，但最值得稱道的當首推三人：曼斯坦元帥、隆美爾元帥和古德林上將，時稱「戰車三大將」。這三人各有特殊的才能和成就，似乎難分高下，但細細比較，仍可分出伯仲。隆美爾用兵北非，神出鬼沒，常令敵軍心驚膽寒，是名聞遐邇的「沙漠之狐」；古德林作為「戰車集群突擊」理論的創始者之一，不僅引起戰爭史上的一次革命，也擅長親自率部迅猛突進，予敵致命打擊。隆美爾、古德林兩人固然都是驍將，且對新型軍事理論的推廣實踐有所貢獻，但二戰期間他們主要是作為戰役單位長官（軍團司令官），擔負率部衝鋒、野戰殲敵之責。因此，他們的大部分戰績也就不可避免地局限於相對低級的戰役及戰術領域。與之相比，曼斯坦的才幹更多地體現在較高層次的戰略決策方面，他在蘇德戰場上曾長期擔任戰略單位指揮官（集團軍司令官），顯示出卓越的統帥素質和作戰敏感度。此外，作為戰車兵種出身的軍官，他對該兵種的特點和潛力，同樣具有至深的瞭解，對其戰場指揮也非常精通。總之，曼斯坦元帥具有第一流的軍事指揮頭腦。

1　本文修改自：馬軍，《厔內拾遺集》（上海：上海書店出版社，2018），撰於1994 年。

曼斯坦元帥（圖片來源：德國國家檔案館，Bild 183-H01757）

　　善出奇兵，是對曼斯坦作戰特點的最簡明概括。出其不意，攻其不備，巧妙地選擇主要方向，以奇襲樣式達成戰略戰役的突然性。這一思想貫穿於他用兵生涯的始終。最早亦最著名的事例便是 1940 年德軍西線攻勢計畫的制訂。當時他還僅是個參謀軍官，職級並不顯赫，但他獨立擬訂的「從遍布森林的阿登山區實施決定性突破」的新計畫，經艱苦的說服工作，最終被希特勒採納，取代了原先的計畫。後來，「曼斯坦計畫」的實施，幫助德軍突破了西線，占領了盧森堡、比利時、荷蘭和法國北部，對戰爭進程產生了深遠影響。

　　1939 年 10 月下旬，德國陸軍總部秉承希特勒的訓令，頒布了進攻西歐的「黃色作戰計畫」。其要旨是：以強大的右翼兵

力，從正面擊破預計在荷蘭、比利時境內將要遭遇到的英法盟軍，直抵英吉利海峽及北海海岸，並用較弱的左翼兵力掩護其側翼。與之相應的兵力部署是：右翼兵力集結在上萊茵河和艾弗爾北部等地區，由 B 集團軍和 N 集團軍級支隊組成，擁有三十個步兵師、九個裝甲師和四個摩托化師，約占西線德軍總兵力的一半；A 集團軍構成左翼，從艾弗爾南部延伸至亨斯魯克，共有二十二個步兵師，但沒有機械化部隊；由十八個步兵師組成的 C 集團軍則防守著從盧森堡的邊界直到瑞士的一段齊格菲防線；另留有十七個步兵師和二個機械化師作為總預備隊。然而，時任 A 集團軍參謀長的曼斯坦將軍卻對上述計畫提出了異議。他認為，陸軍總部的戰略意圖，就其本質而言，完全是模仿了 1914 年的希里芬計畫。將德軍主力集中在右翼，實施一個大規模的迂迴突擊，這在 1914 年也許能起到戰略奇襲的作用，但到 1939 年已實難達成決定性的效力。有著前車之鑑的盟軍，一俟德軍入侵比、荷，必定派出強大兵力予以援助。這樣，德軍就必須很快與一個實力相等的對手作戰，其結果很可能重現 1914 年秋季馬恩河會戰後的情景，即長期的陣地膠滯戰。作為一戰西線戰役的參加者，曼斯坦對此深有感觸。他和有著類似經歷的其他軍人一樣，唯恐重蹈覆轍，渴望能「畢其功於一役」，一下子擊敗法國。經過仔細研究，他很快草擬了一個修訂計畫，其中提出：德軍攻擊的重點不應放在 B 集團軍方向，真正的機會實際上是在 A 集團軍地段，主要意圖就是通過阿登山地發動一個奇襲進攻，迅速衝到索姆河下游。阿登山區地形險要，通常難以通行，若德軍在此實施主要突擊，盟軍則絕難料到。此舉如果成功，便可以長驅直入，聚殲比、荷境內的全部盟軍，從而為在法國境內贏得最後勝

利創造良好的前景。為此，在兵力配置上，要求給擔任主力的 A
集團軍再加派一個軍團，而且還應配備強大的裝甲兵團。

　　為使希特勒、陸軍總部接受自己的計畫，曼斯坦做了多方面
的努力。他先是取得了以倫德斯泰上將為首的 A 集團軍司令部
的支持，進而又徵詢了「戰車專家」古德林在阿登山地集中使用
戰車可能性的意見。後者明確表示：以他一次大戰的經驗和對該
地區的熟悉程度，這個計畫是完全可以實行的，唯一的附帶條件
是，最好把全部機械化兵力都使用在這一方面。此外，許多高級
將領也逐漸對曼斯坦的戰略意圖表示贊同。儘管如此，修訂計畫
的嘗試仍然面臨重重阻礙，曼斯坦的主動精神似乎有些咄咄逼
人，因此令陸軍總部裡某些墨守成規的老朽感到惱火。1940 年
1 月 27 日他突然被免去集團軍參謀長一職，貶為尚未組建的第
三十八軍軍長。面對挫折，他毫不氣餒，2 月 17 日終於找到了
一次向希特勒單獨面呈機宜的機會。結果，希特勒對他的計畫表
示完全贊同。同年 5 月，計畫成功地得以實施。

　　曼斯坦善出奇兵，不僅僅局限於進攻戰役，在防禦戰役中也
是如此。和常人相比，他對主突方向的選擇，常常顯得別出心
裁，有時似乎還違反常理。但若仔細領會其意圖，便又不得不佩
服他的膽識。1942 年 11 月下旬，曼斯坦奉命組建頓河集團軍，
以援救在史達林格勒地域陷入重圍的第六軍團。在決定此次援救
的進軍軸線時，他沒有把離包圍圈最近的契爾河（不到四十英
哩）作為起點，而是選擇了有九十英哩之遙的科帖爾尼科沃。之
所以捨近求遠，自有他的深思熟慮：契爾河以北已有蘇軍重兵集
結的跡象，加以渡契爾河和頓河需要架橋，因此很可能延誤。從
科帖爾尼科沃出發，雖然距離遠些，但那是一片毫無遮蔽的荒

地，駐紮在此的蘇軍又相對薄弱，因而便於突擊。很明顯，選擇
這條漫長的、出人意料的戰線，也正是希望達成某種突然性。與
此同時，蘇軍統帥部在預測德軍的援救方向時，也錯誤判斷後者
將選擇最直最近的路線，即經由托爾莫辛地域橫渡契爾河發起突
擊。這樣，曼斯坦在科帖爾尼科沃的進攻很快收到了效果。12
月 12 日至 19 日，短短的七天，救援部隊前進了六十英哩，從而
將與被圍集團的距離縮短至三十英哩。雖然最終仍未能將第六軍
團解救出來，但曼斯坦已盡了最大努力，失敗的責任應由希特勒
和第六軍團司令官來負，他們對突圍的遲疑，使曼斯坦的努力化
為烏有。

　　曼斯坦捨近求遠的另一著名戰例，是 1944 年 3、4 月間的卡
緬涅茨－波多爾斯基戰役。由於他正確地選擇了突圍方向，被圍
的德軍第一裝甲軍團約二、三十萬人終於倖免於難。原先，該軍
團司令官胡貝將軍曾試圖向南突圍，經由德涅斯特河撤到提斯臘
波耳和黑海一帶。希特勒對此也表示贊同。時任南方集團軍司令
官的曼斯坦卻表示反對，他堅決主張該軍團應向西朝利沃夫突
圍，以便與第四裝甲軍團會合，共同封鎖喀爾巴阡山隘口。他的
理由是：朝南突圍，從表面上看似乎是一條比較容易、不需任何
戰鬥的近路，但若仔細分析卻可看出其中隱含的巨大危險：該軍
團軍缺乏渡河所需的架橋器材，若只從現有的橋梁渡河，則必將
遭到敵空軍的猛烈突擊，同時也將喪失多數的重裝備，更糟的是
蘇軍大部隊正向該處移動，因而恐怕難逃厄運。朝西突圍，雖有
蘇軍戰車部隊前鋒的阻擋，但衝過去便可與第四裝甲軍團重建接
觸，這對保持戰線的完整性是絕對必要的，否則即無法阻止蘇軍
隨後從喀爾巴阡突入加里西亞。曼斯坦綜觀全域的見解，終於使

希特勒收回成命。於是，第一裝甲軍團遂向西突圍，經一百五十英哩行軍，最終獲救。幾十萬人的大兵團得以成功突圍，這在第二次世界大戰中是比較少見的。由此證明，曼斯坦不僅是出奇制勝的能手，亦是施巧免敗的行家。此前，他還曾在刻爾松－舍甫琴科夫斯基戰役（1944 年 2 月）中解救出三萬二千人（德軍總共被圍五萬四千人）。

　　無論是運籌帷幄，還是決戰野外，在古德林眼裡，曼斯坦都是「一個真正的軍事天才」。在蘇德戰爭的初始階段，他率領著第五十六裝甲軍作了一次迅速而深遠的突擊，從東普魯士到德維納河，四天之內竟前進了約二百英哩。以後又調往南方升任第十一軍團司令官，1942 年夏季指揮突入了防守嚴密的克里米亞半島，攻克塞凡堡要塞，使他享有「攻堅戰能手」的美譽，也因此榮獲元帥軍銜。他的聲名與日俱增，甚至威望比東線的任何一位指揮官都高。

　　除此之外，曼斯坦還長於反擊，他特別重視用來達成防禦任務的攻勢行動，只要一有機會就決不放過。1943 年 2、3 月間的卡爾科夫戰役便是一次卓越的防守反擊，使勝利在望的敵人遭到了慘重損失。情況是這樣的：史達林格勒戰役後，蘇軍持續發動強大攻勢，德軍的南方戰線出現了全面崩潰的徵兆，曼斯坦受命於危難，出任南方集團軍司令官。2 月中旬，蘇軍戰車部隊前鋒進抵卡爾科夫地域，隨後又前出至聶伯河一線，企圖迂迴南方集團軍的側翼和後方。當時雙方兵力極其懸殊（師的數量對比是 1 比 8），曼斯坦還要負責將幾十萬德軍從高加索撤出。面對危機，他鎮定自若，認為在這個危機達到頂點時，反攻的種子也開始萌芽了。蘇軍重兵越是繼續向南和西南開進，也就越有利於

德軍伺機反攻。他逐漸把蘇軍誘入了一個危險的「口袋」，並暗地在袋口布置重兵。2 月 22 日，時機成熟，德軍大舉反擊，機動部隊的鉗形攻勢，完全出敵意料，很快取得重大戰果。楔入的蘇軍除少數逃脫外，大部被殲，其中傷亡四萬人，損失戰車六百一十五輛、火砲一千餘門。反擊的勝利消除了被圍的威脅，並重建了從塔干羅格到貝爾格羅德的綿密防線。如果瞭解曼斯坦當時所面臨的複雜處境，便不得不承認這次反戈一擊是了不起的成就。

曼斯坦曾一度是希特勒的寵將，希特勒對他的能力也是高度贊譽，敬佩不已。但是隨著東線局勢惡化、德軍步入逆境時，他們便在戰略防禦的觀念上接連發生嚴重分歧。曼施坦因主張「積極防禦」，實施戰略性的撤退，以使對伸展過度的蘇軍實施更有力的反擊。而希特勒卻堅持「寸步不讓」，幾乎不願批准任何撤退的行動。曼斯坦生性耿直，講話直來直去，常常敢於對希特勒作尖銳的批評。而希特勒在持續失敗的打擊下，竟越來越固執己見，聽不進不同意見。古德林也認為，他們倆在個性方面似乎是太對立了。儘管曼斯坦一再表現出戰爭藝術，以少擊眾，給向西進攻的蘇軍以極大遲滯。但終於有一天，希特勒對他的忍耐達到了極限，1944 年 3 月這位敵軍最可怕的對手被解職了，從此不再任用。

戰後，許多被俘的德國將軍一致認為：曼斯坦是德國陸軍中能力最強的指揮官，因而當時他們都希望他能夠出任陸軍總司令。

史達林在衛國戰爭初期的三次戰略失誤 [1]

　　蘇聯衛國戰爭時期（1941-1945 年），史達林作為蘇軍的最高統帥，擔負起了組織國家、抵禦侵略的重任，在戰勝法西斯德國及其同盟者的事業中立下了巨大功勛。但在戰爭初期，他也曾有過不少失誤，其中最顯著的戰略失誤有過三次，均導致了極為慘重的後果。

失誤之一：錯誤判斷德軍的主要突擊方向，加劇了蘇軍在戰爭初期的被動局面

　　儘管蘇聯和德國在 1939 年 8 月簽訂了互不侵犯條約，但是史達林十分清楚，蘇德兩國恐難避免一戰。史達林預判，戰爭一旦爆發，德軍必將對烏克蘭方向實施主要突擊，因為那裡有豐富的糧食、煤和石油，奪取了這些重要資源，德國法西斯就能進行長期的戰爭。由於史達林一言九鼎，當時蘇軍高層並沒有人對此提出異議。有因於此，蘇軍在配置兵力及制訂作戰計畫時，將防禦重點放在了烏克蘭地區。烏克蘭是基輔特別軍區的防地，戰爭爆發前，蘇軍在這裡布置了五十八個師的兵力，其中包括十六個

1　本文修改自：「上海史研究通訊」微信公眾號，2021 年 11 月 5 日，撰於1993 年。

戰車師和八個摩托化師。[2] 就兵力和機械化程度而言，該方向上
的部隊是蘇軍中最多、最強的。

　　然而戰爭爆發後的實際情況卻大大出乎史達林的意料，德軍
的主突方向是在白俄羅斯，而非烏克蘭。希特勒之所以如此行
事，是因為那裡離莫斯科距離最近，迅速攻占蘇聯首都能夠產生
難以估量的政治、軍事和心理後果，而這遠要比奪取若干糧食和
原料重要得多。

　　白俄羅斯方向上的蘇軍西部特別軍區當時僅擁有四十四個
師，然而卻遭到了最精銳的德國中央集團軍五十個師（內含十五
個裝甲師）的突然襲擊。[3] 德國師的編制通常比蘇聯師大將近一
倍，德軍不但在兵力、兵器上占據二至三倍的優勢，而且還可利
用突然襲擊帶來的一切有利因素。由西部特別軍區倉促組建起來
的蘇軍西方面軍倉促應戰，因兵力懸殊被迅速擊潰，數十萬人陷
入合圍。有鑒於此，蘇軍最高統帥部不得不把原先部署在烏克蘭
方向的第十九集團軍和第十六集團軍轉移到白俄羅斯方向，但由
於行動匆忙，故而收效甚微。

　　史達林對德軍主突方向的錯誤判斷，加劇了蘇軍在戰爭初期
的困境。設想一下，如果事先能夠在白俄羅斯方向上多配屬些兵
力，那麼情況也許會好一些。

2　朱可夫著，中國人民解放軍軍事科學院外國軍事研究部譯，《回憶與思考》，
　　頁 278。

3　朱可夫著，中國人民解放軍軍事科學院外國軍事研究部譯，《回憶與思考》，
　　頁 279。

失誤之二：拒絕接受放棄基輔的建議，致使西南方面軍陷入德
軍合圍

1941 年 7 月，法西斯德國的侵蘇戰爭進入第二個月，在各個戰略方向上，德軍長驅直入，深入蘇聯腹地。中路的德國中央集團軍前進速度最快，向東深遠突擊，於 7 月 16 日攻占了重鎮斯摩棱斯克。與此同時，南路的南方集團軍卻因蘇軍西南方面軍（由基輔特別軍區戰時組建）的頑強抵抗，被暫時阻止在基輔以西地區。由此，蘇軍西南方面軍的北部側翼，便暴露在德軍中央集團軍的南側。

蘇軍參謀總長朱可夫大將根據各種情況推測，敵中央集團軍很可能暫時延緩對莫斯科的突擊，而試圖先與南方集團軍一起，先行殲滅西南方面軍。7 月 29 日，朱可夫向史達林提出了「放棄基輔，並將西南方面軍全部撤過第聶伯河」的建議，試圖以此拉平戰線，使西南方面軍的側翼和後方免遭德軍中央集團軍的突擊。

史達林考慮到丟失烏克蘭首都基輔將會帶來嚴重的政治後果，以及對蘇聯軍民可能造成的巨大的心理陰影，斷然拒絕了朱可夫的建議，並予以嚴厲申斥。

從 8 月初起，德國中央集團軍的部分兵力果然開始向南運動。8 月 25 日希特勒作出最後決定，暫時停止對莫斯科和列寧格勒的進攻，當前目標是消滅烏克蘭的蘇軍。

9 月初，德軍中央集團軍編成內的第二裝甲軍團對蘇軍西南方面軍的北翼實施了猛烈突擊，並從背後進行了深遠迂迴。9 月 15 日，得以和南方集團軍轄下的第一裝甲軍團在洛赫維察地區會合。於是，西南方面軍的四個集團軍陷入合圍。直至 9 月 19 日，蘇軍最高統帥部才發出了放棄基輔的命令，但此時已為時太

晚，被圍的六十多萬蘇軍，除小股突圍成功外，大部被殲，損失極為慘重，整整一個方面軍就此被葬送了。

失誤之三：錯誤發起和指揮卡爾科夫戰役，致使西南方向部隊損失殆盡

　　1942 年初，蘇軍在莫斯科會戰中經受了考驗，暫時遏止了德軍向蘇聯首都的進犯。隨後，在討論和制訂 1942 年夏季作戰計畫時，大部分蘇軍領導人認為，由於戰略預備隊尚在組建中，故而在下階段蘇軍仍不宜實施進攻，而應保持戰略防禦。史達林原則上同意這一意見，但同時又要求實施一系列的局部進攻以達到戰略防禦的目的。基於西南方向蘇軍領導人的建議，以及史達林對敵主突方向的判斷，該方向上的卡爾科夫被定為實施局部進攻戰役的地點之一。

　　1942 年春夏之交，西南方德軍的總兵力達到了一百零二個師，其中九個裝甲師、七個摩托化師、三個黨衛軍師，有三千一百多輛戰車、近三千門火砲，約一千架作戰飛機。[4] 儘管希特勒已在該方向集結了如此密集的兵力，但並未使史達林意識到，敵軍下一步將在蘇德戰場的南翼實施主要突擊，以期殲滅頓河以西的蘇軍，並著力向高加索挺進。後者仍然認為，德軍集結重兵集團於西南方，主要是為了從南面向莫斯科發起突擊，所以西南方的蘇軍應對當面之敵實施有力的局部進攻，以達到牽制目的。

4　參見什捷緬科著，軍事科學院外國軍事研究部譯，《戰爭年代的總參謀部》，頁 57。

　　有鑒於此，5 月 12 日西南方向的蘇軍發起了卡爾科夫戰役。由於初戰順利，原定的局部進攻戰役很快變成了重大進攻戰役。但這不但違反了蘇軍實施戰略防禦的總計畫，也正中了當面德軍重兵集團的下懷。隨著德軍投入大量的預備隊，缺乏應急方案的蘇軍情況急轉直下。面對困境，史達林仍存僥倖，一再拒絕部下的撤退建議，結果悲劇又一次發生了。5 月 23 日，德軍第一裝甲軍團在巴拉克列亞以南與第六軍團會合，蘇軍第六、第九、第五十七集團軍及博布金戰鬥群約三十萬人陷入合圍，西南方向的部隊幾乎又一次喪失殆盡。

　　在此之後，史達林深深地思考過自己所犯的錯誤，他不僅深感痛心，而且極力從中吸取經驗教訓，避免以後重犯。隨著指揮經驗的日益豐富，錯誤和失策得到了成功的糾正和彌補，並且變得越來越少。從史達林格勒戰役開始，直至整個戰爭結束，重大的戰略失誤幾乎沒有再發生過，並且給予了德國法西斯軍隊一個又一個重大打擊，直至其最後滅亡。蘇聯朱可夫元帥後來這樣證實：「我可以肯定地說，斯大林通曉組織方面軍和方面軍群戰役的基本原則，並且熟練地指揮了這類戰役，他精通重大的戰略問題。最高統帥斯大林的這方面的才能，從斯大林格勒會戰開始表現尤為突出。」[5]

5　朱可夫著，中國人民解放軍軍事科學院外國軍事研究部譯，《回憶與思考》，頁 344。

史達林（圖片來源：美國國會圖書館，LC-USZ62-32833）

遠東篇

對「中國戰場決定性地位」的再思考 [1]

一

　　中國的關內戰場（通常也稱中國戰場）、蘇聯紅軍的滿洲戰場和美、英等國武裝力量的太平洋戰場，是第二次世界大戰期間東方反法西斯戰爭的三大組成部分。雖然亞太各國人民都為擊敗日本軍國主義作出了重大貢獻，是政治上平等的成員，但在軍事上畢竟有主次之分，何者是主戰場？一直是二戰史學界熱烈爭論的問題。

　　近年來，中國大陸學者大多數堅持「中國主戰場說」，其理由大致有以下幾條：

1. 中國作戰時間最長，從七七事變算起，有八年之久，若從九一八事變算起，則長達十四年。
2. 中國軍隊牽制了日本陸軍的主力，既使其無法北侵蘇聯遠東，又削弱了南進東南亞的軍力。
3. 中國殲滅日軍的人數最多，戰績超過了美軍和蘇軍。
4. 中國在戰爭中蒙受了巨大的人員犧牲和財產損失。

　　筆者認為，上述四大論據中，第三條存在著明顯的漏洞，缺乏嚴密性和說服力。第一、二、四條雖然本身是正確的，但卻不

1　本文修改自：《史林》，1999 年第 2 期（1999.06）。

是欲得結論的必備條件。退一步說，即使四項論據均能成立，亦不足以論證「中國關內戰場是主戰場」的觀點，因為是不是主戰場，關鍵在於看它是否具有構成主戰場的基本特徵。

戰爭是政治的繼續，反法西斯各國對日作戰的總政治，是力圖迫使日本無條件投降。為達成這一目的，必須實施一系列戰爭行為。筆者認為，主戰場應當是主要戰爭行為的發生地域，它應具有如下基本特徵：彙集了敵對雙方武裝力量的主力，一系列戰役直接反映了國家軍事力量最精銳部分的較量，其結果既能對輔助戰場產生影響力，同時又決定著（而不僅僅是影響）整個聯盟戰爭的成敗。例如，蘇德戰場被公認為是歐洲戰場的主戰場，其最基本的依據是，蘇德兩國各以傾國之師相搏，德軍四分之三的兵力是在蘇德戰場上被殲的。蘇軍在史達林格勒、庫斯克、柏林等戰役的勝利，直接導致了法西斯德國的敗亡，對歐洲戰場乃至整個第二次世界大戰的勝利產生了無法替代的決定性影響。由此，同樣可以作出這樣的推斷：反法西斯戰爭的東方主戰場，應當是消滅日本武裝力量主力的戰場。即使某個戰場擁有若干一般特徵，但若不具備根本特徵——即沒有在戰場上取得徹底擊敗日本戰爭機器的決定性軍事勝利，便不能算作是主戰場。

二

眾所周知，日本武裝力量由陸軍和海軍兩大軍種組成，航空兵分別隸屬於兩大軍種。與其他強國不同的是，日本海軍在實踐國家軍事學說的戰略作用上，往往比陸軍有著更重要的價值。

其一，作為海島國家的日本，歷來側重發展海軍，明治維新以來未曾有過絲毫的鬆懈。1920、1930 年代，為了建成「一支

能與美國相對抗的海軍」，日本將其艦艇總噸位擴展至一百多萬噸，躍居世界第三位，是一支有著強大突擊力的現代化作戰力量。在此過程中耗費了巨額資金，有時甚至不惜割捨陸軍的建設經費。以 1918 年至 1931 年為例，日本海軍預算實際上一直高於陸軍，個別年度甚至約為陸軍預算的兩倍。[2]

其二，從歷史上看，日本海軍在日清（甲午）戰爭中的黃海大海戰、日俄戰爭中的日本海大海戰，比其陸軍同時期的滿洲曠野之戰，對於兩次戰爭的最後成敗更具有一錘定音的意義。1941年 12 月 8 日日本一搏國運的珍珠港事件也是以海軍突擊的形式發動的。

其三，太平洋戰場上海空戰役所能帶來的軍事、政治後果，遠遠超過亞洲大陸上的陸軍戰役。由於日本海軍在中途島、所羅門群島、馬里亞納、菲律賓、塞班島、硫磺島、沖繩島等戰役中大敗，以及數百萬噸海運船隻無法彌補的損失，[3] 日本世界性軍事大國的地位受到了根本性的動搖。1945 年 8 月盟軍本土登陸在即，嚴重地威脅著日本國家政權的生存，從而最直接地促成了日本的投降。（需要指出的是，當時中國和蘇聯的海上力量都很薄弱，即使能夠全殲日本在亞洲大陸上的陸軍，也沒有在日本本土登陸的能力。）

其四，和海軍日新月異的狀況相反，自日俄戰爭後，日本

2　參見中原茂敏著，紀華等譯校，《大東亞補給戰》（北京：解放軍出版社，1984），頁 46-47。

3　1937 年日本約有航運船隻排水量四百萬噸，1941 年增至七百萬噸。太平洋戰爭中，主要由於美軍的轟炸和潛艇攻擊，船損率達 80%，最後只剩下了一百多萬噸。參見石健主編，《中國近代艦艇工業史料集》（上海：上海人民出版社，1994），頁 99。

的陸軍建設出現了明顯的停滯趨勢，停滯導致的落後到 1930、1940 年代已基本形成。和半近代化的國民政府部隊相比，近代化的日本陸軍明顯要高出一籌，但若置身世界列強，和英、美、蘇、德等國現代化陸軍相比，則無可爭辯地顯示出整體、全面的落後。由此，筆者認為，日本海軍是日本軍事力量的核心，承擔了戰爭的首要重擔。不消滅它龐大的海軍，要贏得戰爭是一種奢望。對日本來說，一旦其海軍悉數被殲，即使陸軍主力猶存，有五、六百萬之眾，亦難繼續戰爭，日本的最後敗降便是如此。

　　顯然，在界定「日本武裝力量主力」時，不能緊緊局限於陸軍，還應將更重要、更強大的海軍兵力考慮在內。事實是，中國關內戰場和滿洲戰場對消滅日本海軍貢獻甚微。中國海軍在抗戰全面爆發時的總噸位僅五萬九千噸，[4] 只及日本的二、三十分之一，並很快喪失殆盡。蘇聯海軍的主力在歐洲，其太平洋艦隊兵力單薄。對立面的日軍中國方面艦隊和松花江區艦隊亦長年保持在數萬噸左右，戰爭中幾乎沒有損失過巡洋艦以上的艦種。日本絕大多數的主力艦艇是在聯合艦隊的編成內，被以美國為主的盟國武裝力量在太平洋戰場上殲滅的。日軍在太平洋戰場上損失的主力艦艇具體如下：[5]

4　劉庭華編著，《中國抗日戰爭與第二次世界大戰繫年要錄・統計薈萃（1931-1945）》（北京：海軍出版社，1988），頁 476。

5　日本近現代史辭典編集委員會編，《日本近現代史辭典》（東京：東洋經濟新報社，1978），頁 909-912。

戰鬥艦

金鋼（32,156噸）	比叡（32,156噸）	榛名（32,156噸）	霧島（32,156噸）
扶桑（34,700噸）	山城（34,700噸）	伊勢（35,350噸）	日向（35,350噸）
陸奧（39,130噸）	大和（64,000噸）	武藏（64,000噸）	

巡洋艦

龍田（3,230噸）	天龍（3,230噸）	球磨（5,100噸）	多摩（5,100噸）
木曾（5,100噸）	大井（5,100噸）	長良（5,170噸）	名取（5,170噸）
鬼怒（5,170噸）	由良（5,170噸）	夕張（2,890噸）	五十鈴（5,170噸）
川內（5,195噸）	阿武隈（5,170噸）	神通（5,195噸）	那柯（5,195噸）
古鷹（7,100噸）	加古（7,100噸）	青葉（7,100噸）	衣笠（7,100噸）
那智（10,000噸）	羽黑（10,000噸）	足柄（10,000噸）	愛宕（9,850噸）
鳥海（9,850噸）	摩耶（9,850噸）	最上（8,500噸）	三隈（8,500噸）
鈴谷（8,500噸）	熊野（8,500噸）	利根（13,320噸）	築摩（13,320噸）
香取（5,890噸）	香椎（5,890噸）	阿賀野（6,652噸）	大淀（8,164噸）
能代（6,652噸）	矢矧（6,652噸）		

航空母艦

赤城（36,500噸）	加賀（38,200噸）	龍驤（10,600噸）	蒼龍（15,900噸）
飛龍（17,300噸）	瑞鳳（11,200噸）	翔鶴（25,675噸）	大鷹（17,830噸）
瑞鶴（25,675噸）	祥鳳（11,200噸）	雲鷹（17,830噸）	飛鷹（24,140噸）
沖鷹（17,830噸）	千歲（11,190噸）	海鷹（15,400噸）	神鷹（17,500噸）
千代田（11,190噸）	大鳳（29,300噸）	雲龍（17,480噸）	天城（17,480噸）
信濃（62,000噸）			

　　至於日本陸軍，1941年太平洋戰爭爆發前，中國戰場一直抗擊著日本陸軍的主力。但在此之後，確切地說只是抗擊了其陸軍主力之一部，有著龐大兵員的另四大主力——關東軍、南方軍、第一總軍（部署在日本本土）、第二總軍（部署本土）並不用於中國關內戰場。而此時，美、英盟軍同樣抗擊著一個陸軍戰略軍團——「南方軍」，並使其在戰爭中遭到重創。因此僅就陸上作戰而言，太平洋戰場並不遜色。

日本陸軍步兵師團兵力分布情況簡表（1937-1940）

年月	1937年7月	1937年末	1938年末	1939年末	1940年末
日軍步兵師團總數	17	24	34	41	49
在中國關內師團數		16	24	25	27
關內師團數占總數的百分比	0%	67%	71%	61%	55%
在中國東北師團數	4	5	8	9	11
在東南亞及南太平洋師團數					
在朝鮮師團數	2	1	1	2	2
在日本國內師團數	11	2	1	5	9
在臺灣及沖繩師團數					

日本陸軍步兵師團兵力分布情況簡表（1941-1945）

年月	1941年12月初	1942年末	1943年末	1944年末	1945年8月
日軍步兵師團總數	51	58	70	99	168
在中國關內師團數	22	23	23	25	26
關內師團數占總數的百分比	43%	40%	33%	25%	15%
在中國東北師團數	13	14	15	10	31
在東南亞及南太平洋師團數	10	15	23	38	44
在朝鮮師團數	2	1	2	2	
在日本國內師團數	4	5	7	18	59
在臺灣及沖繩師團數				6	8

資料來源：李惠等編，《侵華日軍序列沿革》（北京：解放軍出版社，1987），
頁 271。

　　據上表可知，中國關內戰場上的日軍師團，在太平洋戰爭
爆發前通常占其總數的 50% 以上，最高曾達 71%。此後幾年連
年下降，1944 年占 25%，居第二位。1945 年僅占 15%，居第三
位。由此可見，自 1943 年末起日本陸軍主力的部署重心已開始
轉向南太平洋和日本本土。總而言之，美、英盟軍殲滅了幾乎全
部的日本海軍，並重創了南方軍；蘇軍殲滅了關東軍；中國軍隊
牽制了中國派遣軍，並派出部分軍隊到東南亞對南方軍作戰。

三

為了論證中國戰場的戰果要大於其他兩個戰場，某些學者通常引用下面三個數字：

1. 據林三郎著《太平洋戰爭中的日本軍隊》稱，太平洋戰爭期間，日軍在西南太平洋和東南亞地區被美、英等國軍隊擊斃和死於傷病者約八十九萬人。[6]

2. 據林三郎的《關東軍和蘇聯遠東軍》稱，關東軍 1945 年 8 月在滿洲戰場被蘇軍消滅共達六十七萬七千以上，其中戰死者約八萬四千人。[7]

3. 據 1945 年延安總部公布的材料，八年抗戰，中共領導的各類武裝力量共殲日軍五十二萬七千四百二十二人。又據蔣緯國總編《抗戰禦侮》第十卷第四十五頁稱：國軍共殲日軍八十五萬九千六百二十六人。兩者總計共殲日軍近一百四十萬人。[8]

筆者認為，這樣的論證方式存在著重大的缺陷，頗有斷章取義之嫌。就第一條而言，八十九萬人僅指的是日軍在「西南太平洋和東南亞地區」的損失，並未包括日本本土的傷亡，而日本本土也屬太平洋戰場的區域之內。若將這一數字也包含在內，日軍在太平洋戰場上的人員總損失必將位居首位。[9]

6　劉庭華編著，《中國抗日戰爭與第二次世界大戰繫年要錄‧統計薈萃（1931-1945）》，頁 26。

7　林三郎編著，吉林省哲學社會科學研究所日本問題研究室譯，《關東軍和蘇聯遠東軍》（長春：吉林人民出版社，1979），頁 201。

8　劉庭華編著，《中國抗日戰爭與第二次世界大戰繫年要錄‧統計薈萃（1931-1945）》，頁 26。

9　另據日本方面的統計數字，日本在第二次世界大戰中，共死亡軍人及一般國民約三百萬人，其中死於中國關內戰場的為四十五萬五千七百人。參見中原茂敏著，紀華等譯校，《大東亞補給戰》，頁 1、332。

　　還有一些人則有意無意地將第二、第三條的兩個數字相加，聲稱日軍在中國領土上總共損失了約二百萬人。顯然，這也是不妥當的，因為「中國領土」和二戰史研究中使用的「中國戰場」，這兩個概念是有所區別的，後者在地理上指的是山海關以南的中國領土。若將滿洲戰場的戰績也計算在內，豈非貪蘇軍之功。

　　此外我們還應看到，人數也只是計算戰果大小的參數之一，還有一個物的因素。衡量海軍戰果最主要是計算「物」──艦艇。因此，正確的做法應當是將人和物綜合起來考察，然後再就各戰場進行比較。眾所周知，自 19 世紀下半葉起，由於軍事科學技術的迅猛發展，武器因素在戰鬥力中的比重不斷提高，相應地，人力比重急劇下降。第一次世界大戰後，這種趨勢更為明顯。一艘數千、數萬噸的巡洋艦或航空母艦，常常凝結著國家的最高科技，雖船載不過千百人，但作為一種強力突擊兵器，若折合戰力恐怕不會亞於數萬陸軍官兵。

四

　　就對日作戰的軍事技術水平而言，太平洋戰場無疑是最高的。雖然中國的抗戰具有反侵略的正義性質，並且採取了切合實際的持久、消耗戰略，但充其量只是一場近代水平的戰爭，絕不可與太平洋戰場上大量飛機和艦艇的現代化海空立體作戰同日而語。一個工業落後的國家是不可能在現代世界大戰中占據主導地位的，也很難有自己真正獨立的世界軍事戰略。

　　日本派駐關內的中國派遣軍長年保持在六十萬到八十萬人之間，僅在最後一年才驟增至一百零五萬。這個數字相對於關內遼

闊的中國大地，最高可達五百四十萬人的國軍和當時西方的戰略
戰役水平來說，是相當有限的。研究二戰史的學者都知道，日本
陸軍缺乏實施現代化戰役的技能。具體來說，就是戰車（快速集
群）的大規模深遠突擊、步兵的摩托化、砲兵的大量集中和機動
等。換言之，那種源於 1930 年代、大戰期間流行於歐洲、北非
戰場的機械化、高速度、大縱深的合圍戰役，是日軍所不具備
的。儘管它幾乎在所有針對國軍的戰略性進攻戰役中以少勝多，
但那充其量只是對現代化戰爭的微弱模仿而已，戰役本身的質量
並不高。由於動作比較呆板，進展目標固定而有限度，正面攻擊
一般沒有伴之於兩側的掩護，也未向敵方兩翼同時實施快速、
深遠的鉗形迂迴，所以國軍大都可以在遭受突擊的情況下，從
容撤出基本兵力，免遭合圍。

　　儘管面對的是帝國主義國家中的一支二流陸軍，但由於中國
國力的孱弱和軍事水平的低下，中國軍隊也僅能對其實施牽制作
戰，無力採取殲滅行動，或對日本占領者實施重大的戰略性進
攻。中國共產黨領導的敵後戰場，八年間雖然透過游擊戰占據了
廣大的農村地區，並將敵人緊緊地壓縮在重要城市和交通線一
帶，但也沒有能夠對日軍的戰略單位——軍、方面軍，實施過殲
滅性的打擊。當 1945 年 8 月日本投降時，南方軍和關東軍俱遭
重創，建制殘缺不全，但同時的中國派遣軍戰略布署卻基本完
備，師團以上的建制從未遭到過全殲。眾所周知，是否能整建制
地消滅敵人的戰術兵團乃至戰略軍團，是現代軍事學衡量戰爭水
準的一個重要標誌。

五

　　中國軍民雖然抗戰最久，但時間長短尚不足以論證「中國主戰場說」。以歐洲戰場為例，英、法對德作戰長達六年（1939 年 9 月始），蘇聯不過四年（1941 年 6 月始），但沒有人會認為英、法為主的西線是歐洲的主戰場。

　　有些學者在討論中國戰場的牽制作用時指出，由於中國戰場牽制了大量日軍，從而有力地支援了蘇聯的衛國戰爭和美、英的太平洋戰爭。他們常引用美國總統羅斯福的話：試想一下，如果沒有中國的抗戰，會有多少日本兵衝向東南亞，又會有多少日本兵衝向中東，他們將會與德軍會合。

　　這種說法固然不錯，但我們也應該看到，盟國間的支援不是單向的，而是相互的。一些學者不應該片面地單提中國抗戰對別國的幫助，而忽視別國對中國的貢獻。太平洋戰爭爆發後，侵華日軍有許多部隊南調，從而減輕了中國戰場的壓力。再以關東軍為例，儘管它始終部署在中國土地上，但其戰略上的真正對手並非是中國的軍事力量（如東北抗日聯軍），而是蘇聯的遠東部隊。二戰期間，蘇聯遠東軍一直對日本關東軍擁有軍事優勢，即使在 1941 年 12 月德軍逼近莫斯科的時候也是如此。換言之，如果不是蘇聯一直在「冷戰」中以不下四十個師的兵力遏制著關東軍，使其有所忌憚，那麼關東軍主力一旦入關，必將形成攻占中國戰時首都──重慶的現實威脅，其後果將不堪設想。最值得參考的例證是 1944 年的豫湘桂戰役，日軍中國派遣軍僅拼湊了十四萬人，便輕易地從河南洛陽打到了貴州獨山。

　　中國八年抗戰的損失確實在亞太各國中位居首位，人員傷亡三千萬，物資損失六百多億美元，是受日本軍閥戕害最重的國

家（對日作戰中，美軍傷亡三十二萬人，蘇軍傷亡僅三萬二千人）。然而，衡量一個戰場的地位主要還不在於它自身的損失，而是殲敵的成績。蘇德戰場的作用之所以是第一位的，主要不是因為蘇聯在戰爭中犧牲了二千六百六十萬人，更重要的是蘇軍殲滅了一千個德國及僕從國師，並且攻占了柏林，從而在政治、軍事和法律上毀滅了軸心同盟中最強大的希特勒德國。

總而言之，筆者認為，儘管中國軍民堅持了八年抗戰，並有四年是在極為艱苦的環境下單獨作戰，為第二次世界大戰的勝利和人類正義事業做出了巨大貢獻。但是從大戰的整個進程和現代軍事學的自身規律來看，太平洋戰場無疑起到了摧毀日本軍國主義的決定性作用，這是任何其他戰場難以企及的。

第二次世界大戰日本陸軍兵器生產的局限 [1]

　　眾所周知，第二次世界大戰中的日本陸軍存在著諸多缺陷，兵器的質差量少是典型的例證。可從軍事經濟—軍工生產—建軍思想的脈絡出發，並結合其他列強的兵器狀況，做一番剖析和比較。

一、經濟孱弱和軍費匱乏

　　一國的兵器生產，是該國軍事經濟的組成部分，受制於國家綜合實力，尤其是重工業的基礎、結構和規模。1930 至 1940 年代的日本雖然是亞洲最發達的國家，是世界列強之一，但它的經濟整體水平仍遠遠落後於歐美諸強國。「日本的工業在各列強之間，是最脆弱和最不成熟的」。[2]

各國工業生產在全世界所占比重 [3]

	美國	英國	德國	法國	日本
1913	38%	14%	16%	6%	1%
1937	38%	10%	11%	5%	4%

（蘇聯的工業生產在 1937 年超過了德國，躍居歐洲第一、世界第二位。）

1　本文修改自：《軍事歷史研究》，2002 年第 3 期（2002.09）。

2　馬克斯・威納爾著，賓符等譯，《列強軍力論》（重慶：生活書店，1939），頁 391。

3　中國科學院經濟研究所世界經濟研究室編，《主要資本主義國家經濟統計集（1848-1960）》（北京：世界知識出版社，1962），頁 2。

　　日本有一個致命弱點——資源極度貧乏，「重要的原料如鐵砂、錳砂、非鐵類的金屬品、油、橡皮、棉花，以及羊毛等，不是完全沒有便只有極少量的供給。它只能生產約占所需要的一半的銅、鋅和鐵砂，極少部分的鋁、錫、鉛和油」。[4] 由此勢必對重工業產生整體性、決定性的制限。重工業基礎過分薄弱，在工業結構中所占比重較小，1936 年時僅為 49.6%，尚不到一半。其屬下的冶金業和機械製造業因原料不足，沒有得到充分發展。冶金業中的鋼鐵工業尚不能滿足戰時的全部需求，缺額必須仰仗進口。機械製造業內部的發展也不平衡，每年必須輸入大量機器。與戰爭關係密切的重砲、汽車、戰車等業尚屬幼稚，有些具有重大戰略意義的部門甚至完全沒有。冶金業和機械製造業的脆弱，是發展巨大軍需工業無法超越的障礙。一位軍事評論家這樣指出：「廁身強國，而甚至在平時還不得不輸入巨量的軍火的，只有日本一國而已。日本的軍需工業和機械工業，甚至比義大利還要落後，只能和波蘭相比。」[5] 此外，在精密的電子器材和光學儀器領域，日本的技術水準和生產能力也令人堪憂。第二次世界大戰期間，日本對整個工業系統進行了最徹底的戰爭動員，但是無論怎樣「勒緊褲帶」，都無法彌補先天不足而導致的巨大劣勢。

　　軍事經濟按軍種需求，主要可分為陸軍和海軍兩大部分。列強之中，國家財力能同時將兩大軍種維持在世界頂尖水平的，僅美國一國而已。其餘各國常常依據各自的實際情況，重此輕彼。如蘇聯、德國和法國重陸軍輕海軍，英國強海軍而弱陸軍，義大

4　馬克斯·威納爾著，賓符等譯，《列強軍力論》，頁 389-390。
5　馬克斯·威納爾著，賓符等譯，《列強軍力論》，頁 391。

利則兩軍皆弱。作為海島國家的日本，海軍在實踐國家軍事學說的戰略作用上，往往比陸軍有著更重要的價值，因此日本歷來側重艦艇建設，明治維新以來未曾有過絲毫的鬆懈。1920 至 1930 年代，為了建成「一支能與美國相對抗的海軍」，日本將其艦艇總噸位擴展至一百多萬噸，躍居世界第三位。在此過程中耗費了巨額資金，有時甚至不惜割捨陸軍的建設經費。例如在 1920 年代初，原敬內閣曾促使田中義一陸相「決意將取得繼續費之優先權讓與海軍，海軍即行著手編成八八艦隊，於是陸軍之充實軍備，只有留待後年度來增加」。[6] 1918 至 1931 年，日本海軍預算實際上一直高於陸軍，個別年度甚至約為陸軍的二倍。

1918 至 1931 年日本的國家預算和軍費

項目 \ 年度	國家預算（億日圓）	陸軍軍費（億日圓）	海軍軍費（億日圓）
1918	10.63	1.24	2.18
1919	12.20	2.20	3.16
1920	14.44	2.46	4.03
1921	15.83	2.47	4.82
1922	14.81	2.30	3.73
1923	13.88	2.23	2.75
1924	16.15	2.06	2.49
1925	15.49	2.14	2.28
1926	15.79	1.96	2.37
1927	17.6	2.18	2.73
1928	18.1	2.49	2.68
1929	17.4	2.27	2.68
1930	15.6	2.01	2.42
1931	14.8	2.27	2.27

資料來源：中原茂敏著，紀華等譯校，《大東亞補給戰》，頁 46-47。

6　張孤山編著，《日本陸海空軍國防觀》（上海：正中書局，1937），頁 74。

　　1920 年代以後，除了受偏重海軍發展的影響外，日本陸軍還因預算支付的反覆拖延和一再縮小，一直處於軍費嚴重不足的境地。首先，當時日本資產階級民主力量在議會和內閣中還有著相當勢力，整個社會受了歐戰的影響，反戰呼聲很高。「一方面詛咒戰爭慘酷，和平論隨之抬頭，在大戰好景氣時代，養成國民頹廢的風氣。這風氣與大戰後所釀成的極端自由主義思想相合，於是縮小軍備的聲浪漸高」。[7] 由此，軍方並不能恣意妄為，隨便擴大軍費。鑑於國內外的巨大壓力，日本陸軍還被迫於 1922 年和 1925 年進行了兩次較大規模的裁軍。此後，政治情勢仍不斷地要求縮減軍費。其次，1923 年 9 月 1 日發生的導致十四萬人死亡的關東大地震（全部損失相當於後來太平洋戰爭損失的國家財產的九分之一），猶如雪上加霜，使日本國家蒙受了重大打擊。軍事當局所需要的巨額軍費，在短期內顯然難以實現。再次，「戰後世界不景氣的狂飆，吹到東洋」，[8] 日本的財政狀況長期處於極度拮据狀態，陸軍即使獲准預算，也常常難以兌現，除了最緊急的軍備工作外，其餘只能等待時機。終於到了 1929 年，即日本陸軍預定的刷新軍備的年度，卻發生了震驚世界的經濟大危機，原定計畫又不得不泡湯了。由此，從 1922 到 1932 年，日本陸軍所得的經費非常之少，僅為原定預算的十分之二、三左右。究其延誤狀況，主要有如下幾次：[9]

7　張孤山編著，《日本陸海空軍國防觀》，頁 69。
8　張孤山編著，《日本陸海空軍國防觀》，頁 69。
9　參見張孤山編著，《日本陸海空軍國防觀》，頁 74-75。

1922	整理軍備，將預定至 1935 年的繼續預算費，延長至 1939 年。
1923	關東大地震，再將繼續費延長至 1941 年。
1925	整理軍備，自是年起，除十年間節減國防充實費一千四百萬圓之外，再將一億一千七百萬圓之數額，延遲至後年度。
1930	年度預算，因濱口內閣採取極端緊縮政策，從 1930 年至 1936 年的預算中，將總額約三千七百萬圓的數目，宣布展期支付，且在實行同年度預算之時，復再宣布展期。
1931	年度節減支付一千萬圓，展期支付約四千萬圓，其中一部分延長至 1941 年。

由於上述原因，這十幾年間，「不妨說是一個專門靠加強思想教育和軍事訓練來提高作戰能力的時期」，[10] 是日本陸軍物質力量的最低階段。

1931 年九一八事變後，日本為了適應侵華戰爭的需要，急速擴充軍備。儘管財政狀況並未有多大改善，但制約軍方的黨派內閣已壽終止寢，最高軍事當局終於制訂了一個擬投入五億日圓的「時局兵備改善案」。於是從 1932 年起，長期徘徊在二億日圓左右的陸軍年度軍費有了顯著突破，1932 年為三億七千四百萬日圓，1933 年為四億六千三百萬日圓，直至 1936 年增至五億一千一百萬億日圓。[11] 然而，即使軍費翻上一番，也不過是杯水車薪，遠不足以解決根本問題。由於欠帳過多，「改善兵備」實際上不過最少限度的補充而已。陸軍新聞班在 1936 年 11 月承認：「自滿洲事變爆發以至於現在，陸軍軍備之改善，僅僅做到準備資材與維持滿洲治安之程度罷了。若說到所謂『大戰後』乃至『超過大戰後』式的現代裝備，則猶相差甚遠，此不過是應付滿洲事變的一種迫切的姑息政策而已。」[12]

10　中原茂敏著，紀華等譯校，《大東亞補給戰》，頁 49。
11　中原茂敏著，紀華等譯校，《大東亞補給戰》，頁 53。
12　張孤山編著，《日本陸海空軍國防觀》，頁 77。

　　1920 至 1930 年代，歐美列強在武裝力量的建設方面，也都不同程度出現過停滯現象。但是自 1930 年代中期起，鑒於國際局勢的惡化，都紛紛擴軍備戰。其巨大經濟潛力的發揮保證了陸軍建設的投入，這是日本無法比擬的。1936 年度美國的陸軍預算達六億一千一百萬美元，幾乎為日本陸軍的四倍（1 美元比日圓約合 1：3.3）。該年度希特勒德國的軍費為七十五億馬克（馬克比日圓約合 1：1.3），其中多半用於陸軍。日本頭號陸上敵人蘇聯，自完成兩個五年計畫（1928 年至 1932 年，1933 年至 1937 年）後，國力雄居世界，極為重視陸軍建設，每年軍費達幾十億甚至上百億盧布（盧布比日圓約合 1：0.8）。僅遠東紅軍經費就幾乎與日本全部軍費相等。

　　為了追上列強，在 1937 年春，日本議會又通過了一項新的充實軍備預算案，準備撥款十四億日圓，以期在 1942 年前整備好戰時兵力約四十個師團和約一百四十個飛行中隊。這樣，該年度陸軍軍費陡升至十六億六千萬日圓。1938 至 1939 年，由於在張鼓峰和諾門罕兩次慘敗於擁有現代化武器的蘇軍，日軍對火力的重要性開始有所認識，急欲提高自己的物質戰鬥力。大戰全面爆發後，陸軍軍費更是幾倍、幾十倍地猛增。

日本陸軍軍費 [13]

日曆年	1940	1941	1942	1943	1944	1945
億日圓	43	53	87	106	460	119

13　林克也，《日本軍事技術史》（東京：青木書店，1957），頁 276。

第二次世界大戰列強投入的直接軍費 [14]

國家	美國	蘇聯	英國	德國	義大利	日本
億美元	3,176	1,920	1,200	2,729	940	560

（義大利一說 145 億美元）

但是，日本的國力終究無法與其他列強相比，軍事方面的開支相應地也就低得多。由此，大戰期間日本陸軍經濟力的低下境地，是可想而知了。

二、兵器生產的量少質差

在 1920 年代軍費短缺的情況下，日本陸軍關閉了約四分之一的兵工廠，並大量裁員。以生產火砲、砲彈的大阪火砲工廠為例，職工由一萬五千人裁減至二千五百人，裁減了六分之五。在這種情況下，武器產量跌落到一個很低的水準。1931 年九一八事變時，陸軍兵工廠年產量僅為步槍三千六百支、機槍五百四十挺、火砲九十門、戰車十輛。[15] 在此後的對華戰爭中，日軍不得不使用日俄戰爭時期的老式火砲。1937 年的產量約比 1931 年增加了九倍：步槍四萬二千六百萬支、機槍二千三百挺、火砲六百七十門、戰車三百三十輛，[16] 但依然與戰爭的需求相差甚遠。日本的主要兵工廠（東京第一、東京第二、相模、名古屋、大阪、小倉、仁川、南滿造兵廠）每年只不過完成總計約一億日圓左右的軍備生產，不僅難以完成戰時的軍備，連常備的現代化

14　參見劉庭華編著，《中國抗日戰爭與第二次世界大戰繫年要錄‧統計薈萃（1931-1945）》，頁 546。

15　中原茂敏著，紀華等譯校，《大東亞補給戰》，頁 51。

16　中原茂敏著，紀華等譯校，《大東亞補給戰》，頁 78。

裝備也難以實現。

於是，日本陸軍在 1937 年春制訂了一個以生產武器為主的軍需品製造工業五年計畫，開始擴充整備兵工廠、扶植民間的軍工生產力量。此後，又陸續推出軍需工業動員法和國家總動員法。

日本武器生產比例（以 1937 年為 100）[17]

	陸軍	海軍
1938	300	180
1939	450	220
1940	700	240
1941	1,100	480

但是，隨著 1941 年太平洋戰爭的爆發，情況發生了逆轉。由於與美軍作戰主要是海空戰，因此急需製造大量的艦艇和飛機。這樣，陸軍兵器生產不得不讓路，以致出現相對縮小，有時甚至是絕對縮小的趨勢。最明顯的莫過於，為了將鋼材割捨給海軍而對戰車生產實施的壓縮。

日本戰車生產量[18]

1942	1,165
1943	736
1944	342
1945	94

17　參見日本歷史學會研究會編，金鋒等譯，《太平洋戰爭史》，第 3 卷（北京：商務印書館，1962），頁 68。

18　參見盧基揚諾娃著，林林譯，《第二次世界大戰期間的日本壟斷資本》（北京：商務印書館，1959），頁 91。

在 1941 至 1944 年間，海軍用武器彈藥的生產增加了 377%，而陸軍僅增加 120%。[19] 日本的軍事生產結構因此發生重大變化，很明顯，陸軍武器生產在戰爭進程中逐漸淪落到棄兒般的地步。

日本軍事生產結構[20]

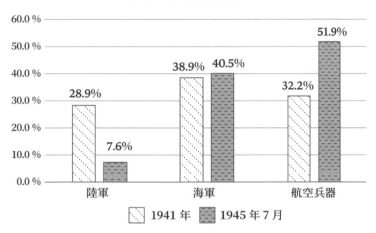

那麼，日本的軍工產量在列強中究竟處於一個什麼樣的位置呢？請參見下表。

---

19 參見盧基揚諾娃著，林林譯，《第二次世界大戰期間的日本壟斷資本》，頁 97。

20 參見盧基揚諾娃著，林林譯，《第二次世界大戰期間的日本壟斷資本》，頁 97。

第二次世界大戰列強陸軍主要兵器生產情況

	美國	蘇聯	英國	德國	義大利	日本
步槍和卡賓槍（千支）	12,330.0	12,139.3	2,457.1	10,327.8	3,200.0	3,569.5
衝鋒槍（千支）	1,933.3	6,173.9	3,919.9	1,256.8	不詳	8.0
各種機槍（千支）	2,614.3	1,515.9	938.6	1,175.5	107.8	449.5
各類火砲（千門）	548.9	482.2	389.7	310.9	18.2	160.1
迫擊砲（千門）	102.1	351.8	100.9	78.8	13.9	7.8
戰車和突擊砲（千輛）	99.5	102.8	29.3	46.3	1.9	4.8

資料來源：蘇聯國防部軍事歷史研究所等編，張海麟等譯，《第二次世界大戰總結與教訓》，頁 354、372、375、397-399。

據上表可知：義大利外，列強幾乎在所有項目上都對日本構成壓倒性優勢，而且在技術兵器上尤為突出。

與先進的工業國家相比，日本的武器生產設備和科技力量要落後十五至二十年，相應的，其陸軍兵器的質量與性能，也遠不盡人意。以下僅就步槍、機槍、火砲做技術比較。

38 式步槍是日軍單兵的基本制式兵器，由砲兵大佐友阪成章設計，定型於 1905 年，在第二次世界大戰中廣泛採用。其主要諸元如下：[21]

- 口徑：六點五公厘
- 初速：七百六十二公尺／秒
- 有效射程：四百公尺
- 標尺射程：二千四百公尺
- 槍全長（不上刺刀）：一點二八公尺
- 全重：三點九公斤
- 彈倉容彈：五發

---

21 李巨廉、金重遠主編，《第二次世界大戰百科詞典》（上海：上海辭書出版社，1994），頁 10。

- 配備單刃偏鋒尖形刺刀：長五十公分，重五百公克

　　此外，為適應不同的戰術需要，日軍還製有38式馬槍、97式狙擊步槍、99式步槍、44式馬槍等槍種。它們的技術諸元與38式步槍基本一致，共同特點是：人工裝填，單發射，刺刀較長，易於拼刺、劈刺，但火力很弱。單就非自動步槍的效能而言，38式並不比貝蒂埃爾式（法國）、李恩菲爾德式4型（英國）、曼利歇爾卡塔諾式（義大利）、1891/1930年式（蘇聯）、Gew 98式（德國）步槍遜色多少，若干方面甚至還更為優越。

　　日本的弱點是，它缺乏大規模生產單兵自動武器的能力。大戰期間，列強分別製造了數以百萬支的自動步槍和衝鋒槍，而日本的總產量僅為八千支，微乎其微。衝鋒槍、自動步槍都是火力威猛的技術兵器，通常能在二百至三百公尺有效距離內，以密集火力殺傷敵人。它不僅可以單發射，亦可以短點射、長點射，戰鬥射速可達七十發／分以上（理論射速可達幾百發），超過單發步槍的十倍。如果需要，也可以裝上刺刀用於近身接戰。戰爭的實際經驗表明，雖然幾乎每個日軍士兵都是拼刺高手，但美、蘇士兵一般不需肉搏，便能輕易地用衝鋒槍的威猛火力消滅手持步槍的日軍士兵。

　　作為二戰的單兵主戰兵器，蘇聯的托卡列夫式半自動步槍、PPSh-41式衝鋒槍、PPS43式衝鋒槍，澳大利亞的歐文式衝鋒槍，美國勃朗寧式自動步槍、賴辛式衝鋒槍、湯普森式衝鋒槍，英國的斯坦式衝鋒槍、蘭徹斯特式衝鋒槍，德國的MP式衝鋒槍、MP43式突擊步槍、StuG43型自動步槍等，在綜合戰力上，主要是速度和火力方面遠遠超過了日本38式步槍等姊妹槍種。

　　機槍是步兵分隊、團隊的核心兵器，主要分輕機槍和重機槍兩種。11 式輕機槍和 92 式重機槍是日軍的制式兵器。前者定型於1922 年（大正 11 年），其主要諸元如下：[22]

- 槍長：一點一公尺
- 全重：十點二公斤
- 口徑：六點五公厘
- 射速：五百發／分
- 射程：三千公尺
- 彈匣：三十發

　　後者製成於 1932 年，主要諸元如下：

- 口徑：七點七公厘
- 有效射程：八百公尺
- 最大射程：四千八百公尺
- 射速：三百發／分
- 全重：五十四點四公斤

　　與列強同類型機槍（如英國的布倫式 4 型機槍、法國的夏洛特式機槍、蘇聯的 DP 輕機槍等）相比，11 式輕機槍在技術諸元上並無多大劣勢，不足之處在於易出故障，裝彈較為費力。至於 92 式重機槍，其性能和美國馬克沁重機槍、蘇聯 SG-43 重機槍相差無幾，不能不說，它是少數幾種可與列強齊肩的兵器。

　　明治維新以後，日本的兵器製造業一直存在著模仿歐洲兵器

---

22 李巨廉、金重遠主編，《第二次世界大戰百科詞典》，頁 3-4、8。

的傾向，這種現象在火炮製造領域特別明顯。1930 年代日本陸軍兵工廠生產的新砲型，如 45 年式榴彈砲、90 式野砲、92 式加農砲、94 式山砲、94 式迫擊砲、96 式迫擊砲、2 式迫擊砲、97 式曲射步兵砲、99 式高射砲、4 式野戰高射砲等，絕大多數與法國、英國、德國、捷克的軍火公司有著直接的引進和繼承關係。[23] 仿製固然無可非議，但亦步亦趨，必然增加依賴性，以致喪失創造力和進取心，在技術上始終處於後列。戰前，就有許多軍事評論家撰文「敘述日本大砲之拙劣，例如腔線不佳，重量不足，不能耐用等等」。[24] 大戰期間，對日本火砲質量的指責更多，認為這是日本軍事技術缺乏前進性的最好證明。日軍的師團火砲以 38 式野戰砲、41 式山砲、38 式榴彈砲為主，這些都是名符其實的老砲，其砲彈威力僅有美軍的幾分之一，射程也很短。一些參戰的日軍官兵常常悲嘆：「砲兵最大的苦惱是敵人的砲彈不停地飛來，而我們的砲彈卻打不到敵人。」[25]

　　由於砲種和砲型複雜繁多，很難將日本與列強的火砲作一一對應的比較。以下僅就大戰中期日、蘇、美三國主力砲種之一──加農砲的技術參數做些對比，以便窺斑見豹。

---

23 林克也，《日本軍事技術史》，頁 216。

24 巴克爾著，王學武譯，《日本有多強？》（重慶：商務印書館，1943），頁 41。

25 中原茂敏著，紀華等譯校，《大東亞補給戰》，頁 283。

日蘇美三國加農砲技術參數對比表

口徑 （公厘）	國家	砲名	全重 （公斤）	砲彈重量 （公斤）	初速 （公尺／秒）	射程 （公里）	射速 （發／分）
60 以下	日本	94 式 37mm	324	0.7-0.8	800	4.5	10-12
		01 式 47mm	800	1.54	820	3.7	15—20
	蘇聯	1942 年式 45mm	570	0.85-2.1	<1070	5	<20
		1941 年式 57mm 1943 年式 57mm	1,150	1.79-3.75	<1270	6.6	<25
	美國	M1 式 57mm	1,220	2.84	823	6.5	<30
60 至 100	日本	95 式 75mm	1,497	6.4	500	11	10-12
	蘇聯	1942 年式 76mm	1,116	3.02-6.21	<950	13.2	<25
	美國	M5 式 76.2mm	2,210	7.0	792	⋯	<12
100 以上	日本	92 式 105mm	3,730	15.8	760	18.2	6-8
	蘇聯	1931-1937 年式 122mm	7,250	25	810	19.75	3-6
		1935 年式 152mm	18,200	48.47	880	<25.1	1-2
	美國	M2A1 式 105mm	1,920	14.97	473	11.2	<4
		M1 式 114.3mm	5,600	25.1	693	18.3	<3

資料來源：帕羅季金主編，《第二次世界大戰史（1939-1945 年）》，第 6 卷（上海：上海譯文出版社，1982），頁 631-633。

　　據上可知，日本的加農砲無論輕、中、重型，都存在著綜合性能的較大劣勢。這一點也同時反映在加榴砲、榴彈砲、迫擊砲和高射砲上面。

三、唯意志論的流行

　　日本陸軍兵器生產的落後，除了受制於物質因素外，還有意識方面的原因。1930 至 1940 年代日本陸軍建設的指導思想中，彌漫著濃厚的唯意志論傾向。其基本特徵是：漠視已經發生變化的世界軍事潮流，錯誤估價構成戰鬥力的諸因素，過分抬高人的精神、體能的作用，相應貶低科學技術和物質力量的效能。具體表現為，輕視火力的壓倒威力，堅持先前的白刃萬能主義，把步兵作為戰鬥力的核心。這一思想貫穿陸軍建設的始終，對軍工生

產也產生了深遠和廣泛的影響。

日本民族自古以來就有著崇尚意志的傳統，他們的古代英雄大多是堅韌不拔、無所畏懼，以頑強意志實現理想的人物。「日本人往往認為，只要一個人具有足夠的意志力，並能刻苦努力的話，任何困難都是可以克服的。」[26]「日本人說精神就是一切，也是永恆的。當然，物質性的東西也是必要的，但是是次要的，暫時的。」[27] 德川幕府時代，為了強化統治而禁止槍砲，於是各類爭鬥常常以一人對一人的武士方式來解決。以力取勝、重力輕物的民族心理特徵，由此得到了進一步的強化。

明治維新後的日本是一個軍國主義國家，維繫全體國民心靈的，是以遵從天皇為核心的民族主義思想。天皇被奉為「現人神」，天皇的意志就是神的意志，具有終極性和不可違逆性。民眾與天皇，猶如部落民與之酋長、基督徒與之上帝，浸潤著宗教式的狂熱崇拜。「皇道」、「皇威」被日本民族視為萬物之本、力量之源，由此產生了一種根深柢固的想法：只要堅定保持對天皇的忠誠和信仰，就能完滿實現個人、民族和國家的最大價值。在這一心理驅使下，鑄成了日本軍人特有的武士道精神，他們將軍人的堅定意志和勇敢拼命視為戰爭的致勝根本。一定意義上，「日本軍隊在階級與社會基礎上都依存於前近代的東西」，[28] 它的封建性和保守性更為突出。此外，日本陸軍歷來崇拜德國的

---

26 賴肖爾著，孟勝德、劉文濤譯，《日本人》（上海：上海譯文出版社，1980），頁 164。

27 本尼迪克特著，孫志民等譯，莊錫昌校，《菊花與刀：日本文化的諸模式》（杭州：浙江人民出版社，1987），頁 21。

28 藤原彰著，張東譯，《日本軍事史》（北京：解放軍出版社，2015），頁 187。

軍事學，他們對克勞塞維茨關於「精神狀態對軍事力量具有決定性的影響」的論斷深信不疑。日軍一系列作戰須知、手冊和綱要也表明：他們堅信只要有充分的訓練、必勝的信念、極嚴格的軍紀和旺盛的進攻精神，就可以壓倒對手的物質威力。

先前那些侵略戰爭的勝利似乎也驗證了日軍的精神萬能主義，以致助長了他們人力勝於機械力的觀念。在日清（甲午）、日俄戰爭中，日軍正是憑藉猛衝猛打、短兵突進、刺刀搏殺的特點，擊敗了物質實力強於自己的對手。日俄戰爭以後，由於長期與弱敵作戰，日軍滋長了驕傲情緒，自以為無敵天下，由此產生了這樣的邏輯：既然憑藉旺盛的鬥志就能一次次大敗對手，那麼因循下去即可，何必在國家經濟不堪重負的情況下，再在武器生產方面花費更多的財力。日軍因此在心理上放鬆了實現陸軍現代化，尤其是技術兵器現代化的緊迫感。

日軍唯意志論的盛行和 20 世紀人類軍事生活的新趨勢是背道而馳的。在漫長的冷兵器時代和火器時代的早期，近身格鬥幾乎一直是殲滅敵人的唯一方法，這種戰法需要最大限度地集中人的精力和體力，取勝的基石在於軍人的旺盛鬥志、高超的格鬥藝術和堅韌耐勞的精神，那是一個武器在用兵上還不占很重要地位的時代。然而 19 世紀末興起的第二次工業革命卻深深地改變了這一點，由於電氣、冶金技術的飛速發展，導致了飛機、戰車等高技術兵器的出現，火力已代替人力成為戰場上實施突擊和殺傷敵人的主要手段。「武器技術這個前所未見的要素，第一次世界大戰後不久就出現在人們的面前，而且表現出極其重要的絕對價值。」[29]

29 淺野祐吾著，趙志民、李苑譯，《軍事思想史入門：近代西方與中國》（北

由於日軍沒有派兵赴歐作戰，因此缺乏直觀感受，「第一次世界大戰的教訓不是自己的體會，而是從有關文獻中得到的，所以沒有很好接受一次大戰的重要教訓」。[30] 歐洲各國陸軍經歷的許多長足進步，是日軍所無的。

日本陸軍的唯意志論在第二次世界大戰中終於遭到了徹底的破產。在與美軍和蘇軍的交戰中，日軍常常「陷入了對飛機和坦克的恐怖之中」，[31] 這是精神力量所無法戰勝的。一些參戰軍人這樣感嘆：「吾人不應該輕視火力；如果有充分的火力，士兵的行動就會果敢，情緒就會高漲。反之，如果火力不足，就只能消極應付。」[32]「在坦克這個龐然大物面前，人完全變得像豆腐一樣軟弱無力。這無論如何也不是肉搏戰所能對付的。」[33]「我軍初戰勝利以後就被美國物質力量所壓倒。所謂物質力量是指物資的數量、質量和效率。我軍敗於電子器材（雷達）和航空兵的數量，大型飛機的可靠性，科學技術的優勢，以及生產的機械化和效率。」[34] 這一切印證了一個頗有遠見的日本學者在 1934 年說過的話：「現代的戰爭是科學的戰爭，不論在意識方面軍隊是訓練得怎樣好，他們是不能與物理、化學及數學的力量作戰的。不管兵士如何勇敢，希望他們徒手與超等的飛機、坦

京：解放軍出版社，1988），頁 109。

30 中原茂敏著，紀華等譯校，《大東亞補給戰》，頁 87。

31 柴田隆一、中村賢治著，李守貞等譯，《日本陸軍經理部》（北京：解放軍出版社，1984），頁 192。

32 柴田隆一、中村賢治著，李守貞等譯，《日本陸軍經理部》，頁 178。

33 柴田隆一、中村賢治著，李守貞等譯，《日本陸軍經理部》，頁 192。

34 中原茂敏著，紀華等譯校，《大東亞補給戰》，頁 269。

克、機關槍等作戰，那是過分的。」[35]

35　王造時編譯，《日本備戰論》（上海：開明書店，1937），頁 21。

論二戰時期日軍戰車兵種的落後 [1]

　　與西方列強相比，第二次世界大戰中的日本陸軍，在軍事學
術的諸多領域表現出明顯的落後。其中，戰車兵種的弱小是最典
型的例證，這主要體現在戰車的質量、數量以及戰略戰術的運用
上。由於戰車部隊的建設直接涉及國家經濟實力、戰備技術水平
以及軍事思想的演進等基本方面，所以對其進行重點探討，或許
最能反映問題的實質。

一

　　與戰車硬體建設最直接相關的是戰車製造業的技術水平和生
產能力，而其主要依托的是該國冶金業中的鋼鐵工業和機械製造
業裡的汽車工業的狀況。鋼是製造戰車最重要的原材料，鋼產量
是衡量國家鋼鐵工業水平的最佳尺度。1939 至 1945 年間，日本
的鋼產總量為四千八百萬噸，蘇聯是它的一點九倍，英國是二點
一倍，德國是三點九倍，美國甚至達到了十點六倍。[2] 戰車工
業的可用鋼量受制於國家的鋼產總量，日本在前者上的劣勢要比
後者更為明顯。除去民間用鋼外，它還需要製造大量的船舶艦
艇，維持一支與美國相對抗的龐大海軍，這對鋼產量位居後列的
日本來說，負擔是極重的。因此，日本陸軍，特別是它戰車兵種

1　本文修改自：《社會科學》，2009 年第 7 期（2009.07）。
2　蘇聯國防部軍事歷史研究所等編，張海麟等譯，《第二次世界大戰總結與
　　教訓》，頁 344、365、388。

所占的用鋼比例和絕對數量勢必要比列強小得多。戰前，日本的鋼產量就已無法滿足其軍需工業及機器製造業的需求，不得不依賴進口。1931 年至 1934 年間，日本輸入鋼製品共達二十二萬七千五百噸，便是明證。戰爭爆發後，隨著軍工規模不斷擴大，日本更是感到鋼產量嚴重不足，「只好靠收集全國的廢鐵，甚而剝奪居民的一部分金屬用具，拆除花園和私人領地上的鐵柵，用木柱代替電車路的金屬柱子」。[3] 1944 年以後，收集國內廢鐵的規模進一步擴大，但畢竟杯水車薪，於事無補。

　　戰車是運動的鋼鐵，鋼鐵要裝上輪子，必須緊密依賴汽車工業的整套技術系統和人員。今天的日本是汽車王國，但在1930、1940 年代，它的汽車製造還遠遜於包括義大利在內的歐美列強。大多數企業由外資經營，其產量甚至連平時的需要都不能滿足，每年都必須輸入大量的外國汽車和汽車發動機、曳引機等部件。民族汽車企業起步較晚，雖然得到了政府的大力扶持，但發展緩慢。在歐美，當小汽車已成為普遍交通工具時，日本所擁有的只限於少數人的高級車和公共汽車而已。一般來說，汽車工業和戰車製造業的規模是成正比的，兩者猶如母子關係，前者預示著後者可能發展的潛力。從 1930 年至 1945 年的十六年間，日本汽車總產量是三十九萬一千八百一十三輛，最高年分在1940 年，達五萬七千三百三十輛。[4] 同樣是 1940 年，蘇聯生產了十四萬五千四百輛汽車，德國約三十萬輛，英國也有四十至五十萬輛，而美國竟達四百四十七萬一千輛，超過日本十六年總

3　盧基揚諾娃著，林林譯，《第二次世界大戰期間的日本壟斷資本》，頁 122。
4　天谷章吾，《日本自動車工業の史的展開》（東京：亞紀書房，1982），頁 71。

產量的十倍。由於日本「汽車工業規模甚小，故其機械化師團的裝備，絕不能及英美的規模」。[5]

日本貧弱的鋼鐵和汽車工業，注定了其戰車製造業絕難有大的作為。日本遲至 1926 年才開始自己試造戰車，此前主要是向英國購買「MK-IV」和「MK-A」戰車，向法國購買「雷諾F17」輕型戰車。1927 年 2 月，陸軍技術本部車輛班模仿雷諾戰車設計的第一號戰車，在大阪兵工廠和一些民間會社的協作下終於研製成功，它重十二噸，時速二十五公里。第一號戰車在富士山下進行了變速、爬坡、越壕以及火力射擊的檢驗，基本上達到了設計要求。1929 年 4 月，大阪兵工廠又研製成第二號戰車，重九點八噸，一門 57mm 火砲，一挺 6.5mm 機槍，裝甲五至十七公厘，最人時速二十六公里，最大行程一百二十公里。[6]該車在從東京到青森的長途試行中表現良好。它在投產時應軍方要求增重到十一點五噸，並定名為 89 式中戰車。另兩種主戰戰車，即 95 式輕戰車和 97 式中戰車則分別製成於 1935 和 1937年。在此期間，日本還先後研製成其他一些輔助戰車和裝甲車。1930、1940 年代，日本從事戰車和戰車零件生產的廠家主要有：川崎汽車廠、大阪兵工廠、小倉兵工廠、名古屋兵工廠、石川島兵工廠、東京瓦斯電氣公司、相模造兵廠、三菱重工業、日立製作所、日野自動車、日本製鋼所、汽車會社、新潟鐵工所、神戶製鋼所、池貝自動車等。戰車製造企業 95% 屬民營，其餘 5%屬軍營，生產能力總體較低。

5　巴克爾著，王學武譯，《日本有多強？》，頁 121。
6　野木惠一，《戰車と機甲戰》（東京：朝日ソノラマ，1981），頁 177。

日本歷年戰車產量表（1931-1945）

類別 年分	中型	輕型
1931	-	12
1932	1	20
1933	1	69
1934	1	111
1935	1	358
1936	-	328
1937	-	325
1938	89	198
1939	205	357
1940	315	708
1941	495	529
1942	531	634
1943	544	232
1944	294	48
1945	89	5
總計	2,576	3,934

資料來源：小山弘健，《日本軍事工業の史的分析》（東京：お茶の水書房，
1972），頁 174-175。

　　十五年的總產量是六千五百一十輛，其中 95 式輕戰車和 97
式中戰車占了大頭。這十五年的平均產量僅四百多輛而已，即使
是 1937 年到 1945 年，年均也不過約七百輛。考慮到戰時戰車車
輛的大量損壞，如此低產顯然很難滿足軍方的需求。事實上，
1930 年代中期就已有人對日本戰時戰車生產的窘境作過預計：
日本「坦克車生產在戰事初起半年中，不能超過五百輛，下一年
不能超過一千三百輛。軍隊現有的和存儲的坦克車亦達一千二百
輛，但是戰爭初期半年所需的坦克車數卻是三千三百輛，所以，
日本在這個期間，它必須從國外輸入一六〇〇輛。在下一半年
中，所需坦克車數是二千七百輛。因此，日本所需輸入的是

一千四百輛。」[7] 1941 年 12 月太平洋戰爭爆發後，日本實際上
杜絕了自己從國外進口戰車的可能性。與此同時，由於與美軍作
戰主要是海空戰，因此急需製造大量的飛機和艦艇。這樣，陸軍
兵器的生產不得不讓路，以致出現相對縮小，有時甚至是絕對縮
小的趨勢。最明顯的莫過於為了將鋼材割捨給海軍而對戰車生產
實施的壓縮。日本的戰車工業在 1943 年達到最高年產值後，
被迫縮減了輕型戰車的生產，並幾乎完全停止製造中型戰車。

戰車的質量和數量屬硬體範疇，通過數據比較，日本戰車在
列強中的位置便能一目了然。

二戰期間列強各類戰車的生產總數表

國別	時間跨度	各類戰車（輛）	比例（日本為 1）
日本	1939.9-1945.8	4,800	1
德國	1939.9-1945.4	46,300	9.6
義大利	1940.6-1943.8	1,900	0.4
蘇聯	1941.7-1945.8	102,800	21.4
美國	1941.12-1945.8	99,500	20.7
英國	1939.9-1945.8	29,300	6.1

資料來源：蘇聯國防部軍事歷史研究所等編，張海麟等譯，《第二次世界大戰
總結與教訓》，頁 354、372、375、397-399。

除義大利外，列強在戰車產量上都對日本構成壓倒優勢。
英國是六點一倍，而美、蘇兩國竟超過了二十倍。聯想到日軍
是在比歐洲和北非更為廣闊的中國大陸及東南亞作戰，其區區
四千八百輛的產量的確非常可憐，長期戰爭必定捉襟見肘。

至於戰車的素質，可參見下表：

7　王造時編譯，《日本備戰論》，頁 116。

二戰列強主戰戰車的技術性能比較表

國家	日本			蘇聯		
型號	89式 中戰車	95式 輕戰車	97式 中戰車	T-34型	KB-1型	JS-2型
火砲	57mm	37mm	57mm	76mm	76mm	122mm
機槍	2挺 6.5mm	2挺 7.7mm	2挺 7.7mm	2挺 7.62mm	2挺 7.62mm	3挺 7.62mm 1挺 12.7mm
最大裝甲 厚度	17mm	12mm	25mm	52mm	100mm	120mm
重量	12.7t	7.4t	15.5t	30.9t	47.5t	46t
最大時速	25km/h	40km/h	38km/h	55km/h	35km/h	3 km/h
最大行程	140km	250km	210km	430km	250km	150km

國家	德國			英國		
型號	IV式	豹式	虎式	馬提達式	華倫泰式	邱吉爾式
火砲	75mm	75mm	88mm	40mm	40mm	57mm
機槍	2挺 7.92mm	3挺 7.92mm	2挺 7.92mm	1挺 7.92mm 1挺 7.69mm	1挺 7.92mm 1挺 7.69mm	2挺 7.92mm 1挺 7.69mm
最大裝甲 厚度	50mm	100mm	100mm	80mm	60mm	150mm
重量	24t	45t	55t	25t	16.5t	45t
最大時速	40km/h	46km/h	38km/h	25km/h	25km/h	25km/h
最大行程	200km	177km	100km	145km	225km	245km

國家	美國			義大利
型號	薛曼式	M5A1型	潘興式	飛雅特－安薩爾多式
火砲	76mm	37mm	90mm	1門平射砲
機槍	2挺 7.62mm 1挺 12.7mm	3挺 7.62mm	2挺 7.62mm 1挺 12.7mm	1至2挺機槍
最大裝甲 厚度	76mm	38mm	102mm	約10mm
重量	32t	16.9t	41.5t	3.5-4t
最大時速	48km/h	60km/h	48km/h	不詳
最大行程	150km	270km	180km	不詳

資料來源：
1. 野木惠一，《戰車と機甲戰》，頁 179、187。
2. 中國人民解放軍軍事科學院外軍部編譯，《外國武器發展簡介》（北京：中國對外翻譯出版公司，1983），頁 252、256、263。
3. 帕羅季金主編，《第二次世界大戰史（1939-1945 年）》，第 6 卷，頁 625-626。

　　十噸以下為輕型，十噸至二十噸為中型，二十噸以上為重型，這是日軍劃分戰車級別的通常尺度。[8] 但就歐美的標準而言，二十噸以下均屬輕型戰車。因此，日軍的主戰戰車實際上都是輕型的。它和歐美戰車綜合比較中的主要技術弱點是：火砲口徑小、裝甲薄弱、噸位低、速度慢、行程短等。這在實戰中直接導致了火力、防護力和持續力的低下。此外，在懸掛裝置、發電和傳動裝置、液壓氣動裝置、機件堅牢度、無線電通訊、光學器材等方面也存在著顯著的差距。當時歐美軍事人士對日本戰車有這樣一些評價：「日本的坦克是陳舊的（相當於 1930 年代初歐洲式坦克）」；[9]「日本坦克車多數是小型的雙座輕坦克，正如吾人舊日大量應用者……此坦克車實力薄弱的因素，在戰爭前途將予彼以重要的影響」；[10]「日本坦克的技術的品質都很低劣，它沒有衝擊用的重坦克，也沒有快的和加快的坦克。這些坦克大半是輕的和中型的……就歐洲的標準來說，這是非常平凡的」。[11] 在總體性能上，日本戰車比蘇、美、英、德各國整整落後了一個時代，而僅能與義大利為伍。最好的例證是 1939 年

8　A. J. Barker, *Japanese Army Handbook 1939-1945* (London: Ian Allan Publishing Ltd., 1979), p. 64.

9　蘇聯國防部軍事歷史研究所等編，張海麟等譯，《第二次世界大戰總結與教訓》，頁 446。

10　巴克爾著，王學武譯，《日本有多強？》，頁 37。

11　馬克斯・威納爾著，賓符等譯，《列強軍力論》，頁 396-397。

7月4日蘇日諾門罕戰役中的戰車交戰，雙方都投入了一百輛左右的戰車和裝甲車。蘇軍的T28型和T130型戰車噸位大，裝甲厚，行動半徑大，火砲射程遠，射速快。而相比之下，日軍戰車噸位小，裝甲薄，行動半徑小，火砲也很落後。兩軍對陣，好似龐大的牛群和一群小羊對打，日軍完全不是對手。參戰的89式中戰車三十四輛、97式中戰車四輛、95式輕戰車三十五輛，分別被擊毀了十七輛、一輛、十一輛，以慘敗告終。[12]（以後在太平洋戰爭中，當日軍戰車與美軍薛曼式戰車格鬥時，也屢次重演了上述情形。）指揮此役的蘇軍朱可夫將軍當時就指出：「日軍的戰車相當於我們的MC-1式戰車，非常落後，武器很差，最大行程小。」[13]（MC-1式戰車在蘇軍中服役的時間主要是在1920年代末）日本在1943年以後，在97式戰車車體上搭載大口徑火砲，從而研製出比較先進的「一式」、「三式」和「四式」戰車。特別是「四式」戰車可與美軍薛曼式戰車媲美，它重三十噸，一門75mm火砲，二挺7.7mm機槍，最厚裝甲七十五公厘，時速四十五公里，最大行程二百五十公里。[14]然而，它們均未成批生產，實際投入戰場的數量極少。

二

日本的「戰車工業只能生產出性能低劣且數量極少的戰車，

12 天谷章吾，《日本自動車工業の史的展開》，頁77。

13 朱可夫著，中國人民解放軍軍事科學院外國軍事研究部譯，《回憶與思考》，頁189。

14 野木惠一，《戰車と機甲戰》，頁193。

不容否認的是，使用的戰略及其他方面也是絕對的落後」。[15]

　　日俄戰爭以後，日本陸軍的作戰水平逐漸出現了停滯趨勢，由此導致的落後在 1930 年代已日益明顯。這一方面是因為它缺乏第一次世界大戰的實戰經驗，無法深切體會新技術兵器對戰爭樣式提出的變革要求。「以世界大戰為機，各種軍備起了劃時代的大變化，參加世界大戰的列強，以進步的火器、發達的飛機、機械化的軍隊為主，並使用科學戰器等等，堅持五年之久，各竭全國之力，耗盡人力與金錢，從事各種戰爭，是已完全具有近代的設備」，[16] 歐美各國陸軍經歷的上述進步是日軍所缺的。正如 1930 年代初任陸軍參謀總長的金谷範三大將所說：「帝國因於歐洲大戰，未嘗實際參加，是故對此新式軍器之設備，頗感有落伍之慚。」[17] 另一方面，日軍由於二十多年來持續不斷地同弱敵交戰，常常輕易取勝，從而產生了驕傲情緒，自以為無敵天下，放鬆了實現陸軍現代化的進程。錯誤的經驗告訴他們，用很小的力量，在最短的時間，勝利就會唾手可得。然而，以往那些拼刺刀式的戰爭充其量不過類似於 18、19 世紀西方國家征服殖民地，一般來說，對手的軍事素養和技術水平都很低劣，日軍憑藉稍好的物質裝備和優良的單兵技術便足以取勝。此外，作為海島國家的日本，更側重於發展它的海軍，為此耗費了巨額資金，但日本有限的財力和薄弱的基礎技術力量不允許同時維持強大的陸軍和海軍。以 1918 至 1931 年為例，海軍的預算一直高於陸軍，

15　天谷章吾，《日本自動車工業の史的展開》，頁 76。
16　張孤山編著，《日本陸海空軍國防觀》，頁 68。
17　東北問題研究會譯，《日本參謀本部滿蒙國防計劃意見書》（北平：東北問題研究會，1932），頁 59。

個別年度甚至為陸軍的兩倍。[18] 此長彼消，陸軍建設不得不因此受到嚴重影響。

1920、1930 年代，日本陸軍的作戰指導思想充斥著濃厚的唯意志論傾向，即過分誇大人的體力、精神力在戰爭中的作用，迷戀於用士兵的近身接戰和白刃格鬥戰勝對手，但同時卻漠視軍事技術的更新和戰備物資的保障，刻意貶低武器因素，試圖以精神力量彌補物質不足，以拼命主義代替科學指導。比如緒方勝一大將就放言：「吾人縱使不幸未得精良兵器以供使用，日本軍隊以前所成就之勝利，乃成就於吾人精神上之道德力量，吾人對於天王之忠誠，吾人之愛國心及高尚紀律。」[19] 又如荒木貞夫大將也宣稱：「（日軍）真正使命係弘布和宣揚皇道以達於四海。力量不足非我等介意之事，吾人何必憂慮物質之事。」[20] 這些思想實際上仍停留在西方 1914 年以前的水平，那是一個主要依賴人力，武器在用兵上還不占很重要地位的時代。但是，第一次世界大戰已使人類的軍事學術發生了巨大轉折。在 19 世紀末開始興起的第二次工業革命中，電氣和冶金技術飛速發展，導致了飛機和戰車等高技術兵器的出現，它們很快在戰場上表現出絕對重要的價值，火力已代替人力成為戰場上實施突擊和殺傷敵人的最主要手段。英國軍事理論家富勒甚至認為：「武器之良窳亦戰爭勝負之樞紐，勝利之祕密，百分之九十九，繫於武器之改進；申言之，戰爭不過為武器之角鬥；改進武器愈速者，愈有勝利之把

18 參見中原茂敏著，紀華等譯校，《大東亞補給戰》，頁 46-47。

19 張孤山編著，《日本陸海空軍國防觀》，頁 4。

20 金重遠，《炮火中的文化：文化和第二次世界大戰》（杭州：浙江人民出版社，1991），頁 80。

握。」[21] 顯然，日本軍事領導人並沒有深入領會這一點。由此也很難想像，他們會對戰車這一新興技術兵種抱有真正的熱誠，同時又能表現出相應的創造力。

出現於一戰的戰車開闢了世界軍事科學的新領域，給戰後軍事學術的大變革帶來了莫大影響。1920、1930 年代，歐洲戰車的技術性能有了長足提高，已具有空前的機動能力，可用來突破、包圍、迂迴和襲擊敵軍的側翼和後方，從而打破戰場上的膠著局面。有鑒於此，再加總結了一戰的經驗教訓，一些有識之士（如英國的富勒、李德·哈特，德國的古德林、艾曼斯貝格爾，蘇聯的圖哈切夫斯基、特里安達菲洛夫，法國的戴高樂、米特奧斯塞，美國的艾德納·查菲和塞里諾·布雷特）逐漸認識到：分散使用戰車或輔助步兵作戰都不能產生決定性影響，只有大量戰車的集群突擊才能取得重大戰果，同時又能對敵國軍民施加強烈的心理威懾。他們紛紛著書立說，奔走呼籲。這一思想歷盡坎坷，以後發展成完整的體系，先是被德國，繼而是蘇聯，再後是英、美的軍事當局加以接受。雖然各國的步伐有快有慢，但二戰期間歐洲和北非戰場的對陣雙方大多遵循於此，建立了大編制的戰車部隊，構成了高速度、大縱深的機械化戰爭的主力。

如果說日本對戰車兵種的時代潮流完全熟視無睹，那也是不真實的，1918 年一戰剛結束，它就急急忙忙從歐洲購進了戰車。對西方的新事物，日本人向來樂於學習，1894 年至 1895 年日中戰爭、1904 年至 1905 年日俄戰爭的勝利正是得益於這種態度。但是，這一次卻只限於形式上的模仿，並未進行認真和結合

---

21 曹聚仁、舒宗僑編著，《中國抗戰畫史》（上海：聯合畫報社，1947），頁 2。

實際的研究。某些軍事領導人居然認為：「歐美和日本無論在地理上還是在心理上都存在著極大的差距，亞洲的戰場未必能夠適應戰車的大規模使用。」[22] 此外，既然耗費低廉、輕而易舉的殖民地戰爭一直能換來巨大的侵略成果，那麼似無必要在國家財力嚴重拮据的情況下，再在戰車兵種上花費巨額軍費。這是一種因缺少強敵的外在壓力，以致心理鬆懈的結果。總之，日本對戰車兵種的建設，反應是比較遲鈍的，缺乏積極進取的精神。其間，儘管日本陸軍中也有人預見到裝甲戰車兵的巨大潛力，並試圖有所作為，但畢竟影響有限，在上下一片「刺刀前進決定戰爭勝負」的叫喊聲中很快湮沒無聞了。至於系統指導戰車作戰的著作，如《戰車戰》、《戰車和戰車戰》、《機械化器》、《戰車工學》等，是遲至 1943 年以後才出現的，此時日本敗局已定。專門培養戰車兵的學校僅有兩所，一所在中國四平，一所在日本千葉，專業技術的教學水平並不高。

日軍最早有戰車兵建制是在 1925 年，在久留米和津田沼分別建立了第一和第二戰車隊，各有雷諾 FT17 戰車五輛、MKA 戰車三輛。1931 年九一八事變時，第一、第二戰車隊抽出部分兵力臨時組成戰車第一中隊（隊長百武俊吉大尉），在第十四師團編成內參加了哈爾濱附近的戰鬥。這是日本戰車的第一次實戰，由於沒有遭到頑強的抵抗，很難對其戰場價值做出切實的評價。不過中國東北嚴寒的氣候卻使日本戰車暴露出耐寒性差的弱點，引擎冷凍液和火砲駐退液容易凍結，許多部件因低溫而脆裂損壞。1932 年一二八事變時，第一戰車隊編成內的獨立戰車第

---

22 野木惠一，《戰車と機甲戰》，頁 173。

二中隊派赴上海。實戰表明，日本戰車不善於在密布小河的江南及市街作戰，但 89 式中戰車在性能上顯然要比雷諾戰車優越。1933 年長城作戰，戰車第二中隊的 92 式重裝甲車和 89 式中戰車在與張學良軍隊的戰鬥中表現出一定的突擊力，為此當時的報紙曾大肆吹噓了一番。以上幾次戰役中，日軍戰車小試鋒芒，但對大局作用甚微，日軍領導人並未從中獲得多少啟示。1933 年 8 月，第一、第二戰車隊分別擴編為戰車第一、第二聯隊。

　　1934 年前後，又在關東軍獨立混成第一旅團編成內組建了戰車第三、第四大隊。1936 年至 1937 年，日本大約有戰車八百至一千輛，其中有三百輛集中於兩個戰車聯隊和大隊，其餘的則分為若干小隊附屬於步兵，每個步兵師團配屬戰車二十四輛。七七事變以後，在中國境內作戰的日軍機械化部隊極少有果斷、豪邁的行動，他們利用戰車配合步兵作戰，然而前者僅居後者助手的地位。當時歐洲軍事人士有這樣的評價：「日本不顧歐洲戰事的教訓，尚未理會坦克車獨立作戰的價值」，「日本現仍依賴利用坦克車配合密集步兵作戰的戰術，正與我們上次大戰時一樣的利用坦克車，彼等將坦克車團附隸於步兵隊伍中，而不用之為獨立的攻擊兵力。」[23]

　　從 1939 年起，日本開始有了較大編制的戰車部隊。1939 年 3 月南昌會戰時，第十一軍臨時編成戰車集團（集團長石井廣吉大佐），轄戰車第五大隊、第七聯隊獨立輕戰車第九中隊，共一百三十五輛戰車。6 月，在關東軍第二十三師團內編組了第一戰車團（司令安岡正臣中將），轄戰車第三、第四、第五聯隊及

---

23 巴克爾著，王學武譯，《日本有多強？》，頁 37-38。

其他輔助部隊。第二年，又在第五軍內成立第二戰車團，轄戰車
第四、第十、第十一聯隊等。這一時期，日軍進行了一些集中使
用戰車的嘗試，但效果不佳，問題出在戰車低劣的性能上。第一
戰車團在諾門罕戰役中嘗到了慘敗的苦酒，步兵為此咒罵本國的
戰車是「廢物」、「豆腐」。此前在徐州會戰中，中國軍隊僅憑
集束手榴彈就炸毀了許多日本戰車。南昌會戰，日軍戰車集團遠
程迂迴，追擊約二百五十公里，雖然取得了一定戰果，但也暴
露出技術上許多致命弱點，如：

1. 易受天氣影響：遇連續降雨而平地積水時，一百多輛戰車不得
   不連日尋找高地停放。
2. 渡河技能差：中國南方河網縱橫，且常降雨，致使河寬水深，
   由於工兵架橋和駕駛人員操車方面的問題，致使數輛戰車落
   水沉沒。
3. 發動機素質不盡人意：道路泥濘，行駛困難，需要使用發動機
   的大轉速來獲得較大功率，但這樣容易產生耗油量大、發動
   機溫度過高、故障頻多等問題。
4. 後勤保障不力：器材、彈藥、油料隨同困難，戰車常常停下來
   等待供應，大大影響了前進速度。如果不是因為國軍戰鬥力
   太弱，日軍此役的勝利是難以想像的。

　　1941 年 12 月太平洋戰爭爆發時，日軍共有戰車聯隊十五
個，其中九個參加了攻取南洋諸地的戰役。它們在馬來亞和菲律
賓的戰果被大肆渲染，但實際上並未遇到強有力的抵抗，根本沒
什麼可吹噓的。

　　1942 年 6 月 24 日機甲軍的成立，是日本適應世界軍事大勢
的一個遲到舉動。1941 年 6 月，山下奉文中將率領日本陸軍視

察團赴歐考察德軍戰況，他們對德軍以戰車、大砲、飛機為主
體，協同進行迂迴、貫突的「閃擊戰」印象極深，回國後即提出
應集中使用戰車部隊於重要時刻的建議。以後又根據日軍在諾門
罕和東南亞使用戰車作戰的經驗教訓，深感需將戰車集中編組，
以發揮其快速機動的能力。這就是成立機甲軍的動因。機甲軍隸
屬關東軍，司令部駐四平，司令官吉田悳中將，下轄戰車第一師
團（師團長星野利元中將，由第一戰車團改編，駐牡丹江）、
戰車第二師團（師團長岡田資中將，由第二戰車團改編，駐勃
利）、戰車教導旅團（駐四平）、戰車第十五聯隊（駐孫吳）和
戰車第十六聯隊（駐海拉爾）。同年 8、9 月間又在中國派遣軍
內組建了戰車第三師團（師團長西原一策中將，由騎兵集團改
編，駐包頭），目的是在作戰中「盡可能捕捉更多的敵軍」，
「以最大的速度進行突破」。1944 年 6 月戰車第四師團（師團
長名倉栞，駐千葉縣）成立於日本國內。日本的戰車師團相當於
西方的裝甲師，總人數約一萬三千人，二百至三百輛戰車，二旅
團四聯隊制。每個戰車聯隊編有中戰車三個中隊、輕戰車一個中
隊、砲戰車一個中隊、維修中隊一個。師團另直轄有步兵聯隊、
搜索隊、砲兵聯隊、防空隊、工兵隊、整備隊、輜重隊等。1944
年 10 月起，日軍又先後成立了九個獨立戰車旅團，其中獨立戰
車第一、第九旅團隸屬關東軍，分駐瀋陽、四平，其餘七個旅團
全部部署在日本本土。1944 年 7 月，戰車第二師團調至菲律賓，
改隸南方軍。1945 年 3 月，為防止美軍本土登陸，又將戰車第
一師團調回國內。這樣，至日本投降時各部隊位置如下：戰車第
一、第四師團和獨立戰車第二、第三、第四、第五、第六、第
七、第八旅團在日本國內；獨立戰車第一、第九旅團在關東軍；

戰車第三師團在中國派遣軍；戰車第二師團在南方軍。以上四個師團、九個旅團，論數量本不算少，但其中真正參加過實戰的僅戰車第二、第三師團和獨立戰車第一、第九旅團，而且表現大都令人失望。

　　1945 年 1 月戰車第二師團在菲律賓戰役中，「遭到占絕對優勢的敵軍和獨霸空中舞臺的敵飛機的攻擊，損失慘重，喪失了大部分坦克」，[24] 最後反而不得不由步兵師團加以收容。1945 年 8 月，獨立戰車第一、第九旅團約一百六十輛戰車在蘇軍鋼鐵巨流的強擊面前，也很快瓦解。這不過是諾門罕戰役的翻版而已。戰車第三師團可視為日軍大編制戰車部隊的範例，1942 年至 1945 年間它在華中參加了一些戰役，從中反映出的戰略戰術問題具有一定的典型性。由於日本戰車比較陳舊、後勤保障不善，戰車第三師團對天氣和道路狀況的依賴性很大。若條件良好，還是有可能達成高速度推進，如 1944 年 5 月河南戰役時曾在二天半的時間內行進了約一百五十公里，從而割裂了國軍之間的戰役聯繫。反之，則常常陷入窘境，前進速度緩慢，有時竟落在步兵之後，如 1945 年 3 月湖南芷江戰役。而實戰中往往出現的是後一種情況。戰車師團與航空兵的協同能力一般來說也較差，這既削弱了突擊威力，同時又極易遭到對方空軍的轟炸，以致狼狽不堪。

　　「日本人是世界上最大的抄襲家，無疑的彼已完全的抄襲德國最佳裝甲師的組織方式……然而僅有組織方式而無裝備，實毫

---

24 服部卓四郎著，張玉祥等譯，《大東亞戰爭全史》（北京：商務印書館，1984），頁 1372。

無用處。」[25] 日軍雖然已對戰車部隊實施了集中編組，並且也收到了一定成效，但主要由於本國戰車性能低劣，缺乏進行現代化戰爭的決定性武器，以致「形似而神不似」，始終無法達成高度的機動性和強大的突擊力。總而言之，第二次世界大戰的日軍戰車兵種絕不可與列強同日而語。

25 巴克爾著，王學武譯，《日本有多強？》，頁 38。

漠視後勤：日本舊陸軍的特性——
評藤原彰回憶錄《中國戰線從軍記》[1]

　　藤原彰，1922 年 7 月 2 日出生於東京。1938 年 11 月進入陸軍士官學校。1941 年 7 月畢業後，隨即被派往中國戰場，從分隊長、小隊長到中隊長，作為第一線的青年軍官轉戰華北、華中、華南近四年之久。戰後，他從事學術活動，成為日本著名的歷史學家、近現代日本軍事史的開拓者和奠基人。《中國戰線從軍記》（原版：日本大月書店，2002；中文版：林曉光譯，四川人民出版社，2005）是他的戰爭回憶錄，由於兼具戰爭親歷者和學術中人兩者身分，這本十餘萬字的著作具有非常獨特的史料價值。作者基於親身見聞，以細膩、真切地筆調，對日軍的侵華戰爭進行了反思和譴責，對日軍軍事水平的貧弱也屢有反映，為讀者提供了一個重要佐證。

　　眾所周知，1930、1940 年代的日本是亞洲最發達的國家，是世界列強之一，但它的經濟水平仍大大低於歐美諸強國。為了維持一支與美國相對抗的海軍，有時甚至不惜割捨陸軍的建設經費。日本海軍的預算一直高於陸軍，個別年度甚至約為陸軍的兩倍。[2] 由於物質力量的不足，再加基於日清（甲午）、日俄戰爭中猛衝猛打、肉彈攻擊的所謂經驗，日本陸軍建設的指導思想

1　本文修改自：《史林》，2010 年第 3 期（2010.06），有刪節。
2　參見中原茂敏著，紀華等譯校，《大東亞補給戰》，頁 46-47。

中，彌漫著濃厚的唯意志論傾向。其基本特徵是：漠視第一次世界大戰以來已經發生變化的世界軍事潮流，錯誤估價構成戰鬥力的諸因素，過分抬高人的精神、體能的作用，極端迷信日本軍人的勇敢和白刃格鬥的能力，相應貶低科學技術和物質力量的效能，甚至以「大和魂」萬能來否定事物的科學性和合理性。所謂「數量要用訓練來抵擋，鋼鐵要用肉彈來碰撞」，這樣的妄言在日本舊陸軍中比比皆是。這一思想貫穿於陸軍建設的始終，對戰略戰術、部隊編制、軍事教育、軍工生產、後勤供應等許多方面產生了既深且廣的影響。

輕視部隊的後勤保障，是日本陸軍在第二次世界大戰中的一大失誤，也是唯意志論在實踐中的具體反映。日軍的這個傳統在一定程度上還源於德國克勞塞維茨軍事思想的至深影響，克勞塞維茨拒不承認後勤在戰爭理論中應占據的地位。然而，時代發生了巨變，工業化時代給戰爭帶來了日益強勁的後勤需求，第二次世界大戰最重要、最突出的特點之一，就是後勤能對戰爭起到決定性的影響，成為戰勝敵人的最基本要素。

藤原彰的回憶錄對日軍漠視後勤的所作所為著墨頗多。他開宗明義地指出：「第二次世界大戰中死亡的二百三十萬日本軍人中有一半以上的人，實際上都不是戰死的，而是餓死的，其中主要原因是因為後勤供給斷絕，很多士兵患上了戰爭營養失調症而導致死亡。所以從廣泛的意義上來說，他們之中的大部分其實是餓死的。而導致大量軍人餓死的重要原因還在於作戰優先、輕視補給的日本軍隊的作戰行為特性，在於即使沒有糧食，也要憑藉

氣力作戰的軍國主義精神。」[3] 在全書中，藤原彰對此進行了零散的論證，大致可歸納如下幾點。

其一，經費不足。據作者回憶，當他從軍校畢業準備派赴中國戰場時，作為軍官的全套行頭，比如軍刀、手槍、望遠鏡、軍服、軍靴、圖囊、背囊等等，竟要自己置備，而非全部由國家供給。「雖然發給我們每人六十日元的服裝津貼，但那點兒錢根本就不夠用，還是需要家裡給我補助。」[4]

其二，糧食匱乏。日軍開展長時間、大規模的作戰行動時，常常沒有為官兵提供完成任務所需的足夠的糧食保障。作者在字裡行間反復強調：「比什麼都困難的是糧食問題。因為沒有糧食補給，所以我們必須自己籌措食物。」[5]「最大的問題是如何確保糧食的供應，怎樣與營業失調作鬥爭成了我這個中隊長最為關注的事情。」[6] 而自籌糧食就意味著對中國民眾實施暴行，進行反復的掠奪，搶奪牛羊和強行收割莊稼。「日軍士兵們的手裡肯定會提著從非『治安區』搶來的『戰利品』，其中大部分是食品和副食品。」[7] 儘管如此，食品尤其是肉類食品依然極不充分，日軍中陷於營養失調的人員非常之多，由此導致大量的患病乃至死亡。1944 年一號作戰期間，「根據在野戰醫院所統計的病死者的死亡原因的順序，第一是痢疾，第二是戰爭營養失調病症，第三是瘧疾，第四是腳氣，即使是痢疾、瘧疾，很多人也是

3　藤原彰著，林曉光譯，《中國戰線從軍記》（成都：四川人民出版社，2005），頁 1。

4　《中國戰線從軍記》，頁 20。

5　《中國戰線從軍記》，頁 109。

6　《中國戰線從軍記》，頁 129。

7　《中國戰線從軍記》，頁 35。

因為戰爭營養失調病症而導致抵抗力衰竭而最終死亡的」。[8]

就藤原彰所在的聯隊而言，1944 至 1945 年間，戰場患病死者是作戰死亡者的二倍有餘。[9]

總死亡數 1,647

其他 1%, 16

戰死 31%, 509

戰傷致死 5%, 84

病死 63%, 1,038

　　其三，缺醫少藥。日軍醫藥供應的斷絕是一個非常深刻的問題，由於它跟作戰勝負沒有直接關係，所以一點兒也不受到重視，從不採取特別的保障措施。野戰醫院的設備常常極其簡陋，因為缺少奎寧，許多士兵感染上瘧疾後得不到及時治療，以致體力衰竭而死，這成為戰場病死的最大原因。血清亦嚴重不足，負傷者的傷口一旦被細菌感染，就只能儘早把壞死的部位切掉。而手術必須的麻醉藥品常告不濟，有時為了保住生命，不得不在未上麻藥的情況下進行切除手或足的手術。此外，醫院沒有作戰部隊那樣的戰鬥力，缺乏依靠自身力量徵發糧食的能力，所以糧食緊缺比一般部隊更為嚴峻。醫院給傷殘人員的飲食，常常是稀稀

8　《中國戰線從軍記》，頁 116。

9　《中國戰線從軍記》，頁 117。

的白粥加上了一點鹽而已。藤原不禁感嘆「野戰醫院完全成了傷病員的墳墓」。[10] 面對許多傷病員痛苦地死去，軍醫和衛生員們也束手無策。

其四，武器落後。「以白刃突擊作為步兵的看家本領的日本陸軍的火力裝備是相當薄弱的。」[11] 日軍步兵的主要武器是 1905 年制式化的 38 式步槍，這種槍雖然重量輕，命中精度高，但口徑只有 6.5mm，而且是單發，威力比較小。在對付孱弱、低技術的國軍時，手持 38 式步槍的日軍士兵憑藉其勇敢精神和拼刺技巧，常常能得心應手。但是，「在太平洋戰爭與日軍作戰的美軍，以威力強大的自動步槍和機關槍作為步兵的主要武器，只要一支自動步槍掃射就能把衝鋒突擊的日本兵打倒了」。[12] 此外，日軍還缺少對付美軍和蘇軍所需的足夠的重武器。

其五，機動能力差。第一次世界大戰以後歐美各國的陸軍，都大力推行機械化和摩托化，大砲、重型裝備、補給物資都用汽車來運輸，連步兵的運動轉移都使用汽車運輸。「但是，日本陸軍仍然使用馬或士兵的雙腳作為基本的移動手段。在我們第二十七師團，師團的砲兵隊也是把山砲分解以後用馬駄運，聯隊砲、大隊砲和重機槍，無一例外地都是用馬來駄運的，也就是說，日本陸軍的運動完全依賴於馬背。師團的輜重、聯隊的大小行李都是馬隊編成，中隊當然是徒步編成的，中隊長以下的全體官兵都是背著背囊行軍的。因此，超強度的行軍消耗了士兵的體

10　《中國戰線從軍記》，頁 124。

11　《中國戰線從軍記》，頁 72。

12　《中國戰線從軍記》，頁 72。

力，直接影響了部隊的戰鬥力。」[13]

藤原彰還特地舉了一個例子對比日軍和美軍的後勤狀況。有一次，他的部隊突襲了華南某地的一個美軍機場，對方迅速撤走。「（美軍）一旦決定撤走，不能帶走的物資就毫不吝惜地丟棄。充分說明在物質力量的豐富、雄厚和強大方面，美國具有壓倒性的優勢。當時，我看見了一些美軍士兵沒有吃完的隨身攜帶食品，其中除了有麵包、肉類、蔬菜之外，甚至還有甜點，真是品種豐富，跟日軍士兵所攜帶的乾麵包相比，完全不是同一個檔次。僅僅就拿這一點來比較，這場戰爭的結果，孰勝孰負也是昭然若揭，不言自明的了。美國空軍留下的物資中最多的是航空炸彈，也許美國人確實是有把這些炸彈運走太危險的理由，但不管怎麼說，毫不在乎地把如此大量的炸彈輕易丟棄，只有美國才有這樣的富裕。」[14]

日軍的後勤工作為什麼會如此之差？藤原彰將其歸結為兩個原因：其一，由於日本戰時動員體制的缺陷，只管把人員的動員作為重點，但對於國力、經濟力的建設卻馬馬虎虎、隨隨便便。其二，後方的高級指揮官和作戰參謀漠視前線官兵的疾苦，常常制訂不切實際的作戰方針，全然不顧該方針是否有切實、充分的後勤保障。實際上，漠視後勤並不僅限於藤原彰所在的中國派遣軍，關東軍和南方軍莫不如此。1939 年蘇日在諾門罕交戰，蘇軍十分重視作戰部隊與後勤部隊之間的聯繫和平衡問題，蘇軍向部署在遠離鐵路幹線終點七百五十公里的大兵團，實施的出色的

---

13 《中國戰線從軍記》，頁 86-87。
14 《中國戰線從軍記》，頁 149。

後勤補給，就曾使關東軍驚嘆不已。在太平洋戰爭中，美軍以無限物力為後盾的後勤保障，更使日軍望洋興嘆。與之相反，日軍首腦部門對新型戰爭前線與後方並無明顯區別的形態認識不足，仍將後勤人員作為非戰鬥人員來對待。日本另一位軍事歷史學家也曾指出：「就日本陸軍來說，他們的後勤部隊人員往往是剛入伍的新兵，或即將退伍的老兵。載重汽車等運輸車輛的維修工作往往排在維修戰鬥兵器之後。在陸軍大學裡有關戰術教育中，往往不考慮後勤補給能力。陸軍大學的畢業生，一般都不大願意做不太顯眼的後勤主任參謀。」[15] 後勤軍官的視野日益狹小，陷入了對作戰指揮部門的尾隨、盲從之中，失去了自身的主體性。在各級部門中，負責情報和補給的軍官對戰局所能施加的影響力，遠比作戰參謀要低得多。這樣「有關情報和後方補給的事務就遭到輕視，而有關作戰的需要則優先考慮。正常的做法本應是先搜集情報，安排補給，然後再擬定作戰計畫。但是事實上恰與此相反，首先是制定作戰計畫，而把情報和補給置於次要地位。野心勃勃的作戰參謀軍官無視情報和補給軍官的意見，強迫倉促作戰，結果是導致失敗。」[16] 這樣的敗仗在南方軍頗不乏例，最典型的就是 1944 年在印緬的英帕爾之戰。

---

15 林三郎編著，吉林省哲學社會科學研究所日本問題研究室譯，《關東軍和蘇聯遠東軍》，頁 210。

16 卡爾‧德雷奇斯爾勒等著，軍事科學院外軍研究部譯，《第二次世界大戰中的政治與戰略》（北京：軍事科學出版社，1983），頁 66。

誰是戰勝日本軍國主義的決定性力量？[1]

　　針對日本軍國主義的戰爭是一場聯盟戰爭，美國、中國、蘇聯、英國等國浴血奮戰，均為最後擊敗日本做出了重大貢獻。但比較而言，美國武裝力量在太平洋戰場上的軍事行動無疑起到了決定性的作用，這正如蘇聯在戰勝法西斯德國的過程中所起到的決定性作用一樣。這一點無論從政治、軍事、外交和歷史角度看，都是難以撼動的。

一、美國的參戰根本改變了對日作戰的力量對比

　　1937 年 7 月 7 日，日本發動了全面性的侵華戰爭，在此後的四年中，侵占了中國的大片領土。如果說日本的軍事勝利從根本上源於其綜合國力的絕對優勢，[2]那麼在 1941 年 12 月 8 日太平洋戰爭爆發後，則由盛到衰，變成了絕對劣勢，因為其對立面增添了一個無與倫比的巨人——美利堅合眾國。1930 至 1940 年代的日本雖然是亞洲最發達的國家，是世界列強之一，但其經濟整體水平仍然遠遠落後於歐美列強。

1　本文修改自：《蘇州科技學院學報（社會科學版）》，2014 年第 6 期（2014.11）。
2　比較一下 1937 年中日兩國的國力可以發現，工業總產值是 1：4.4，鋼鐵產量 1：145，煤產量是 1：1.9，石油是 1：129，銅是 1：124。參見劉庭華編著，《中國抗日戰爭與第二次世界大戰繫年要錄‧統計薈萃（1931-1945）》，頁 475。

列強工業生產在全世界所占比重 [3]

	美國	英國	德國	法國	日本
1913	38%	14%	16%	6%	1%
1937	38%	10%	11%	5%	4%

（蘇聯的工業生產在 1937 年超過了德國，躍居歐洲第一、世界第二位。）

以工業生產在全世界所占比重而言，1937 年日本約及美國的十分之一。和美國相比，日本還有一個致命的弱點，即資源極度匱乏，重要的原料如鐵礦、錳砂、石油、橡膠等幾乎完全依賴進口。這勢必對重工業尤其是軍事工業產生決定性的限制。

美國和日本經濟潛力的主要指標（1939-1945）

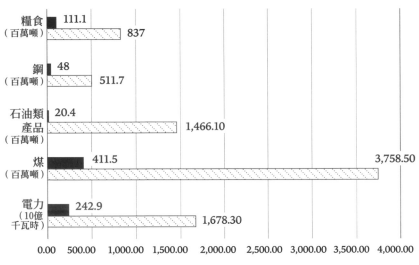

資料來源：蘇聯國防部軍事歷史研究所等編，張海麟等譯，《第二次世界大戰總結與教訓》，頁 365、388。

3　中國科學院經濟研究所世界經濟研究室編，《主要資本主義國家經濟統計集（1848-1960）》，頁 2。

就主要技術兵器的生產而言，日本的劣勢也是極其明顯的，具體可參見下表：[4]

	美國	日本
步槍和卡賓槍（千支）	12,330	3,569.5
衝鋒槍（千支）	1,933.3	8
各種機槍（千支）	2,614.3	449.5
各種類型和口徑火砲（千門）	548.9	160.1
迫擊砲（千門）	102.1	7.8
戰車和突擊砲（千輛）	99.5	4.8
作戰飛機（千架）	192	55.1
主要作戰艦艇（艘）	738	244

美國是「民主國家的兵工廠」。上述兵器，除大部分給美國軍隊使用外，小部分也都提供給了盟國。據說整個戰爭期間，美國通過「租借法案」向英、蘇、中、法等幾十個盟國提供四百九十一億美元的援助，從而有力地支援了這些國家的作戰。[5]

如果就大戰期間列強投入的直接軍費而言，美國約為日本的6倍。

第二次世界大戰列強投入的直接軍費[6]

國家	美國	蘇聯	英國	德國	義大利	日本
億美元	3,176	1,920	1,200	2,729	940	560

（義大利一說 145 億美元）

4　表中數據引自蘇聯國防部軍事歷史研究所等編，張海麟等譯，《第二次世界大戰總結與教訓》，頁 372、399。其中美國的生產時間是 1941 年 12 月至 1945 年 8 月，日本是 1939 年 9 月至 1945 年 8 月。

5　李巨廉、金重遠主編，《第二次世界大戰百科詞典》，頁 363。

6　參見劉庭華編著，《中國抗日戰爭與第二次世界大戰繫年要錄‧統計薈萃（1931-1945）》，頁 546。

　　此外，美國有約二億人口，戰爭期間美軍的最大兵力曾達到一千二百萬人，另有三千八百萬人從事與戰爭有關的工作，因此共有約五千萬人，占全國人口的三分之一強參加了戰爭。[7]當然，美國並不僅僅是在對日作戰，其差不多有一半的戰爭力量用於對付德國，但即便如此，仍然具有對日本的壓倒性優勢。

　　總之，美國的參戰極大鼓舞了與軸心國苦戰已久的中國和英國等國，也根本性地改變了同盟國和軸心國的力量對比，從此日本便面臨著一個綜合力量十倍於己的對手，其失敗已難以避免。當英國首相邱吉爾得知美國參戰的消息後，曾有如下的感受：

有了美國在我們這一邊，這對我說來，是最高興的事。我不能預言事件的發展如何。我並不擅自以為已經精確地衡量過日本的武力，但是現在，就在這個時刻，我知道美國已經完全和拼命到底地投入了這場戰爭。因此，我們終於贏得了勝利！……至於日本人，他們將要粉身碎骨……「美國好像是一隻巨大的鍋爐。一經在它下面生起火來，它就能產生無窮的力量。」[8]

　　同樣的消息也在重慶引起了廣泛的狂喜，苦撐待變四年之久的中國國民政府終於看到了勝利的希望。正如蔣介石所預料的那樣，中日間的戰爭最終與世界的戰爭同步起來了。此間輿論普遍認為，由於有了美國這個強大的盟友和靠山，戰勝日本只是時間

7　馬塞爾・博多等主編，曹毅風等譯，《第二次世界大戰歷史百科全書》，頁498。
8　溫斯頓・邱吉爾著，韋凡譯，《第二次世界大戰回憶錄》，第3卷下部第3分冊（北京：商務印書館，1975），頁915-916、918。

問題。國民政府遂拋開一切顧忌，於 12 月 9 日正式對德、義、日宣戰。

二、美軍消滅了日本武裝力量的主力

　　戰爭是政治的繼續。盟國對日作戰的總政治，就是力圖迫使日本無條件投降，其前提是必須消滅日本的武裝力量。在日本武裝力量的兩大軍種中，其先進的、擁有一百多萬噸艦艇的海軍幾乎全被美軍所毀，[9] 即使其比較落後的陸軍也有三大戰略單位（南方軍、第一總軍、第二總軍）或受美軍重創或遭制約。綜合評價美軍對日軍的戰果而言，即便不超過，也決不會遜色於中國關內戰場對中國派遣軍的牽制和蘇軍對關東軍的殲滅。如果理性、客觀、科學、公正地加以考察和比較，那麼可以基本認定，日本武裝力量的主力是被美軍消滅的。

　　和希特勒德國不同，當日本無條件投降時其本土並未被攻占，但美軍已制訂了在 1946 年進攻日本本土的計畫。即使日本繼續頑抗，美軍憑藉其強大的優勢應當能登陸成功，並最後攻占東京，從而在政治、經濟、軍事、法律上徹底毀滅日本帝國。事實上，在同盟國家中也只有美國具備這樣的能力，儘管這樣需要付出高昂的代價！

　　此外，在戰勝日本武裝力量的過程中，美國的軍事戰略起到了主導作用。中國是一個工業落後的國家，雖然有本國的抵抗戰略，但卻沒有真正獨立的世界軍事戰略，無論是毛澤東還是蔣介

9　參見日本近現代史辭典編集委員會編，《日本近現代史辭典》（東京：東洋經濟新報社，1978），頁 909-912。

石都從未提出過用本國軍隊攻占日本本土、徹底取勝的設想。中國和英國等確曾長期對日作戰，但在聯盟總戰略中，不得不追隨甚至依賴於比自己更為強大的盟國——美國的軍事戰略。在這一點上，1941 至 1945 年的中國戰場是極為明顯的。1942 年初在美國總統羅斯福的倡議下，成立了以蔣介石為首的中國戰區，並派駐了史迪威為首的軍事代表團，隨後又提供了大量的貸款和作戰物資。中國戰區與美國的最高軍事機關雖然沒有法律上的隸屬關係，但實際上是被納入了其「先歐後亞」的大戰略體系。

三、美軍的海空攻擊嚴重摧毀了日本國力

　　日本是個資源極為貧乏的島國，要維持本土的軍工生產，極端依賴大型船隻從海外輸送原料。太平洋戰爭爆發時，日本的船舶總噸位為五百五十三萬七千噸，戰爭期間又新造了三百九十七萬噸。由於美國看準了對手的這一致命弱點，遂把用潛艇和航空兵打擊日本的運輸船作為自己的一項基本任務，四年間共有八百八十三萬噸日本船舶被擊沉，損耗超出新建的兩倍。[10]

10　中原茂敏著，紀華等譯校，《大東亞補給戰》，頁 196、295。

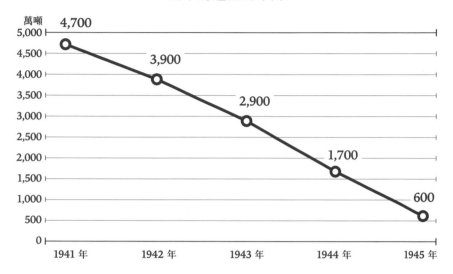

日本海運量的下降

船隻減少，海運量直線下降。[11] 到 1945 年 3 月，來往於東南亞和日本本土的船隊被迫停航，亞洲大陸與日本本土的海上交通也幾近斷絕。因石油等戰略物資無法輸送，日本的軍事工業實際已到了「無米之炊」的境地。

在海上打擊的同時，美軍還對日本本土發動了毀滅性的空襲。美軍首次空襲日本本土是在 1942 年 4 月，杜立德（James H. Doolittle）中校率領從「大黃蜂號」航空母艦上起飛的 B-25 型轟炸機對日本本州各地進行了轟炸。此後美軍又曾以中國大陸為基地空襲九州。但真正的戰略轟炸是從 1944 年下半年開始的。是年夏天，美軍攻克了離東京不到二千公里的馬里亞納群島，隨即在那裡修建了大型空軍基地，以後又增設了沖繩基地和琉磺島基

11 中原茂敏著，紀華等譯校，《大東亞補給戰》，頁 223。

地。從 1944 年 11 月末至 1945 年 8 月 15 日，美國第二十航空軍對日本的六十六座城市進行了地毯式轟炸，其間共出動 B-29 重型轟炸機十七萬五千架次，投彈十六萬噸，造成了五十萬人死亡，24% 的房屋被摧毀，數百萬人無家可歸。日本城市工業區有 42% 被摧毀，其中大阪和名古屋是 40%，東京、神戶和橫濱是 50%，青森是 90%，廣島和長崎更是被兩顆原子彈幾乎百分之百地摧毀了。[12] 空襲進一步削弱了那些已感原料缺乏的工廠的生產，以 1945 年第一季度的生產量同戰爭時期的最高產量相比，煤炭為 71%，鋼鐵 35%，有色金屬 35%，水泥 46%，化學工業平均為 48%，液體燃料 24%，飛機為 64%，造船 27%。[13] 重要產業癱瘓，交通運輸困難，從業人員不能工作，工廠停廠待料，糧食和生活必需品奇缺。在這種情況下，日本的戰爭能力瀕臨枯竭。

在所有同盟國家中，美國的海空攻擊給予日本國力以最大的打擊，特別是原子彈（當量四萬噸 TNT 炸藥）的使用更是造成了巨大的心理震懾。1945 年 8 月 15 日美軍本土登陸在即，嚴重地威脅著日本國家的生存，正是主要懾於美國武裝力量的強大威力，才最直接地促成了日本天皇的投降決心。

戰後，日本重臣近衛文麿公爵在回答美軍當局的詢問時證實：「我認為，迫使我們作出講和決定的，從根本上來說是由於 B-29 轟炸機長期轟炸的結果。」鈴木貫太郎首相也懷著同樣的心情說：「我認為，日本由於長時期的空襲，很難避免遭到全面

12 馬塞爾・博多等主編，曹毅風等譯，《第二次世界大戰歷史百科全書》，頁 249。
13 服部卓四郎著，張玉祥等譯，《大東亞戰爭全史》，頁 1548。

的破壞。因此，我相信，僅以 B-29 轟炸機群的攻擊這一理由，日本也應該希望講和。」[14]

四、美國主導了戰勝日本的法律和外交進程

第二次世界大戰期間，美國參加了所有針對日本的重大國際會議，並在其中起到了核心作用。

早在太平洋戰爭爆發前，1941 年 8 月 9 日至 12 日，美國總統羅斯福和英國首相邱吉爾就在大西洋東北部紐芬蘭阿根提亞半島外海的美國軍艦「奧古斯塔」號上舉行會晤。8 月 14 日發表了聯合宣言，史稱《大西洋憲章》，宣稱英、美兩國並不追求領土或其他方面的擴張，凡未經有關民族自由意志所同意的領土改變，兩國不願其實現；兩國尊重各民族自由選擇其政府形式的權利；在納粹暴政最後毀滅後，將使全世界所有人類有自由生活的保證；兩國相信世界所有國家必須放棄使用武力等等。該憲章雖然沒有直接提及日本，但對於和德國同事侵略的日本是一個嚴重的警告，對於動員世界人民，加強反法西斯聯盟也起到積極作用。

太平洋戰爭爆發後不到兩個星期，即 1941 年 12 月 22 日羅斯福和邱吉爾在華盛頓會晤。美國方面倡議所有對軸心國作戰的同盟國家簽署一項宣言，並提出了宣言草案。1942 年 1 月 1 日，美、蘇、英、中等二十六個國家在華盛頓正式簽署了《聯合國宣言》。宣言贊同《大西洋憲章》的宗旨和原則，各簽字國政府保證使用其全部的經濟和軍事力量對德、義、日及其僕從國作戰，

---

14 鄉田充著，張健等譯校，《空戰與後勤》（北京：中國人民解放軍總後勤部，1985），頁 144-145。

保證不同敵國單獨媾和。宣言的簽訂，標誌著世界反法西斯聯盟的正式形成。

　　1943 年初，羅斯福總統和邱吉爾首相在北非的卡薩布蘭卡又一次會晤。在 1 月 24 日的一次記者招待會上，羅斯福第一次提出了要求德國、日本、義大利無條件投降的原則。美國方面早在 1941 年底即開始醞釀該原則，但此時才得到英國的贊同，並公諸於眾。無條件投降的原則，既確定了戰爭的結束形式，也表達了全面戰勝軸心國，徹底鏟除侵略機器，杜絕其任何潛在因素得以保留的決心。這一原則此後經常被引入國際文件，也得到了同盟國家的堅定遵循。

　　在第二次世界大戰發生重大轉折、勝利前景比較明朗的情況下，羅斯福、邱吉爾、蔣介石於 1943 年 11 月 22 日至 26 日在埃及開羅舉行會議，討論如何協調對日作戰、戰後如何處置日本等問題。會後，美國總統特別助理霍普金斯（Harry Lloyd Hopkins）受羅斯福總統委托，根據三國會談的精神，起草了《開羅宣言》。經中、英兩國同意後於 12 月 1 日正式公布。宣言重申要將戰爭進行至日本無條件投降為止，並剝奪日本從別國侵略得來的領土，將滿洲、臺灣、澎湖列島歸還給中國，使朝鮮獨立。從而以國際協定的形式，表達了同盟國打擊並懲罰侵略者、維護國際正義的政治意願。[15]

　　緊接著開羅會議之後，1943 年 11 月 28 日至 12 月 1 日蘇、美、英三國政府首腦在伊朗首都德黑蘭舉行國際會議。儘管會議

15　參考呂芳上主編，《擘劃東亞新秩序──開羅會議中國代表團紀錄彙編》（臺北：民國歷史文化學社，2023）。

著重於西歐開闢第二戰場的問題，但美國方面亦竭力敦促蘇聯能夠早日參加對日作戰，以減輕它在太平洋戰場上的壓力和損失。史達林最後表示，蘇聯願意在打敗德國後參加對日作戰。這是美國為爭取強大盟友共同對日作戰的又一重大進展。

1945 年 2 月 4 日至 11 日，在戰勝希特勒德國的前夕，美、英、蘇三巨頭在蘇聯克里米亞的雅爾達又一次聚會，會議通過了著名的雅爾達協定。在美國和英國的再次敦促下，終於獲得了史達林的正式承諾，即蘇聯將在對德戰爭勝利後三個月對日本作戰。儘管此舉是以犧牲中國的部分領土和利益為代價，但畢竟為最後戰勝日本軍國主義加上了一個沉重的砝碼。

在德國投降以後，蘇、美、英三國首腦和外長於 1945 年 7 月 17 日到 8 月 2 日在柏林近郊的波茨坦舉行會議。其間於 7 月 26 日發表了由美、中、英聯署的《波茨坦宣言》。公告共十三條，由美國起草，英國、中國同意。主要內容是：

1. 盟國對日作戰直到它停止抵抗為止，日本政府應立即宣布無條件投降；

2. 《開羅宣言》的條件必須實施，日本的主權必須限於本州、北海道、九州、四國及盟國所決定的其他小島之內；

3. 日本軍隊要完成解除武裝，日本軍國主義必須永久鏟除；

4. 日本戰犯將交付審判，阻止日本人民民主的所有障礙必須消除；

5. 不准日本保有可供重新武裝的工業等。

蘇聯於 8 月 8 日對日宣戰後加入該宣言。8 月 15 日，日本天皇最終宣布接受《波茨坦宣言》，向同盟國無條件投降。

1945 年 9 月 2 日，美國主辦了日本的無條件投降儀式。在停泊於東京灣的美國「密蘇里號」戰鬥艦上，日本天皇、政府和

大本營的代表簽訂了降書。受降方面，則首先由美國麥克阿瑟將
軍代表同盟國簽字，接著依次，尼米茲將軍代表美國簽字，徐永
昌將軍代表中國簽字，福萊澤海軍上將代表英國簽字、傑列維揚
科中將代表蘇聯簽字⋯⋯簽字的順序實際上也是對各國對日作戰
貢獻大小的一種排定。

　　戰後，美國憑藉其在戰爭中取得的強勢地位，擁有對東亞事
務的最大發言權。它對日本實施了單獨占領，並以自己的模式對
其實行了全方位的民主化改革。

結論

　　如果把日本軍國主義比作一隻野獸的話，那麼很明顯，中國和
蘇聯的作戰只是使其受傷或斷臂，而美國武裝力量卻用鐵鉗扼住
了它的咽喉，並用利刃刺向了它的心臟，使其倒地斃命。如果以
此為劃分主次的標準，那麼美國無疑應居首功！

論第二次世界大戰日本陸軍軍事學術的落後 [1]

　　第二次世界大戰中的日本陸軍，雖然侵占了中國大陸和東南亞的廣闊地域，贏得了一次又一次戰役的勝利，但若和英、美、蘇、德等國陸軍相比，它充其量不過是一支半現代化的軍隊，整體上已遠遠落後於時代的潮流。拙文擬從軍事學術的諸層面進行分析，以為拋磚引玉。

一、戰略層面

　　戰略，是軍事學術的組成部分和最高體現，包括武裝力量準備、計劃、進行戰爭的一整套理論和實踐。它上受制於國家政治，下規定戰役、戰術，是整個軍事活動至關重要的環節。

　　二戰期間，日本的軍事戰略無疑存在著重大缺陷。戰略與國家總政治之間時常出現的不吻合性，嚴重削弱了國家對戰爭力量的駕馭能力。日本自 1889 年頒布《大日本帝國憲法》以來，一直實行著一種非常獨特的政治體制。天皇在名義上是最高統治者，但實際上卻居於比較超然的地位，並不承擔多少實際責任。進入大正、昭和時期以後，更是如此。議會只有對法律和預算進行表決的權力，內閣則是輔佐天皇管理國務的機構，它們的職責僅限於行政管理，並不享有用兵之權。武裝力量方面，陸軍

1　本文修改自：《史林》，2014 年第 6 期（2014.12）。

參謀總長統轄陸軍，海軍軍令部長統轄海軍，他們不僅互不隸屬，也不受政府、議會和內閣（內含陸軍大臣和海軍大臣）的任何轄制，而是各自直接對天皇負責。這種軍事統帥權獨立於國家政務，軍令（軍隊作戰事務）獨立於軍政（軍隊日常事務）的二元制度（甚至可以說是三元制度），據說是參照普魯士制度而建立的，旨在加強軍隊最高領導作戰決策的果斷性、一貫性和機密性。在某種程度上，這是日本近代國家固有的軍事封建性在政體上的必然反映，從封建武士脫胎而出的軍人勢力，始終不願屈服於財閥和政黨勢力之下。然而，「從國家機器的角度來看，政治與戰略便完全被割裂了。只有天皇能夠統一政治和戰略。因此，如果天皇能負起總領導的責任並儘量運用他的權力，也許有可能使政治與戰略達到統一。然而，天皇所受的教育是要按君主立憲制行事，他不能闡明自己的意願，也不起領導的作用。因此也就沒有一個能統一內閣和軍事當局意見的計畫機構」。[2] 所謂的天皇統一協調，在現實中有時是虛設的。政府、陸軍和海軍因受各自利益集團的驅使，常常意見不一。一般來說，政黨、議會和內閣較多考慮國家的社會背景和經濟狀況，而軍方則缺少全域觀念，注意力集中於軍事事務本身。戰爭初期，因日軍頻頻取勝，軍方的地位得到了加強，政治和戰略的對抗還不甚明顯。1943年以後，隨著國內生產需要和軍事需要間矛盾的加劇，軍方和政府的衝突日益尖銳。由於彼此各執己見，往往要進行持久、艱難的討論和爭辯。即使最後達成妥協，也很難獲得各方真誠的協

2　卡爾・德雷奇斯爾勒等著，軍事科學院外軍研究部譯，《第二次世界大戰中的政治與戰略》，頁 60-61。

作。即使在政府和軍方內部，也因頻頻換馬，難以保持政策的前後一致。戰爭期間，日本共更換了八屆內閣，陸、海軍總長的換馬更勝於此。這種現象是其他主要交戰國不多見的。

大戰中，日本一直試圖建立像蘇聯的國防委員會、德國的最高統帥部、英國的戰時內閣那樣具有絕對權力、能夠起統一調節職能的最高軍政機構，但礙於憲法的限制，始終沒能如願。1937年11月，日本陸海軍成立了最高軍事機構——大本營。當政府方面試圖派員加入時，軍方以維護「統帥權獨立」為由予以拒絕。雖然不久後，政府和軍方之間建立了大本營聯絡會議，但那也僅是召開會議的場所，在法律上並無任何權威，即使作出決定亦不過是協商性質。1942年，首相兼陸相東條英機試圖以由他本人兼任陸軍參謀總長，海相島田繁太郎兼任海軍軍令部長的辦法，解決軍令、軍政不一問題，儘管東條和島田都是軍人，也都是大將，但同樣招致了軍方尤其是海軍方面的強烈抵觸，因為按照憲法，在內閣裡任職的軍人（哪怕是軍方指派的）亦必須與作戰指揮分離。1944年7月，小磯國昭內閣成立後，將「大本營聯絡會議」改稱為「最高戰爭指導會議」，名稱雖然換了，但實質並無改變。戰爭末期，小磯首相和鈴木貫太郎首相曾先後奉天皇特旨列席過大本營會議，他們雖然也是陸海軍大將，卻並無表決權，只能充當聽眾而已。即使是無條件投降的決定，也是在天皇和元老重臣們壓服軍方的「玉碎」情緒後做出的。

總之，「日本的戰爭領導，實際上要受陸軍、海軍和政府三足鼎立的會商協議的制約，往往缺乏思想的統一、施行政策的果

斷性和一貫性」。[3] 這樣，對於最大限度地集中人力物力投入戰爭是極為不利的。

　　1920 年代後期，以魯登道夫（Erich Ludendorff）為代表的德國軍國主義者，結合第一次世界大戰的經驗，推出了所謂「總體戰」的戰略理論。主旨是：鑒於未來戰爭的持久性和大規模破壞性，國家物質和精神生活的一切方面均須服從戰爭需要，除了投入武裝力量外，還要使用一切可以使用的政治、經濟和心理鬥爭的方法，即使採用極端野蠻的手段也在所不惜。這一理論後來成為法西斯德國軍事學說的基礎。石原莞爾是將「總體戰」理論引入日本的主要人物。他在德國三年留學期間，悉心研究德國軍事學的歷史和現狀，幾乎全盤接受了魯登道夫的觀點。回國以後，他在一系列的演講和著述中極力宣傳「王道總力戰」理論，這實際上是德國「總體戰」的日本翻版，其中也融進了日本特有的日蓮宗教義和天皇國家主義思想。石原認為：「國際生存競爭，逐漸出現白熱狀態。在平時，深刻的經濟戰、思想戰，已經到處展開，而在對外方面，如果不把國家的全部活力綜合統制起來，豈但不能進行武力戰，而且整個國家也只能變成國際競爭中的落伍者。」[4] 撇開社會政治性質不談，單就技術角度而言，石原的觀點基本是站得住腳的，第二次世界大戰的實踐也證明了這一點。雖然該理論對日本軍事學和社會生活均產生過重大影響，但是它在各個領域推行的程度和效果畢竟有所不同。相對來說，在軍事經濟、國民精神動員方面做得較好一些，而在軍隊領導，尤

3　服部卓四郎著，張玉祥等譯，《大東亞戰爭全史》，頁 255。

4　復旦大學歷史系日本史組編譯，《日本帝國主義對外侵略史料選編 1931-1945》（上海：上海人民出版社，1983），頁 123。

其是戰略領導方面則做得很差。總的來說，由於未能及時修改憲法，日本鬆散的國家體制沒有到達總體戰的要求。這一局部性的失誤導致了全域性的重大後果。

在日本武裝力量內部，總戰略與軍種戰略之間也存在著嚴重的脫節現象。日本的陸、海軍歷來平起平坐，大本營不能真正凌駕其上成為指揮兩軍共同作戰的最高機關。陸軍和海軍為爭奪本軍種的優先軍備權，展開了長時間的激烈競爭，而這主要取決於它們分別依靠著的彼此競爭的兩大壟斷集團：陸軍同三井、安田財閥關係密切，而海軍則同三菱和住友財閥聯繫緊密。壟斷組織的利益以及戰區和軍種自身的特點，導致了戰略目標的根本分歧。一般來說，陸軍視蘇聯為第一敵人，主張優先準備亞洲大陸上的戰爭，而海軍則視美國為第一敵人，倡議先向西南太平洋方向發展勢力。在這種情況下，要建立一個適用於兩軍、持久、穩定的戰略目標，成為了一種奢望。

日本的軍事總戰略主要是通過所謂的「帝國國防方針」表述出來的。該方針最早制訂於1907年，以後在1917年、1922年、1936年作過三次修訂。在1907年的國防方針中，雖然明文把俄國列為頭號假想敵，但陸、海軍的意見並不一致。陸軍認為與俄國再戰的可能性較大，主張與海軍合力防務。而海軍鑒於美國在西太平洋地區擴張勢力，斷言日美必戰。因此在具體的軍備項目上，陸軍軍備針對俄國，而海軍軍備卻針對美國。這實際上導致了假想敵的雙重化。1917年，日本將假想敵變更為俄國、美國、中國三國。1922年，鑒於十月革命後蘇俄無力東顧，又單獨把美國列為頭號假想敵。以上兩次修訂，陸、海軍基本達成了一致看法。1931年日軍侵占中國東北，直逼蘇聯邊境。此時蘇

聯遠東軍力已有了長足發展，幾年之中便對關東軍構成了壓倒優勢。在 1936 年的修訂中，陸、海軍再次出現重大分歧，陸軍主張北進蘇聯，而海軍則堅持向南洋擴張。雙方各執己見，爭論不休，最後形成了一個既向南又向北擴張的折衷方案，即同時將美、蘇列為主要假想敵。

然而，日本武裝力量並不按預定的計畫行事，1937 年發動了對中國的全面戰爭。大戰期間，「陸軍和海軍在戰略觀點上的無數分歧貫穿於整個戰爭之中。對上述戰略問題，實際上從未達成過統一的意見，陸海軍對戰略的不同觀點總是導致無結果的折衷」。[5] 例如在太平洋戰爭爆發時，日本海軍傾全力投入作戰，而陸軍仍把主要注意力集中在中國東北，此前剛剛舉行了所謂的「關東軍特別大演習」。因此僅決定使用全部五十一個師團中的十一個師團去南洋，並打算在三至四個月內結束戰爭，隨後將部隊撤返原地。在即將完全攻占南洋諸島時，陸、海軍又一次發生尖銳爭執，海軍方面認為，應再接再厲占領澳洲、錫蘭和夏威夷，而陸軍深怕如此行動需要投入大批地面部隊，於是尋找種種藉口予以拒絕。最後雙方達成妥協，即進攻目標較近的斐濟、薩摩亞、新喀里多尼亞等。直至 1943 年瓜島戰役以後，陸軍方面才不得不面對現實，加派重兵。

甲午（日清）、日俄戰爭時期，日本的敵國是單一的，因此陸海軍較能達成戰略上的一致性，並在此基礎上密切協作。但是到 1930、1940 年代，遠東的國際形勢遠比先前複雜，日本現實

<hr>

5　卡爾‧德雷奇斯爾勒等著，軍事科學院外軍研究部譯，《第二次世界大戰中的政治與戰略》，頁 65。

乃至潛在的敵國數量增多。通常來說，國家的軍事戰略在一定歷史時期內，應保持相對穩定性，所設的假想敵不應多於一國，也不該頻繁更換。假使外來威脅有兩國乃至多國，也應分清主次，切不可等量視之。否則，必將因樹敵過多而分散力量，以致無法針對性地進行切實有效的戰爭準備。陸、海軍的歧見，使日本在識別和認定未來戰爭的作戰對象上犯了大忌，而這是軍事戰略的首要問題。

在陸軍內部，戰略分歧則主要體現在戰略戰役軍團和上級統帥部門之間。部署於本土之外的現地大軍團常常表現出固執的獨立性，擅自在本戰區內採取重大軍事行動，公然違背統帥部門的戰略總意圖。譬如，1931 年的「九一八」事變和 1939 年的諾門罕戰役，都是關東軍在未經陸軍參謀本部、陸軍省首肯的情況下發動的，而後兩者對此並不贊同。先斬後奏的助長，必然有損於總戰略的統籌貫徹。

日本統治集團稱霸東亞的總政治，決定其軍事戰略帶有侵略性和冒險性的鮮明特點。一方面它過於貶低對手，另一方面又對自己的力量估價過高，妄圖以突然襲擊手段擊敗對手，在短期內贏得戰爭。不切實際的戰略企圖，導致了不切實際的軍事行動樣式。20 世紀初以來，「進攻」一直被日本陸軍定為戰略的基礎。一系列的野戰條令規定，以進攻手段「在戰場上圍殲敵人」是最基本的戰略方式，「戰爭的勝敗，並不以兵力多寡而定，精練的、富於進攻精神的軍隊，可以以少勝多」。[6] 與此同時，

6　林三郎編著，吉林省哲學社會科學研究所日本問題研究室譯，《關東軍和蘇聯遠東軍》，頁 213。

沒有給予「防禦」應有的地位，相反予以了輕視，通常對防禦或退卻總是隻字不提。例如在 1935 年關東軍司令部頒布的《滿蒙作戰必攜》中，有各類條例四百多條，但其中沒有一條是指導防禦作戰的。偏重進攻、漠視防禦，成為 1930、1940 年代日本陸軍訓練作戰的一大傾向。這種單向性的形成主要有三個原因：其一，侵略擴張性的國家政治，必定需要借助進攻性戰略得以實現。其二，從歷史上看，日軍從未進行過防禦作戰。在甲午、日俄戰爭中，日本是以主動、突然、大膽的猛攻獲勝的。其三，全盤接受了德國軍事學的速決戰觀念。日本的軍事經濟難以維持持久戰爭，因此一心想在開戰伊始就進入敵國領土作戰，並以連續突擊迅速取得最後勝利。但是，這種攻勢戰略的最大弱點是，缺乏足夠的物力保證，往往是不顧客觀實際、一廂情願的主觀盲動。

當時一位德國軍事觀察家曾這樣指出：

在日本陸軍戰略的攻勢的特性和日本陸軍的戰爭技術的平凡兩者之間，正隔著一條深闊的洪溝。日本陸軍戰略還要求速決，甚至是加快的速決……然而日本並沒有足與強敵作速決戰的流動性與衝擊力，這是一個昭彰的真理……訓令中接著又指示：追擊部隊的目的應該是追及敵軍，俾便掃數殲滅，而執行這一工作的是騎兵、砲兵和空軍。然而，日本陸軍的這些部隊，都不夠強大，都不夠成功地完成這一任務。在日本的作戰計劃和軍需資源之間，在日本規定的戰略任務和可用以實踐這一任務的非常有限的力量之間，其巨大的差異，將使日本陷於空前的軍事災難之中。[7]

7　馬克斯・威納爾著，賓符等譯，《列強軍力論》，頁 402-404。

　　由於對戰略防禦預見和研究不足，造成日軍作戰能力片面發展。隨著戰局的惡化，特別是 1945 年以後，日軍被迫從攻勢向守勢急轉，幾乎完全拋棄戰前條令，在所有戰區陷入防禦。但是，整個軍事體系要在短期內完成從攻到守的變化，則殊非易事，這涉及到兵力部署、工事構築、物資轉換、人員訓練配備等許多環節。譬如在中國東北，日軍曾長時間構築了十七個強固的築壘地域，但是它們都是用於進攻的前進基地，沒有掩護地帶，縱深淺，間隙大，不適宜持久防禦作戰。1945 年 8 月，在蘇軍的強大突擊下，關東軍的這些陣地迅速崩潰。日軍終於嘗到了「極端進攻主義」的惡果。

二、戰役層面

　　戰役，是高級軍團為解決進攻或防禦問題，在一定方向上實施作戰的總和，它是戰略與戰術之間的中間環節。衡量戰役水平的主要指標是：兵力數量、區域規模、持續時間、多變性和緊張程度等等。

　　研究二戰史的人很容易發現：日本陸軍缺乏實施現代化戰役的技能！具體來說，就是戰車（快速集群）的大規模深遠突擊、步兵的摩托化、砲兵的大量集中和機動等。換言之，那種源於 1930 年代，大戰期間流行於歐洲和北非戰場的機械化、高速度、大縱深的合圍戰役，是日軍不具備的。儘管它幾乎在所有針對國軍的進攻戰役中獲勝，但那只是現代科學化戰爭的「微弱摹仿」而已，戰役本身的質量並不高。以淞滬、太原、徐州、武漢、長沙、宜昌、豫湘桂等會戰為例，日軍投入的兵力為十至三十五萬不等；戰役縱深約一百五十至二百公里；持續時間短則

一個月，多則四個月；戰役結果大多數是擊潰戰。這樣的戰役若移植於蘇德戰場，只屬中下水平。曾幾何時，蘇軍、德軍激戰莫斯科、史達林格勒、庫斯克等地，動輒百萬。柏林戰役，蘇軍二百五十萬、德軍一百萬，總兵力達到了三百五十萬，舉世未有。日軍戰略性戰役的規模限於軍團級，而西方軍隊則為集團軍級、方面軍級，相比之下，實不可同日而語！在蘇德戰場上，圍殲一個幾十萬人的大兵團，常常只需幾十天、十幾天，乃至更短的時間。而日軍在中國的戰役卻進展緩慢，多半曠日持久。此外，日軍絕少有合圍殲滅國軍大兵團的戰例，西方戰場上常見的一個戰役生俘敵軍十幾萬、幾十萬官兵的情況，是日軍所無的。上述差距的根源是，日本陸軍的戰役法在一定程度上，仍停留在日俄戰爭時期短兵突擊的水平，並沒有像西方軍隊那樣在1930、1940 年代發生根本性的變革。

　　第一次世界大戰以後，西方技術兵器日新月異，其中尤以戰車、飛機改進最快，有可能產生新的戰爭形式。由此，德國的「閃擊戰」、蘇聯的「大縱深戰役」等新型軍事理論先後應運而生。它們的共同特點是：拋棄了一戰期間形成的那種緩慢、按部就班地克服敵各道防禦陣地的作法，換之於在主要方向上大量集中使用突擊力量，實施一系列大縱深、高速度的連續突擊，並盡可能以合圍敵大兵團的形式完成戰役。二戰爆發前後，英國、美國的軍事當局也基本接受了以上原則，並加以廣泛運用。

　　明治維新以後，日本的戰役理論深受 19 世紀德國軍事學的影響，「六十七年來，日本軍官所不解的 1866 年奧普戰爭和 1870-

1871年法普戰爭的經驗，始終支配日本的作戰理論。」[8]日本近代陸軍創始人之一、著名元帥大山岩曾以軍事觀察員身分，到普軍觀戰。他對色當戰役以「兩面迂迴、包圍」及「消滅敵人」為目的的軍隊集中進攻非常讚賞，回國後在日軍中竭力宣傳。第一次世界大戰以後，日軍在一系列的條令中，再三強調實施積極、勇敢的機動戰，特別是包圍殲滅戰役。但是，日本落後的物質技術力量並不足以與新興的機械化戰役相匹配，所謂的「機動合圍」僅限於字面上的自欺欺人，是少數先見之士的願望和空談而已，沒有多大的實際意義。大戰期間，日軍依然故步自封，其進攻戰役的基本布署是，由「軍」級集團在航空兵的掩護下，沿鐵路幹線、大型江河向重要的政治、經濟地區和交通樞紐實施突擊，若遇敵軍阻擋，則集中大部分的精銳兵力猛攻敵方戰線的某一部分，實行中央突破。這一動作比較呆板，進展目標固定而有限度。由於正面攻擊一般沒有伴之於兩側的掩護，也未向敵方兩翼同時實施快速、深遠的鉗形迂迴，所以敵軍通常可以在遭受突擊的情況下，從容撤出基本兵力，免遭合圍。日軍戰車、汽車裝備不足，摩托化水準低下，再加火砲薄弱，因此無法組建強有力的快速集群。這樣，突擊行動便不得不由步兵兵團來承擔，以致戰役進展緩慢。即使僥倖達成了對敵合圍，那麼如何建立對外和對內正面，如何對被圍敵軍實施壓縮、分割，防止其突圍，依然是日軍難以解決的問題。

當然，日軍在太平洋戰爭初期的登陸戰役還是相當成功，這主要依賴於它在歷次戰爭中積累下的陸海軍協同登陸作戰的經

---

8 《戰爭中的日本帝國主義》（重慶：解放社，1939），頁131。

驗。另外，由於採取了突襲手段，對手猝不及防，沒有能組織有效的抵抗。

大戰期間，日軍的防禦戰役主要是針對美、蘇軍隊的。在美、蘇軍隊的強大突擊下，日軍基本兵團通常難以完成防禦任務，一經交戰，非遭重創即遇毀滅，兵力兵器的損失極為慘重，遠遠超過對手。張鼓峰、諾門罕、瓜達康納爾島、新幾內亞、阿圖島、塔拉瓦島、瓜加林島、塞班島、菲律賓、硫磺島、中國東北等戰役莫不如此。

綜合日軍的戰役防禦弱點，首先在於它對美、蘇軍隊全縱深的打擊手段認識不足，以自己陳舊的進攻程序設想對手的突擊樣式。按照日軍的傳統理論，戰役防禦應分為陣地防禦和機動防禦兩個階段，一旦敵軍突破一線陣地，日軍便在中間地帶逐次抵抗，直至建立新的防線。據此，日軍在東北戰役前，將抗擊蘇軍的進攻作戰預想為兩期：第一期為三個月，以三分之一的兵力，憑藉邊境地區複雜的地形和強固的築壘地域，遲滯、消耗蘇軍。第二期為六個月，關東軍司令部認為，蘇軍經一期戰鬥後，必定疲憊不堪，其砲兵和戰車因道路原因也會落在步兵後頭，而日軍主力則可事先集中起來，從翼側實施強大的反突擊。然而，這個計畫缺乏事實依據，因為蘇軍並不按照日軍的時間表行事。有著蘇德戰爭嶄新經驗和強大物資保障的蘇軍，於戰爭伊始就在數個方向上同時投入主力，戰車集團軍以每晝夜八十公里的高速，不停頓地實施向心突擊，後續的摩托化步兵兵團也迅速跟進。由此，關東軍全縱深遭到了攻擊，戰役布署被完全打破，根本沒有後方和前方之分，重兵集團常常來不及反應就遭到合圍、分割。即便組織過幾次反突擊，也是蒼白無力，難以遏制蘇軍的挺進。

其次，日軍的防禦配備比較薄弱，是獨立支撐點式的，縱深很淺。軍防禦地帶的寬度為二百至三百公里，主要方向上步兵師團的寬度為十至二十公里，次要方向為六十至八十公里。主要方向總的縱深為二十至二十五公里，分為主要防禦地帶和後方防禦地區兩部分，其間構築有掩蔽部、永備發射點、塹壕、地雷場等。砲兵通常分散使用，在主要防禦方向上，平均密度不超過十至十二門。一個師團只擁有十八門 37mm 反戰車砲，裝甲穿透能力較差。由此，防禦的重擔主要落在步兵的特攻戰術上。以這樣的防禦配備對付敵軍機動部隊的密集衝擊，是遠遠不夠的，敵軍在突破一線陣地後，很容易前出到日軍的後方重地，從而將戰術勝利擴展為戰役勝利。

蘇軍的防禦水平在當時堪稱一流，兩相比較，長短即顯：蘇軍的防禦寬度遠較日軍為大，方面軍達二百五十至三百五十公里，集團軍為三十至七十公里，主要方向上每公里火砲配備在百門以上，總縱深超過一百公里，分為前進陣地、主要防禦地帶、第二防禦地帶、集團軍預備隊防禦地帶、方面軍預備隊防禦地帶、方面軍防禦地帶五大部分，呈嚴密梯次配備。具體作戰時，主要依賴多支線的支撐點、組織良好的火力與工程障礙物、大量集中的反戰車兵器三者的緊密結合。

日軍在西南太平洋諸島上的反登陸戰役，是區別於大陸戰役的另一種防禦樣式。按理，日本海軍應在這類戰役中起主導作用，殲滅敵登陸兵於海上，阻止其上陸。但是，由於海軍艦艇損失慘重，無力援救，陸軍不得不獨立擔負反登陸的重任。日軍先是採取「灘岸殲滅」方針，即在海岸附近構築堅固防禦陣地，阻止美軍上岸，或在岸邊將其粉碎。然而，岸邊的陣地常常會遭到

來自海空的猛烈突擊。因此在幾次失利以後，又將其改為「縱深戰鬥」方式，即將主要防禦地帶構築在海島內地，對登陸美軍機動防禦，並適時轉入反攻。這樣做的後果是，美軍幾乎可以毫無阻礙地上陸，從而使日軍的反登陸戰役成了實質上的陸上防禦。例如在沖繩戰役中，美軍就是在進到該島內地後才遇到日軍守備隊抵抗的。不過，島嶼反登陸畢竟要受地幅的限制，四面環水，處境孤立，難以建立大縱深的防禦體系和穩定後方，日軍在優勢敵軍的攻擊下，通常難逃覆滅厄運。

三、戰術層面

　　戰術是兵團、分隊實施戰鬥的理論與實踐，它從屬戰役法和戰略。對於作戰的物質基礎即人員和軍事技術的一切變化，它體現得最為直接。

　　日軍戰術進攻的基本特點是：以富於旺盛鬥志的輕裝步兵，伴之於輕機械化機動，慣用鑽隙、迂迴、局部包圍、破壞敵方組織系統等動作，並儘量避免攻堅，但必要時亦勇於衝擊，特別擅長陣地白刃格鬥和遭遇戰。在和國軍交戰時，日軍足以撼動對手。但若是和擁有摧毀性火力的美軍和蘇軍相遇，傳統式的「端著刺刀衝上去」的打法，立刻相形見絀。日本陸軍的技術裝備雖然比國軍優越，但是卻大大遜色於西方軍隊。太平洋戰爭中，有時候，「日軍一個月的火力，總計相當於敵人三個小時的火力」，[9]而且建制越大，火力對比就越是懸殊。1939 年諾門罕戰

9　柴田隆一、中村賢治著，李守貞等譯，《日本陸軍經理部》，上冊，頁178。

敗以後，日軍總結經驗教訓，曾制訂了對付具有威猛火力之敵軍的新戰法。為了避開戰車、大砲、衝鋒槍等現代化兵器的衝擊，日軍決定採用出敵不意的奇襲、近戰、夜戰的戰術。後來在與美、蘇軍的作戰中，日本軍隊只靠擅長的夜襲來維持局面，但這種戰術也很有限，不過是一種消極的權宜措施。在夜戰中雖然可以攻占到「點」，但占領「面」就極為困難，至於要殲滅敵軍大部隊，更是無從談起。即使近戰，雖然幾乎每個日軍士兵都是拼刺高手，但美軍和蘇軍士兵一般不需肉搏，便能輕易地用衝鋒槍的迅猛火力，消滅手持步槍的日本士兵。有關奇襲，這充其量是一種碰運氣的賭博性戰法，並非基於精密、綜合的計算，雖然偶爾會獲得成功，但畢竟屬僥倖。

　　日軍戰術防禦的核心是反戰車防禦，主要是利用複雜地形和精心偽裝，在敵戰車行進地段，派遣突擊敢死隊抵近設伏。由於現代化裝備不足，日軍不得不廣泛地採用所謂的特攻戰法，即一兵對一車（戰車）的肉彈近身搏擊。具體手段有：

1. 手榴彈：圓錐形有孔的炸彈，裝有六百克黃色炸藥。逼近十米以內，投向敵戰車。穿甲力為五十至七十公厘。
2. 穿刺炸彈：為了保證準確命中而帶有長柄的手榴彈。
3. 火焰瓶：空瓶裡裝上汽油，逼近敵軍戰車，投入戰車機艙，以使起火。
4. 坐墊式炸藥：將小包炸藥裝入坐墊似的袋中，並裝上緩燃的雷管。逼近敵軍戰車，扔在戰車正面或突起部上，使之爆炸。
5. 趕製的炸藥：將約十公斤的黃色炸藥捆成一包，裝上雷管；進

攻士兵背著衝入敵軍戰車履帶間，與炸藥包同歸於盡。[10]

　　肉彈戰法「首先是出於缺乏合理作戰計劃、經常期待『天佑神助』的賭博式的企圖；其次是出於反人道的漠視人命的蠻幹思想的一種表現」。[11] 雖然日軍將其奉為金科玉律，但在實戰中，它一般只能在極個別情況下取得預想效果，大部分敢死隊員均被戰車的機槍火力所殲滅。事實證明：「日本陸軍所自誇的肉彈衝鋒在綜合戰力前面是多麼的無用。」[12] 單靠士兵的勇敢精神，妄圖用刺刀和身體去抵擋美軍、蘇軍的密集火力，無異於螳臂擋車。

　　日本陸軍的實力基本建立在其單一的步兵上面，其步兵身著緊貼制服、綁腿，背荷重物，手持 38 式步槍，類似第一次世界大戰時的歐洲士兵。就其總的氣質來說，有著勇敢頑強與機械呆板合為一體的特性。這是當時一些世界軍事觀察員的共識。「日本陸軍的步兵——為此勞苦人類集團之脊骨——實係勇敢強毅的士兵，然似缺少理想。日本陸軍各部隊中的軍官亦頗優秀——彼等與其士兵相似，亦頗勇敢，然彼等與其他一般日本軍官相似，都好像不願多費思想。彼等喜歡別人代其思想，彼等願接受命令而行事。彼等對固定職務執行甚佳，然而在意外的環境下，則彼等的成績便不如是優良。」[13] 「日本的男子能成為優秀的兵士，且絕對無畏，彼等因具有濃厚的感情性和神權信念，故絕對的服從命令，而不計危險或理由；同時，這種盲目的服從也有其弱

10　服部卓四郎著，張玉祥等譯，《大東亞戰爭全史》，頁 1478。
11　日本歷史學會研究會編，金鋒等譯，《太平洋戰爭史》，第 4 卷，頁 148。
12　日本歷史學會研究會編，金鋒等譯，《太平洋戰爭史》，第 4 卷，頁 32。
13　巴克爾著，王學武譯，《日本有多強？》，頁 39。

點，尤其是一般軍官喜用呆板的命令，而不讓士兵利用自身的機智。」[14]

蘇軍朱可夫將軍曾率部在諾門罕與日軍激戰，他給對手的評價是「他們守紀律，執行命令堅決，作戰頑強，特別是防禦戰。下級指揮人員受過很好的訓練，作戰異常頑強。下級指揮人員一般不會投降，『剖腹』自殺時毫不遲疑。軍官，特別是中高級軍官，訓練差，主動性差，習慣於墨守成規。」[15] 參加過 1945 年殲滅關東軍之戰的別洛鮑羅多夫將軍也認為：「日軍傳統的對單兵訓練的倚重曾獲得實際的效果，但是，卻消磨掉了士兵的主動性。普通士兵習慣於尊崇所有職階高於自己的人，從天皇起直至軍曹。他們聽話，執行命令極為勤勉。但是在戰鬥中，他們卻不善於，也不想為人膽的決定承擔責任。初、中級指揮人員也有這種毛病。」[16]

步兵師團是日本陸軍的基本戰術兵團。其上，有軍、方面軍、總軍，分別相當於西方國家的軍團、集團軍、方面軍。其下，有旅團、聯隊、大隊、中隊、小隊、分隊，相當於旅、團、營、連、排、班。一個步兵師團通常下轄兩個步兵旅團（或三個步兵聯隊）、一個砲兵聯隊和一個工兵大隊等。由於日軍單兵火力薄弱，不得不通過增加戰鬥人員來彌補缺憾，一個標準師團的編制有二至三萬人，而西方的「師」一般不超過一萬五千人。師

14 巴克爾著，王學武譯，《日本有多強？》，頁 42。

15 朱可夫著，中國人民解放軍軍事科學院外國軍事研究部譯，《回憶與思考》，頁 189。

16 別洛鮑羅多夫著，曉漁譯，《突向哈爾濱》（北京：軍事譯文出版社，1984），頁 78。

團以下也是如此，日軍的中隊編制為一百七十人，大約超過西方「連」的二分之一。日軍對其步兵師團歷來非常自負，有人甚至妄言：「日本的一個師團就其戰鬥素養而論，相當於三個德國步兵師和六個美國步兵師。」[17] 這完全是錯誤理解中國關內戰場勝利經驗的結果，由於日軍一個師團常常能輕易地擊敗國軍的幾個師乃至幾個軍，因此助長了他們的狂妄自大。然而，他們終會明白，對華戰爭中取得的「日軍一個大隊（營）消滅中國軍一個師、一個軍乃是家常便飯」的常識，在對美、對蘇戰爭中必將完全失效，因為美軍和蘇軍並非孱弱的國軍所能相比。以美軍一個師為例，它的各種裝備都遠比日軍師團優越。參見下表：

美日師的武器裝備對比

	美國	日本
步槍（挺）	14,386	4,500
機槍（挺）	1,312	468，擲彈筒 324
火砲（門）	533	102
戰車（輛）	149	26
吉普（輛）	1,020	…
卡車（輛）	742	360

資料來源：中原茂敏著，紀華等譯校，《大東亞補給戰》，頁 280。

1937 年「七七」事變時，日軍有師團十七個，多由老兵組成，素質較高。1941 年太平洋戰爭爆發後，增至五十一個，戰爭臨近結束時，又膨脹至一百六十八個。[18] 隨著數量的猛增，質量急劇下降。大多數步兵師團是汽車、馬匹、自行車的混合編

17　別洛鮑羅多夫著，曉漁譯，《突向哈爾濱》，頁 169。

18　劉庭華編著，《中國抗日戰爭與第二次世界大戰繫年要錄・統計薈萃（1931-1945）》，頁 477。

制，沒有足夠的運輸工具和摩托化設備。1941 年 12 月，南方軍第二十五軍從哥打巴魯向新加坡的著名進軍，便是依靠自行車勉強完成的。日軍師團的另一個突出弱點是，機構過於臃腫，指揮調度困難。1945 年春，關東軍為了使部隊輕便靈活，利於在山岳森林地帶作戰，曾對其下轄師團作過縮編，每師團改編為一萬三千至一萬七千人。但這一工作尚未完成，便迎來了蘇軍的突擊。

日軍的砲兵，無論在技術方面，還是在戰鬥訓練方面，特別是反戰車直瞄訓練，都整個地落後於其他強國。各步兵單位直接附有的大砲還比較充足，而作為獨立作戰部門的砲隊則相當虛弱。曾有人指出，「日本陸軍最注重的是輕砲，雖然這些輕砲都是老式的。至於新式的流動砲隊、平射砲和高射砲等，並未十分注重……日本重砲的實力也很薄弱」。[19] 日軍的輕型火砲超過 80%，重型火砲不到 20%，而美軍情況完全相反，輕型火砲占 40%，重型火砲占 60%。以美軍師砲兵為例，其火砲數量為日軍師團的四倍，火砲威力為日軍的五倍，綜合火力達到了二十倍。[20] 由於對比過於懸殊，和美軍交戰，日軍無論採用何種戰術都無濟於事。

日軍的戰車兵組成與作戰中的戰術問題，請參閱本書〈論二戰時期日軍戰車兵種的落後〉。

後勤是武裝力量與國家經濟部門之間起聯繫作用的紐帶，是旨在滿足部隊獲取彈藥、運輸、生活等物資而採取的整套措施。輕視後勤保障，是日軍在第二次世界大戰中最大的失誤之一。日

19 馬克斯‧威納爾著，賓符等譯，《列強軍力論》，頁 395。
20 中原茂敏著，紀華等譯校，《大東亞補給戰》，頁 206、281。

軍首腦部門卻對這一趨勢及新型戰爭下前線與後方並無明顯區別的形態認識不足，仍將後勤人員作為非戰鬥人員對待。而後勤軍官本身，視野也變得狹小，陷入了對作戰指揮部門的尾隨、盲從之中，失去了自身的主體性。在各級部門中，負責補給的軍官對戰局所能施加的影響力，遠比作戰參謀低得多。關於此一問題，請參閱本書〈漠視後勤：日本舊陸軍的特性——評藤原彰回憶錄《中國戰線從軍記》〉。1944年初南方軍從緬甸向印度發起的英帕爾戰役，就是盲目突擊、輕視後勤補給人員意見的典型戰例。此役日軍大敗而歸，有十五萬人或死於彈藥和給養缺乏，或死於疾病和勞累。

結語

　　近年來，中國學術界對侵華日軍的研究方興未艾，但大多集中於大屠殺、化學戰、細菌戰、慰安婦、戰爭破壞、戰犯審判、戰後遣返等問題，能從世界軍事學、軍事發展史的角度來研究日本陸軍的技術專業水平，並將其與列強進行客觀比較的文章卻不多見，本文便嘗試於此。

　　針對一些中國大陸學者鑒於國軍在對日作戰中的諸多慘敗，而將原因歸之於日本陸軍的現代化或擁有現代化裝備的傳統說法，本文則旨在表明，若要對日軍作戰力進行正確的評估，則應放之於世界列強的衡量體系，而不能單單以國軍或西方在東南亞的殖民軍為參照點。

《申報》所見的靖國神社 [1]

　　自 1970 年代末起，靖國神社問題幾乎成為中日關係中一個最為敏感的政治和外交問題，每到特定的日子，總要引起紛爭。中日有關這方面的論著和文章可謂汗牛充棟，數不勝數，筆者原本無意涉足其間，但作為中國近現代史學者，卻有著追根溯源、尋根問底的嗜好。須知，位於東京九段下的靖國神社並不是 1970 年代才建成的，它的前身——東京招魂社始建於 1869 年（1879 年改今名），迄今已有一百四十七年的歷史。那麼，在晚清、民國時期，靖國神社是如何透過媒體批達中國受眾，而後者又是如何看待和評價它的呢？

　　上海《申報》（1872-1949）是中國近現代史上最知名、持續時間最長，也是受眾最多最廣、最具代表性的中文報紙。本文擬以該報為主要依據，並輔之其他材料，試圖探討這一熱門話題中的冷門之角。

一、第一次中日戰爭之前

　　1894 年第一次中日戰爭（中國稱「甲午戰爭」，日本稱「日清戰爭」）爆發之前，日本雖還只是一個一般國家，但作為中國的重要鄰國，信息溝通並不匱乏。來自「東國」、「東報」的消息常見之於《申報》。

1　本文修改自：《抗日戰爭研究》，2016 年第 1 期（2016.03）。

　　「靖國神社」這四個字，首次出現在《申報》，應是 1882 年 11 月 12 日第 1 版一篇名為〈日本郵音〉的報導中，內云「西十一月初六日，即華九月二十六日，乃靖國神社大祭之日，日皇亦躬裏祀典，並附祭朝鮮死難各官以慰忠魂」。所謂「大祭」指的是一年兩次例行大祭中的秋季大祭。「日皇」就是明治天皇睦仁。所謂「朝鮮死難各官」，指的是當年 7 月 23 日朝鮮發生「壬午兵變」，起義士兵和市民焚毀日本公使館，一些日本人被殺。

　　1883 年 8 月 3 日《申報》第 2 版〈照譯東報〉上，又再次出現「靖國神社」，內稱：「前薩摩之役，陸軍學校生徒從軍戰沒者甚多，今其同學者不忍湮沒其勞，擬豎一碑於靖國神社之旁以記其事，後聞於朝，賜金五十元以助其成。」所謂薩摩之役，指的是 1877 年明治政府平定西鄉隆盛叛亂的西南戰爭。

　　今天，若有人從第一門（大鳥居）進入靖國神社，很快就能看到一座有底座的、高高的青銅人物塑像，他就是大村益次郎（1824-1869），明治維新時期著名的軍事家和政治家，有「日本陸軍之父」之稱。此雕像落成揭幕於 1893 年 2 月 5 日。二十天後，即 1893 年 2 月 25 日《申報》第 3 版〈銅像落成〉便詳細記載了揭幕當天的情景和塑像的構造概況：

日本已故大村兵部大輔，日皇以其有功於國，敕鑄銅像以垂久遠。落成後本擬於上月廿九號舉行安位禮，適風雪迷漫，遂改本月五號在東京靖國神社安置銅像，於右馬場之中央四圍高張彩幔，內設神樂殿及賓客休憩之所。午後十點鐘，殿內奏正式卿神樂長三十五座，燃放花爆，繁星萬點，恍遇上元佳景。午後一點鐘，本社宮司加茂木穗率祠掌、祠典等員行祭禮、讀祝文。大輔

之曾孫、子爵大村六郎跪誦禮詞，其文曰：「維明治二十六年二月五日卜茲吉辰，為曾祖父永敏公舉行銅像落成禮。蓋永敏公當王政維新之際，發憤為雄，贊襄盛治，丕著豐功，後人追念前勞，謀所以不朽者。承親王大臣朝野貴紳以迄門生故吏上達天聽，仰荷聖恩優渥錫以殊榮，又承委員技師經營多日，始克有此盛典。斯真我家莫大之光榮，曾孫六郎等實深感謝，今對銅像如親，色笑喜泣交並，略陳禮語。子爵大村六郎稽首再拜。」誦畢，山路中將以下依次行禮。是日，賓客自小松親王、佐野宮中顧問官及海陸將校數百員。禮畢，陸軍樂隊奏軍樂鼓、八雲琴，聲徹雲霄。又獻舞馬衣、引馬術等諸技，雖偃師復生無以過之。近衛步兵又展銃槍捷技，似此熱鬧為神社創立以來所未有。其像結髮，穿鞋衣，羅紗短褲，披羽織軍服，腰束大小帶二，佩長短刀各一，左手提雙眼望遠鏡，左足稍跨台外，目光炯炯，睥睨一方。座前有大小犬及雕刻各物，蓋其生前所玩好者。其台以花崗石起建，高廿八尺，成八角形，其上加以鐵鑄長圓形高十四尺銅像，高十尺自地而上，總計四十二尺，圍以八角鐵柵，移品川砲臺舊砲八門置於此，殆不忘當日立功之處雲。嗚呼，一世權奇千秋，照耀君子，所以聽鼓鼙而思將帥之臣也。

需要一提的是，第一個到過靖國神社並留下記載的中國人，很可能是晚清著名學者王韜。早在 1879 年，他應日本學界之邀，對該國進行了為期四個月的訪問。6 月 6 日那天，他來到神社，並手錄如下：

過此，則「招魂社」矣。乃東國維新之際，義士捐軀而殉國難

者，詔築社壇於東、西兩京，稱曰「招魂社」。歲設祭者三：一
為伏見開戰日；二為上野（上野在東京，積土成阜，地勢高聳，
屯兵據險，可以制敵，今廢為公園）接戰日；三為會津城陷日；
後加鹿兒島勘定日為四。蓋鹿兒島之叛，西鄉隆盛實為倡首，勢
甚披猖。日廷興師伐之，血戰八月。死於是役者，前後萬餘人，
亦並祀於此。每逢設祭之日，角抵競馬，煙火雜沓，魚龍曼衍，
極為熱鬧。此亦足見日廷恤典之攸隆，而民生忠義之氣奮發而不
能自己也。

其地芳草芊綿，綠陰披拂。祠中有屹然矗立者，則記事碑也。[2]

　　東京招魂社在 1879 年易名為靖國神社，王韜仍稱「招魂
社」，他的抵達似在易名之前。他介紹了大祭的時日，描述了祭
祀時的熱鬧場景，並且顯然認為，明治政府對倒幕以來歷次戰爭
死難者的厚恤和表彰，是有助於「民生忠義之氣奮發」。字裡行
間，可以說是有贊佩，而並無批評之意。

二、兩次中日戰爭之間

　　日本通過「日清戰爭」成為了亞洲強國，又通過日俄戰爭躋
身世界強國。第一次世界大戰期間，日本作為協約國的一方，奪
取了德國在中國的租借地——青島。隨著民族主義的基本國策逐
步取得顯著效果，靖國神社在日本國家的政治、社會地位，精神
和文化影響力，以及社會知名度均有了大幅度的躍升。兩次中日
戰爭之間（1895-1931），《申報》對「靖國神社」有了較多關

2　王韜，《扶桑遊記》（長沙：岳麓書社，2008），頁 435。

注，已非此前的零星涉及。

隨著日本不斷發動或參與對外戰爭，便接連有新的死者「入祀」靖國神社，相應地也就有天皇、皇后以及高級官員們前往祭祀。僅以 1896 至 1901 年為例，《申報》依據「日本友人來書云」、「東京來電」、「日本長崎訪事友人」等途徑，就有如下一些報導。

《申報》有關靖國神社的報導（1896-1901）

內容	《申報》出處
東京靖國神社合祀戰死之海陸士卒，十二月十五號執事人員入社安排祭品。十六號舉行大祭禮，是日自參謀總長小松親王、陸軍大臣大山氏、海軍大臣西鄉氏、監軍山縣氏以下大小將校及士卒之遺族皆入社行禮，日皇敕使掌典子爵詣神位前朗誦祭文。十七號日皇臨幸，親王大臣及大小文武百官皆至。十一點鐘時參神畢，即還宮。	1896 年 1 月 1 日第 2 版，〈扶桑歲事〉。
明治二十七八年之役，在朝鮮及臺灣戰死有陸軍大尉三人、中尉三人、少尉三人、曹長二人、一等軍曹八人、二等軍曹七人、上等兵三十二人、一等卒七十二人、二等卒十二人、輜重輸運兵一人、馬丁二人。茲者奉命合祀靖國神社，本月六號行大祭之典。	1896 年 5 月 7 日第 2 版，〈神山采藥記〉。
東京所建靖國神社陣亡將士皆合祀焉。本月六號為例祭之期，宮內省預先傳旨皇后行幸。是日午前十點鐘時，後由宮中整駕啟行，隨從太夫式部、侍醫女官等十餘人，閱三十分時駕抵社前，海陸二軍大臣肅恭迎迓導引入殿行禮。禮畢，太夫香川氏引陸海二軍大臣及宮內省等官參謁皇后。旋啟駕回宮，一路准都下人民仰瞻丰采，有見者謂后身御淺鼠洋服，容顏甚麗。	1896 年 5 月 25 日第 2 版，〈瀍沱放棹〉。
本日午前為舉行大祭靖國神社之期，日皇並皇后率領各皇族、各大臣、親任官暨各省敕奏任官、總代議院兩院議員等循例致祭。畢，日皇升殿受禮。	1898 年 11 月 26 日第 3 版，〈神山麗日〉。
前此中國拳匪之亂，日本調兵助剿，所有汗馬功高者除已分別論功行賞外，茲復奉恩命，將陣亡及病斃兵士八百七十餘名合祀靖國神社四時祭饗，亦勸忠之典也。	1901 年 10 月 26 日第 1 版，〈日恤死士〉。

這一時期，日本藉走民族主義、國家主義道路而實現富國強兵，迅速崛起於東方，從而擺脫了西方列強的殖民威脅，這常使

同時代許多致力於救亡圖存的中國人深為嘆服，其中也包括對靖國神社的「豔羨」之情。例如，1908 年某地方官員在致慈禧太后和光緒皇帝的奏摺中宣稱，該地方有人占據昭忠祠房屋而影響了祭祀，並且提到「日本靖國神社列祀陣亡將士，大祭之日國君親詣，人民為之傾動，故人人以效命疆場為莫大之光寵。中國現值訓練新軍時代，尤當以激勵士氣為先⋯⋯」[3] 又如，1916 年更有人建議「於首都之中仿照日本靖國神社之例，建一神廟祀諸有功民國之人，以資國民觀感」。[4]

　　1926 年，一篇署名書樵的文章，則敘述了某中國赴日考察團參觀靖國神社時的情景：

二十九日午前，遊覽靖國神社。靖國神社為日人致祭為國盡忠諸功臣之所，同於我國之昭忠祠，建築極偉麗壯嚴。大門內陳列許多舊砲及軍器，大概為中日、日俄兩戰之戰利品，所以鼓勵國人愛國之忱而激發其忠勇之氣。社內有遊就館，內陳列古代之弓矢、戈矛、盔甲、鞍盾，搜羅極豐富，並有許多之古代戰爭及古代武士服裝圖。館之中央，陳列天皇之武裝御馬弓劍。最後陳列近代戰術上之軍用品、槍砲之種類及俘獲之軍器，有我國大內康熙時之雕龍古砲，甲午之役為日人所得，及甲午之役海軍戰爭圖、臺灣之役臺灣戰鬥圖。日人觀之，固眉飛色舞。吾人觀之，不能不黯然神傷也。[5]

3　〈江督端奏復江寧師範附屬小學堂借用祠宇摺〉，《申報》，1908 年 11 月 5 日，第 4 張第 2 版。

4　〈政府與國會均提議國葬〉，《申報》，1916 年 11 月 13 日，第 3 版。

5　書樵，〈南京赴日教實考察團通訊（六）〉，《申報》，1926 年 5 月 8 日，

從上文可以看出，「鼓勵國人愛國之忱而激發其忠勇之氣」的靖國神社在給作者留下正面印象的同時，也引發了他的另一種情緒，即「黯然神傷」。事實上，早在 1919 年《申報》的一篇文章裡，也曾表達過這樣的傷感：

吾國甲午、庚子兩役一挫於日，再挫於列國。宮中珍寶及戰械等，其為彼列國軍士捆載以去者不可勝數，世界博物院中羅列殆遍、天地無盡，吾國之恥辱亦無盡也。日本靖國神社亦陳此類戰利品絕夥，國人有見之者無不觸目傷心，悲涕而出，東海濤聲當亦為之嗚咽作泣矣。[6]

1920 年，當某遊美學生團途中逗留日本東京時，也有過同樣的心境：

乃赴遊就館，英名 Military Museum。時同行皮君訪友鄰巷，餘等乃下車入覽以待之。館內分四十餘室，陳列歷史上或戰爭上之紀念品……其最怵吾人心目者，莫如甲午一役日人所獲吾國龍旗，葉志超軍旗，來遠、靖遠二艦之通風桶，奇恥大辱，不忍卒覩匆匆一覽而出。[7]

靖國神社是日本帝國的「勝利」之地、「光榮」之地，但卻是近代中國的「恥辱」之地，面對遊就館（建於 1881 年）內陳

第 7 版。

6　瘦鵑，〈蘭簃雜識〉，《申報》，1919 年 12 月 3 日，第 14 版。

7　趙乃傳，〈游美學生團紀程（二）〉，《申報》，1920 年 10 月 22 日，第 14 版。

列的中國被擄物品，以及 1930 年代初又增設的性質類似的國防館，有人格、有血性的中國人通常是難以平靜的。

這一時期，在「以日為師」的指引下，有大批中國人東渡日本，或留學或訪問，到過東京靖國神社並在《申報》之外留下文字的也不在少數。筆端之下，亦大都流露出「豔羨」和「神傷」這兩種情緒，有的人執其一，有的人則兩者兼具。而且時間愈往後，愈傾向於後者，甚至從「神傷」發展為「尷尬」、「羞愧」、「惶惑」乃至「警惕」和「悲憤」。這種變化自然與 1910、1920 年代以後兩國關係日趨緊張，尤其是 1931 年日本奪取東三省並加緊侵略全中國有關。

以下隨舉幾例，以供管窺：王拱璧在 1919 年寫就的〈遊就館中先烈碧血——日人辱我之紀念品〉一文裡，對遊就館二十四個展室的物品進行了全面描述，尤以記錄來自中國的戰利品最詳最細。作者在文末感嘆：「余入此室覩此遺物，覺一矛一戈，一銃一彈，一戎衣一旌旄，莫不染有我先烈之碧血，附有我先烈之忠魂，覺我先烈被發垢面、疾首蹙額，向余哭訴黃海戰敗、全軍覆沒之辱國。余入此室，冷汗澆背，熱血沖腦……」[8]

1935 年，沈鍾靈則這樣勾勒自己步出遊就館時的景象和內心：「穿著木屐的人們，臉透露著勝利的微笑，和驕矜的顏色。我雜在人群中，獨感到如芒刺背，萬錐鑽心！給後世唾罵的偽『滿』傀儡們，亦有家國俱亡之感否？踉蹌的出了遊就館，不禁嘆了一口長氣，瞻念祖國，悲從中來！把這空前的恥辱，托飛鴻

8　王拱璧，《東遊揮汗錄》（出版地不詳：出版項不詳，1919），頁 15。

帶給四萬萬八千萬的故國同胞，願永矢勿忘！」[9]

同年，當雲漢「垂頭喪氣」地離開國防館時，竟敏銳地產生了一種深深的警覺：「日本的軍國民教育設施的無微不至，但是這種教育的結果，總是很危險的東西。日本的國運雖以軍國民教育而昌，但是誰能料定他將來的結果是如何呢？不過無論如何，我們身當其衝的中國人是應當知所準備，而善自為謀。」[10]

比雲漢早一年參觀國防館的還有陳松光，他如此寫道：「我出了館門之後憶想祖國來真是慚愧到極了！親愛的同胞們呀！你們現在不過沒有機會跑到日本來，你來到日本就知日本的厲害和對華的急進了。我們想打倒帝國主義者，和復興中國，不是整天高談的這麼容易，非精誠團結在青天白日之下，臥薪嘗膽，萬萬不可能的了？」[11]

三、第二次中日戰爭前期

1931 年 9 月 18 日至 1937 年 7 月 7 日，是第二次中日戰爭（1931-1945）的前半期，也是中國的局部抗戰時期。既然已捲入了戰爭，那麼作為戰爭「鼓動劑」和「安慰劑」的靖國神社，在日本新聞宣傳中也頻頻出頭，相應地，其出現於上海《申報》的頻率亦有了明顯提高。這種相互關係是不難理解的。

這一時期，除了「例行大祭」、「日皇日後降臨」、「滿洲事變

9　沈鍾靈，〈日本之遊就館〉，《中央時事周報》，第 4 卷第 15 期（1935.04），頁 90-91。

10　雲漢，〈國防館參觀記〉，《禮拜六》，第 615 期（1935.11）。

11　陳松光，〈參觀日本國防館後歸來〉，《人言周刊》，第 1 卷第 40 期（1934.11）。

戰死者入祀」、「滿洲國紀念祝賀會」、「日本在鄉軍人大會」、
「紀念日俄戰爭」之類[12] 靖國神社的「常規新聞」外，《申報》
還刊發過一些很值得玩味的文章。

　　《申報》1934 年 7 月 13 日第 13 版刊有一篇署名煙橋的文章
〈我們有什麼紀念品〉，作者引用了一封訪日者的來信：

東京的靖國神社裡，附設著一個「遊就館」，陳列日本的古今兵
器，刀槍劍戟，以至潛艇，應有盡有。中日、日俄兩戰及前年閩
北瀏河之戰，各戰利品，亦均陳列其間。最奇者，有一玻璃櫃，
特別陳列馬占山的遺留物，有肩章、獎狀、圖章、印信、銀元、
鈔票等，更有煙槍一捆，約五六支，都是象牙或翡翠鑲，頭號煙
土一大包，可謂極盡侮辱能事，看了令人啼笑皆非。別有一櫃，
專列十九路軍之物，有望遠鏡、機關槍、笠帽及瀏河民軍的旗幟
等，亦不勝感慨繫之。

揣度矮子肚皮裡的疙瘩念頭，一定是把皇軍的武威，誇示給來者。
我們以為淞滬之役，是日本人失利的，但是他們卻誇張是勝利
的。我們也曾得到日本兵的遺留物的，現在放在哪裡？為什麼不
陳列給我們看看呢？難道如此方足以顯示出大國的決決之風麼？
凡是教育的效能，實物比虛文要大上好幾倍，與其花了不少的
錢，請洋畫家塗抹了幾幅不甚逼肖的國恥畫，何如把造成國恥的

---

12 參見〈日本靖國神社大祭〉，《申報》，1932 年 4 月 28 日，第 6 版；〈東
　　北日人籌備，慶祝吞滿成功〉，《申報》，1932 年 9 月 15 日，第 3 版；〈東
　　京學生慶祝承認偽國〉，《申報》，1932 年 9 月 18 日，第 11 版；〈日本
　　鄉軍大會〉，《申報》，1933 年 2 月 20 日，第 3 版；〈日紀念九一八〉，《申
　　報》，1933 年 9 月 18 日，第 10 版；〈東京長春追悼侵滿陣亡將士〉，《申
　　報》，1933 年 9 月 19 日，第 7 版；〈日本陸軍舉行日俄戰爭紀念〉，《申
　　報》，1934 年 3 月 11 日，第 8 版。

實物，搜羅來，陳列在一處，好使國人觸目而驚心。在戰事告終以後幾個月，各地似乎開過一次展覽會的，不知道現在放到哪裡去了？可憐！總而言之中國的國民軍，得到了敵人的遺留物，不敢彰明較著的題著戰利字樣，不敢永作紀念品陳列，這是長期抵抗的策略之一種罷？或者是共存共榮的親善或媚眼罷？

面對遊就館內陳列的「戰利品」，寫信人除了「不勝感慨」外，亦不乏「怒己不爭」的心緒。仿效靖國神社的展覽方式，以此振奮中國民眾的抗日精神，實為作者的言中之意。這與先前某些中國人的見解是一脈相承的。

之前，《申報》1932 年 7 月 4 日第 16 版〈萬婦髮〉一文，亦通過對比的手法，表達了「怒其不爭」、「以敵為師」的訴求：

昔年，日本遊就館中，陳列甲午中日戰爭的勝利品，見了，足使中國志士，人人裂眥。就中最可恥的，便是軍艦上的許多德政匾：什麼德被梯航，什麼海涵春育，都是下級官吏孝敬上司的東西。當年的海軍將士，腐敗到這般地步，無怪一戰以後，前清經營慘淡的海軍，變做曇花一現。

但是，遊就館中又有婦女頭髮繩一盤，繩徑寸許，計長百尺，是日本海軍部出品。上有說明書，略謂：甲午之役，男子都赴戰地，婦女亦各盡其義務。宮城縣仙台士族，有民婦曰氏家直子，糾合同志，剪萬婦髮，製為長繩，供獻政府，轉送海軍，以供討伐支那戰艦之用。士卒見其母妻姊妹之髮，無不感泣致死！云云。

唉！中國婦人的剪髮，已成了普遍的風氣！近年以來，剪髮的婦女，正不知有幾千百萬？只是可惜了，可惜沒有貢獻海軍，作抗日

救國之用！彼國婦女的剪髮，是受著愛國心的驅遣。我國婦女的剪髮，是受著摩登化的驅遣。同一剪髮，那便失之毫厘，差以千里了！

　　《申報》1935 年 10 月 17 日第 15 版刊發的一篇日本作家的小小說〈名譽老婆婆（九）〉（江馬修著，任鈞譯），則通過一個名叫勇造的士兵戰死於日俄戰爭中的二零三高地後，其母親和鄰人的反應，來勾畫靖國神社對普通日本民眾的心理安慰乃至麻醉作用。親生兒子的慘死，對母親來說，本應是巨大的悲傷，但隨著入祀、獲獎、受助，在眾人的勸慰下，這竟成了一件讓人驕傲的榮譽之事，母親最後竟轉悲為喜，發出了「死得好」的感嘆：

在我的家裡，大家也集攏來，把老婆婆安慰了一番。除了說這雖然毫無疑義是件悲哀的事情，但實際上也是件很有名譽的事情之外，也就別無安慰的方法。特別是母親，她還談起了東京的靖國神社的事情。她懇懇切切地告訴她聽：戰死者都在那兒被祭祀，每年要大祭兩回，並且無論怎樣高貴的人們都要到那兒去參拜。在母親說著話的當兒，老婆婆比較要來得平靜些了。並且，全然好像是聽著稀有的說教一般地，一壁不斷地流著眼淚，一壁對於每一句話都深深地表示首肯，像是很滿足似地聽著。
「從你的話聽來，」她抽著鼻涕說：「真令人覺得十分不敢當。如今，我已經真正地懂得名譽這回事了。謝謝你。真正是名譽，名譽！我要快些回去好好地告訴我的丈夫聽。雖然如此，可是……那勇造……」
說起勇造，她又哇的一聲地哭倒了。母親更用各種話語去勸解她，然後叫掌櫃的陪著她，把她送到家裡去。

依據後來更詳細的報告，勇造乃是死於那可怕的二零三高地的攻擊戰。他從來就常常以勇敢和大膽使人驚嘆。那一天，他也在彈雨當中站在突擊隊的前頭邁進。當他倒下去的時候，全身實在已經中了二十三個子彈。而且，人家將他搬到帳篷裡之後，他還生存了十個鐘頭的時間。

他馬上被升為伍長，由於超群的業績，還得到了功六級的金雞勛章。功六級的伍長，這實在是件破格的事情，前例是極少的，並且還發下了一筆三百兩的慰勞金。

燒飯老婆婆非常得意，而且高興得了不得。

「怎麼樣，功六級哩！是個伍長啦。就是鎮長老爺也趕不上我的兒子呢。恭喜，恭喜，哪裡還有比這更有名譽更值得高興的事情呢！」

然後，她就跑到我的母親跟前，這麼說：

「喏，太太！可以領到三百塊錢，我簡直完全跟做夢一樣呢。請你想想吧，三百兩，這筆錢可不算少啦。我們從有生以來也沒有見過那麼一筆大款子，想起來，連頭也會發暈呢。雖然如此，可是我已經變成了有錢人哪！」

「真是一件好事。」母親回答她：「那是因為你有著能幹的兒子呀。沒有看見嗎，鎮上的人都在欣羨著你呢。他們都在說：『這不光是你個人的名譽，同時也是鎮上大家的名譽。』」

老婆婆高興得哭泣起來，眼淚汪汪地。

「想起來，我的兒子真可憐。可是，覺得也實在死得好。人雖然死了，靈魂卻還在，在東京的靖國神社裡給人們祭祀著，也不會有什麼不滿足。古語說得好：『人生僅一世，而流芳則千古。』」

「當然，話雖如此，但是，政府也實在很周到，很值得感謝呀。」

　　此文既簡潔而又深刻，充分揭示了靖國神社的運轉模式與普通人性的背離和矛盾，其暗含的反戰精神和批判意旨是不言而喻的。對於那些與日本社會有所隔膜的中國讀者來說，這無疑是一篇極有觸動的作品，眾人或許終於明白：近代日本漠視個人生命價值的軍國精神原來源自於這樣的心理軌跡和思維邏輯。

　　此前，《申報》1933 年 9 月 17 日第 17 版〈日本的少女〉一文還講述了靖國神社內供奉的一位「護國女神」的故事：

日俄戰爭的時候，有一位年僅十六歲的名叫太田明子的少女。伊父親是任排長的，當他出發的前一夜，回到家中，與家人話別，到了第二日，就匆匆的走了。這時明子心中已有從父同死的決心，可是母親在堂，不敢明說。過了半個月，他父親有信回來，說已率兵到了釜山上陸，不久就要開到前線去作戰。明子看了這信，祕密的出家去了，星夜乘車趕到東三省，假扮了女丐，潛入俄國司令部的附近。湊巧有一位俄國軍官，在營門外巡視，看見這少女容貌美麗，起了歹心，就帶到了營中。這時日本聯合艦隊司令官東鄉隆盛，[13] 乘了旗艦三笠到了朝鮮，第二師團兵士已在鎮南浦上陸。明子在營中打聽得消息，祕密將俄國軍中情形報告鴨綠江畔的日本第一軍黑木大將司令部，於是日俄兩軍的最初衝突，得明子的報告，竟大勝俄軍。同時俄國艦隊，妨礙日軍的計劃，亦完全為明子所漏泄，日軍才得把旅順口封鎖，同時把旅順與遼陽的俄軍截斷，俄軍首尾被脅迫，無心應戰。明子聞日軍已占優勢，逃出俄營，再把俄軍作戰情形報告日軍。日軍急將第一

13　原文如此，應為東鄉平八郎。

第二第四三軍連絡一氣，互相呼應，擊破俄軍總司令克羅白得金的大軍，進占旅順背後的砲臺。俄軍到了這時，已無法應付，守將斯德舍爾，向日軍乃木大將乞和了。這是日本打勝俄國的原因。其後明子因在途中患病而死，其父親得其偵探敵情之功，升為少將。

這個故事似曾相識，或許可能改編於某種原型（例如中國春秋時期西施以美色興越滅吳的典故），但無論真假與否，其用意是非常明確的，一個弱女子尚且為了國家「重生輕死」，一般國民，尤其是男性更應該為一個「偉大」的依托（或天皇，或國家，或民族），放棄個人的價值與生命。這實際上就是靖國神社所倡導的基本觀念。

這一時段的《申報》還涉及兩次與靖國神社有關的暗殺事件。其一是 1932 年著名的「五一五」事件，首相犬養毅被海軍狂熱分子槍殺，而刺客的出發集合地就是靖國神社。選擇這一地點當然是不偶然的。[14] 其二是 1935 年 2 月 22 日讀賣新聞社社長正力松太郎的被殺案。據說該新聞社曾對因宗教關係而不肯參拜靖國神社的上智大學所屬曉星中學表示過同情，故而引起軍部的反感，以致社長遭到了極端民族主義者的刀劈。[15]

順便一提的是，該時期《申報》之外的中文文獻中，若干導遊性質的文字頗值得關注。例如曾昭掄著《東行日記》（大公報館，1936）和凌撫元著《日本遊記》（新北平報出版課，1936）

---

14 〈暴動之經過〉，《申報》，1933 年 5 月 18 日，第 8 版。
15 〈讀賣新聞社長被刺之原因〉，《申報》，1935 年 3 月 1 日，第 11 版。

兩書中均有大段文字描述「靖國神社」的建築布局和祭祀場景，特別是遊就館內的展品。前書還不忘加上了作者的觀後感：「到了那裡，才可以充分的看見日本人的尚武精神和他們的野心，同時也可以使我們對於我們積弱的中國，發生無窮的感慨。」

四、第二次中日戰爭後期

　　第二次中日戰爭後期（1937 年 7 月 7 日至 1945 年 8 月 15 日），在中國稱之為全面抗戰時期，其中又涵蓋了 1941 年 12 月 8 日至 1945 年 8 月 15 日的太平洋戰爭時期。這一時期，日本國家及其武裝力量與中、美、英、蘇等同盟國進行著激烈的交戰，有二百多萬名軍人和平民相繼身亡。與民族主義和死亡存在著密切關係的靖國神社，其祭祀死者、召開集會、陳列戰果、鼓舞士氣、撫慰遺族等基本職能得到了前所未有的強化，所謂「在戰爭步入苛烈階段的今日，『靖國神社』益使人們崇拜了」。[16] 對此，《申報》亦有相應的反映，尤其是 1941 年 12 月《申報》落入日軍報道部的直接控制後，便成了後者的吹鼓手，靖國神社的「出場率」達到了歷史的最高值。

　　為了應對日益不利的戰局，吸引更多的國民和軍人從容赴死，靖國神社被刻意描繪成匯聚死者靈魂的「神殿」，甚至還是相當榮耀和美妙的往生之地。

　　「如果你們要見我，請到靖國神社來！」[17]

16　〈日靖國神社舉行第五次臨時大祭，日皇陛下親臨禮拜英靈〉，《申報》，1944 年 4 月 27 日，第 1 版。

17　約翰・根塞著，張振楣譯，〈日本軍隊的宣傳及其他（一）〉，《申報》（香港），1938 年 12 月 28 日，第 6 版。

「如果我們屠滅敵人的艦隊，那麼，在靖國神社的戰友們，將多麼欣喜啊！」[18]

「突擊那邊有燈光的敵陣，然後回到靖國神社去吧！」[19]

「只要一息尚存，定要忠於天職，再見面的地方將是靖國神社了」。[20]

「後退或被俘，恥辱較不忠不孝尤甚，果如此，則何以對安眠於靖國神社之戰友。」[21]

講這些話語的日本軍人，確實有不少人在隨後的戰事中失去了生命，有的人甚至加入了自殺性的神風特攻隊。

這一時期，天皇、皇后、首相、陸相、海相、總長、大將等到靖國神社慰靈，鞠躬敬禮，並發表鼓動性的演講，可謂屢見報端。但將當時的場景描繪得最全面、最具動感和真實感的則是以下一篇對 1944 年 4 月下旬一次「隆重而莊嚴」的臨時大祭的報導：

從數日前起始，各地勇士們的遺族便紛紛的雲集東京了，準備為他們的兒子父兄丈夫致慰安與感激之情，同時他們也受著一般人莫大的崇敬與感激。街頭巷尾，到處張貼著「對英靈要感激，對遺族要恭敬」的標語。且這道標語上已充分的表現於事實了。二十五日是大祭的第二天，清早起滿天便布滿一層陰暗的雲，且

18　〈珊瑚海閃電戰記〉，《申報》，1943 年 10 月 4 日，第 3 版。

19　〈突破黑暗的天險，南太平洋血戰紀實〉，《申報》，1943 年 11 月 29 日，第 3 版。

20　華志，〈大東亞戰爭與神風精神〉，《申報》，1944 年 12 月 8 日，第 4 版。

21　〈拉伏爾決戰訓〉，《申報》，1945 年 3 月 9 日，第 1 版。

連綿的落著細雨，像是天神也對這些英靈表示著甚深的悼意。午後一時十五分，日天皇陛下在文武百官的侍從下，駕臨靖國神社，五萬餘遺族們都分列在通達神社甬路的兩側，奉迎天皇陛下，對陛下致以最敬禮，他們都感受著莫大的榮譽。在海軍軍樂的吹奏聲中，天皇陛下在諸官的奉迎與澤本大祭委員長的先導下駕臨本殿，對英靈們致拜禮。是時，日本軍官民也各就所在向靖國神社的護國英靈遙拜，表示他們衷心的感激。天皇陛下返駕宮城後，一般民眾都蜂擁般的擁至神社前往參拜，雖然那是仍不斷下著雨，但是他們一片感激之意，使他們都顧不到這一切了，所以通達神社之道路，形成水泄不通之勢。他們一一的走到神社前，深深的行著禮，遺族們也成隊的在虔誠的參拜著。神社的四周堆滿各長官及各機關團體的供禮，參道的兩側，有高大的關於大東亞戰爭的壁鑴及展覽中的日本近代式的新銳武器，充分的顯示了日軍的威武。靖國的櫻花盛開了，花的殘片，落在地上及人們頭上，也像是感傷英勇將士們的逝去而淒然的落下了……[22]

　　事實上，針對此類大規模參拜的景象，早在 1937 年就有一個中國人做過一針見血的揭示：「這裡悼念死者的最大意義，恐怕還是在鼓勵生者像死者一樣去為他們當砲灰，將來也可以享一樣的『光榮』吧？」[23]

　　在該時期，比較有「新意」的還有從空中向靖國神社表示「敬意」的新聞。例如，1942 年 10 月 18 日，日本陸軍航空部

22　〈日靖國神社舉行第五次臨時大祭，日皇陛下親臨禮拜英靈〉，《申報》，1944 年 4 月 27 日，第 1 版。

23　代佛，〈日本的靖國祭〉，《月報》，第 1 卷第 7 期，1937 年 7 月 15 日。

隊派人駕駛繳獲的美軍轟炸機,飛臨東京靖國神社上空作慰靈飛行。[24] 又如,1943 年 1 月 6 日晨,陸軍重轟炸機、輕轟炸機、戰鬥機與偵察機五百餘架在東京天空舉行演習,其中若干架盤旋天空,向皇宮、明治神宮與靖國神社致敬。[25] 再如,1944 年 4 月 26 日是靖國神社春孟臨時大祭的最後一日,松岡中將指揮之陸軍精銳戰機約七百架飛翔於東京上空,並於空中為陣亡者默禱。[26]

　　第二次世界大戰是一場聯盟戰爭,日本帝國亦有它的盟友、僕從國或合作者。訪日期間,順便到靖國神社進行參拜,成了這些「大東亞共榮圈」的成員們向日本「老大」示好,表達諂媚之意的重要手段。搜諸該時段的《申報》,此類的新聞頗不乏例,可謂是又一「特色」。

24　〈日靖國神社舉行大祭〉,《申報》,1942 年 10 月 15 日,第 2 版。
25　〈日陸軍各式飛機,今晨在東京演習〉,《申報》,1943 年 1 月 6 日,第 3 版。
26　〈日機七百架,翱翔東京市〉,《申報》,1944 年 4 月 28 日,第 1 版。

太平洋戰爭期間
《申報》所載日本諸「盟友」參拜靖國神社概況 [27]

參拜時間	參拜者	相關細節	備註	《申報》出處
1942 年 9 月 18 日上午 9 時 40 分	滿洲國駐日大使李紹庚			1942 年 9 月 19 日第 2 版,〈滿洲事變十一周年紀念〉
1942 年 12 月 23 日 11 時 40 分	中華民國主席兼行政院長汪精衛	沿途民眾群集竚候,舉旗高呼歡迎……步出大鳥居時,歡迎主席之民眾已萬頭攢動,熱烈至極,民眾得瞻主席隆儀,不禁歡呼萬歲,敬仰之情極為真誠熱烈。	褚民誼、周佛海、梅思平隨行	1942 年 12 月 24 日第 2 版,〈汪主席偕褚外長等　參拜明治神宮〉
1943 年 3 月 20 日上午 10 時 30 分許	緬甸行政長官巴莫博士	對各陣亡將士英靈默禱;「余以為由日本國民對神宮神社尊敬虔誠之態度中,即足顯示日本國民精神之偉大」。		1943 年 3 月 21 日第 3 版〈巴莫參拜明治神宮〉;1943 年 4 月 16 日第 2 版〈巴莫長官返抵仰光,發表訪日感想〉
1943 年 4 月 25 日	中華民國外交部長褚民誼	發表談話如次:「余參拜靖國神社,此為第五次,但逢大祭之日,尚係初次,觀於接踵而來之參拜群眾,對英靈之赤誠表現,不勝感佩。」		1943 年 4 月 27 日第 2 版,〈東京廿六日中央社電〉
1943 年 4 月 28 日上午 9 時 50 分	中華民國陸軍部長葉蓬	「深感靖國神社乃全東亞人衷心崇拜之神社,參拜之人士絡繹不絕,余深感中國亦需要有與靖國神社同樣之民族神社。」		1943 年 4 月 29 日第 2 版,〈葉蓬觀謁日皇,並參拜靖國神社〉
1943 年 5 月 27 日	軸心國婦女	參加者計德國方面有駐日大使史塔瑪夫人、威內加中將夫人等以下十五人,丹國方面拔爾薩謀中將夫人、駐日大使館文化部長阿爾達瑪尼夫人等以下四人,共二十三人……對英靈默禱,並祈禱軸心國最後勝利。	日本東條首相夫人及國防婦女會幹部引導參拜	1943 年 5 月 28 日第 2 版,〈東京軸心國婦女參拜靖國神社〉
1943 年 6 月 15 日下午	菲律賓訪日考察團一行十九人		團長金德(馬尼拉市長)	1943 年 6 月 16 日第 2 版,〈菲考察團抵日〉

27　本表中以汪精衛為首之「中華民國」與溥儀為首之「滿洲國」係不被國際主流社會承認之傀儡政權。為維持史料原貌,照錄《申報》說法。

參拜時間	參拜者	相關細節	備註	《申報》出處
1943 年 8 月 23 日	中華民國文學家代表徐白林	「該神社乃祭祀建設大東亞戰士之英靈者，觀後令人感慨無量，吾等文化戰士，亦應繼其遺志，努力奮鬥。」	由久米正雄引導	1943 年 8 月 24 日第 2 版，〈文學家代表昨晨抵東京〉
1943 年 10 月中下旬某日	中華民國海軍訪日考察團一行九人		海軍部次長招桂章中將為首	1943 年 10 月 8 日第 2 版，〈海部組訪日軍事考察團〉
1943 年 11 月 13 日上午	中華民國華北政委會委員長王克敏			1943 年 11 月 14 日第 2 版，〈王克敏昨訪日內相藏相〉
1944 年 2 月 26 日上午 9 時	滿洲國興亞使節黃富俊			1944 年 2 月 27 日第 2 版，〈滿興亞使節訪問日當局〉
1944 年 4 月 20 日下午 1 時	菲律賓特派赴日答禮大使阿齊諾	對為建設大東亞捐軀之英靈示敬弔之意。		1944 年 4 月 22 日第 1 版，〈菲特使呈遞國書〉
1944 年 7 月 25 日	中華民國廣東省長兼駐粵綏靖軍主任陳春圃		來日探望汪精衛	1944 年 7 月 25 日第 1 版，〈主席體力日佳〉
1944 年 12 月 5 日或 6 日	中華民國新民會副會長喻熙傑		來日參加興亞指導者會議	1944 年 12 月 5 日第 1 版，〈喻熙傑抵東京〉
1944 年 12 月 17 日上午 10 時 20 分	中華民國行政院長陳公博			1944 年 12 月 18 日第 1 版，〈陳院長昨參拜靖國神社〉
1945 年 3 月 1 日上午 11 時	滿洲國駐日大使館人員		舉行「滿洲建國」紀念祭	1945 年 3 月 1 日第 1 版，〈滿建國紀念日〉
1945 年 6 月 30 日上午 10 時 10 分	菲律賓大總統洛勒爾			1945 年 7 月 2 日第 1 版，〈洛勒爾偕隨員訪日〉

　　順便一提的是，根據其他刊物的記載，1938 年訪日的德國希特勒青年團和 1940 年 6 月第二次訪日的「滿洲國」皇帝溥儀也曾參拜過靖國神社。[28]

28　〈歡迎希特拉青年團〉，《遠東貿易月報》，第 1 卷第 10 號（1938.10）；〈滿洲國皇帝陛下參拜靖國神社〉，《華文大阪每日》，第 5 卷第 2 期（1940.07），頁 25。

五、戰後初期

隨著 1945 年 8 月 15 日日本帝國的戰敗，以及之後美國占領軍推行「民主化」政策，失去了軍國主義土壤的靖國神社一時間成了「昨日黃花」，由極盛而驟衰，「冷寂極了」。[29]

戰後，《申報》關於靖國神社的報導又趨零星，首次見於1946 年 2 月 5 日第 2 版的〈日本靖國神社改為遊戲場〉一文。文內援引了社內僧人池田的話語：「社中有鑒於稅收大減，故將設置旋轉玩機、跑冰場、乒乓球台，以及其他遊戲等設施，期以求自行維持生計」。池田還透露：「戰事結束後，進香祭祀者日見稀少，此實由於人民對戰敗之心理反映也。」

次年 5 月 23 日第 9 版苞卿撰〈「錨」自東京歸〉一文又傳出消息說，甲午戰爭時期被劫往日本、陳列在靖國神社的北洋海軍二具鐵錨和八枚砲彈，已被運回中國。該文還呼籲：「我國的恥辱的古董，在日本那些神社及其他公眾場所存在的，又何止這些。甲午戰爭時的清代的龍旗、戎服、將軍砲等等，必定還有許多陳列著，這就需要我僑胞隨時留意，隨時揭發。而我國代表團及時調查交涉歸還，也是更不能辭其責了。」

《申報》最後一次涉及靖國神社是在 1949 年 4 月 20 日第 8 版的〈戰後日本兩事〉（燕齡著），亦即該報終刊前約一個月。該文談到「民主化」以後的日本取消了先前許多封建性的紀念節，「目前只剩九種。即：元旦日、成人節、兒童節、天皇誕辰、憲法紀念日、文化節、勤勞感謝日、春分、秋分等是。像明治節、靖國神社春秋二祭等，都已不復存在了」。

---

29 〈冷寂了的靖國神社〉，《聯合畫報》，第 148 期（1945.09）。

結語

《申報》是 1949 年以前中國最著名的新聞媒體，它對靖國神社的記載，對於考察近代中日關係史、中國人的日本觀，具有標誌性的意義。

憑藉《申報》中的文字及其佐證可以看出，若干中國人對於宣揚民族主義、國家主義乃至軍國主義的靖國神社，最初抱的是羨慕的心態，並頗有仿效之意，試圖以此鼓舞本國國民奮發圖強，像日本一樣走上強國之路，擺脫西方列強的侵擾。但隨著 1910、1920 年代以後，日本不斷加緊侵華的步伐，靖國神社內的「支那戰利品」越來越引起了觀展中國人的悲傷、反感和警覺。尤其是 1931 年「九一八」事變以後，日本軍隊得隴望蜀，步步緊逼，嚴重地威脅著中華民族的生存。作為日軍重要精神支柱的靖國神社，在《申報》中的形象日漸惡化，不斷受到質疑與批判。1941 年 12 月太平洋戰爭爆發後，《申報》被日軍控制，完全淪為日軍的傳聲筒，其觀點與日本國內的軍國報紙實無二致。

1949 年以前，中國方面的「靖國神社觀」基本上屬個人表達的性質，並無明確的國家態度與政府態度（日本掌控下的「滿洲國」、「汪精衛」政權不論）。這一點，與 1980 年代以後的情況有著明顯不同，中華人民共和國政府主要鑒於該神社內供奉有第二次世界大戰甲級戰犯的靈位，始終表現出強烈的批評，並據此主導性地影響著普通中國人的判斷。

順便一提的是，第二次世界大戰前的靖國神社一直由日本軍方專門管理，既是天皇制的產物，亦是國家神道的象徵，可謂是「祭政合一」。戰爭結束以後，根據美國為日本制訂的民主憲法

中政教分離的原則，它被改組為宗教法人，性質和法律地位都發生了較大變化。當然，這是另外一個議題了。

上海篇

戰後國民政府遣返韓人政策的演變
及在上海地區的實踐 [1]

　　遣返敵性國僑俘，是戰後初期國民政府政治、外交生活中的一件大事。它不僅包括對前主要軸心國家日本、德國公民的遣返，也涉及與之有連帶關係的奧地利、朝鮮（韓國）、臺灣人的遣返。此舉既對中國的對外關係有著重大意義，又對遷出地的社會、文化、經濟發展產生過相當影響。本文主要依托上海市檔案館館藏檔案，以梳理國民政府遣返韓人政策的演變為先導，繼而研究分析了該政策在上海地區的實踐情況及特點。[2] 本文所稱的「韓人」主要分為兩部分，其一是指曾在日軍侵華部隊中服役、戰後被中國當局拘禁的韓籍官兵，其二是在華韓僑。

一

　　1910 年日本帝國主義完全吞併了韓國，此後大批不願做奴

1　本文修改自：《史林》，2006 年第 2 期（2006.04）。

2　在撰寫本文的過程中，筆者見到了徐行發表的論文〈中韓關係史上的重要一頁──戰後天津暨華北韓僑的集中管理和遣返〉（《近代史研究》2005年第 4 期）。作者宣稱：雖然近年來國內外問世的有關中韓關係史的論著不少，但對戰後中國處理韓僑問題卻論述很少。對此，筆者亦有同感。有關戰後上海韓僑的遣返，相關論文僅見有石源華〈論歸國前後的韓國臨時政府──以上海檔案館資料為中心〉、馬長林〈抗戰勝利後韓人在華活動述略──以上海為中心〉，均載大韓民國臨時政府舊址管理處編，《中國抗日戰爭與韓國獨立運動》（首爾：眼光一聲出版社，2005），頁 107-122、242-253。但兩文均較簡略，亦不夠系統。孫科志的《上海韓人社會史研究》（北京：學苑出版社，2004），雖是研究上海韓僑史的專著，但對遣返一事竟幾無涉及。

隸的韓國志士來到中國，為復國開展了長期的鬥爭。對韓國獨立運動及韓國臨時政府，以蔣介石為首的國民政府歷來持同情、扶植和指導的態度，這一點在抗日戰爭期間表現得尤為明顯。[3]在1943年11月的開羅會議上，蔣介石力主韓國應在戰後獲得獨立，隨即被美英接受而寫入宣言。戰後，在處理韓人遣返的事務中，國民政府仍力圖沿循著原有的軌道前行，以謀求建立中韓未來的友好睦鄰關係。

1945年8月抗戰勝利伊始，中國「各地韓僑及由日軍中自行脫離之韓籍士兵等，恰如無鞍之駑馬，一時無人控制，情況頗為混亂」。[4]身處重慶的韓國臨時政府主席、獨立黨黨魁金九，隨即就未來在華韓人的集中和遣返問題，多次向國民政府提出交涉。8月24日，金九向蔣介石遞交了一份七點備忘錄，請求中國政府：優待敵軍中之韓籍士兵，發給武器，移交光復軍編為政府之基幹隊伍；通令各收復區軍政長官對於中國淪陷區各地之韓

3　該專題相關成果有楊天石，〈蔣介石與韓國獨立運動〉，《抗日戰爭研究》，2000年第4期。石源華，〈論中日戰爭期間的韓國臨時政府〉，《復旦學報》，1993年第6期。徐萬民，〈八年抗戰期間中國處理韓國問題的歷史教訓〉，發表於「中韓國際學術會議：民族統一戰線的形成與中韓抗日鬥爭」，北京大學，2004年4月19-21日。謝俊美，〈略論抗戰時期中國國民政府與韓國獨立運動〉。楊振，〈抗戰時期國民政府與韓國臨時政府關係略論〉。張欣，〈論國民政府在韓國光復軍組建過程中的作用〉。唐國東，〈韓國臨時政府與中國抗日戰爭──從戰爭發展的互動角度分析〉。李學昌、金杭堯，〈韓國獨立運動與中國抗日戰爭〉，均載大韓民國臨時政府舊址管理處編，《中國抗日戰爭與韓國獨立運動》。范廷傑，〈蔣委員長協建韓國光復軍〉，《傳記文學》，第28卷第5期（1976.04），頁51-54。中央研究院近代史研究所編，《國民政府與韓國獨立運動史料》（臺北：中央研究院近代史研究所，1988）。胡春惠，〈中國與韓國臨時政府之關係〉（臺北：政治大學政治研究所博士論文，1972）。

4　上海市檔案館編，《中國地域韓人團體關係史料彙編》，第一冊（上海：東方出版中心，1999），頁41。

僑分別良莠，妥為保護；優待僑居重慶之韓胞老幼，儘先撥給船
隻，俾一次全部回國；等等。[5] 9 月 6 日他又致函蔣介石，提出
了內容相近的七點要求，即：不拘形式名義，將在渝敝同人等飛
運回國，如有不便，可否先以飛機運送上海，再由滬船入國（獨
立黨人員優先入國）；在華韓僑總計約四百萬人，良莠不齊，至
有甘作虎倀為非作歹之類，飭令各收復區軍政長官嚴懲首魁，寬
恕協從，以視懷柔，對於散處東北各省之韓人民異色分子，應設
置特別機構，互相合作防患未然；敵軍中之韓籍官兵於繳械後交
韓國光復軍，編訓為建國時期之基幹部隊；居住渝市之韓國僑民
數百人，請惠飭交通當局迅速撥輪一次運送回國等等。[6] 此前在
9 月 3 日，金九為了闡述臨時政府近期的內外政策，發表了《告
國內同胞書》，亦宣稱：僑胞之安全及歸國事宜及關於國內外
居住之同胞救濟事宜，自應急速辦理；與盟軍協商進行將敵軍
中曾被迫出戰之韓籍軍人收編為國軍。[7]

　　對韓方的上述要求，蔣介石基本應允，並宣稱：中國已向日
發表「以德報怨」聲明，對敵性的日軍日僑尚且不究既往，對
「兄弟之邦」的韓人屆時一定會採取格外寬大和優遇的政策。[8]
具體來說，即助日之韓奸照戰犯處置；凡志願返國及罪輕之韓
僑，得遣送回國，願留華者善良分子加以保護；韓籍士兵與日軍

5　參見大韓民國臨時政府舊址管理處編，《中國抗日戰爭與韓國獨立運動》，
　　頁 109。
6　參見大韓民國臨時政府舊址管理處編，《中國抗日戰爭與韓國獨立運動》，
　　頁 112。
7　參見大韓民國臨時政府舊址管理處編，《中國抗日戰爭與韓國獨立運動》，
　　頁 110。
8　參見上海市檔案館編，《中國地域韓人團體關係史料彙編》，第一冊，頁 41。

區分後移交韓國光復軍加以訓練。[9] 此後，蔣介石還專門委派邵
毓麟為「軍事委員會委員長駐韓聯絡員」，並責成國民黨中央祕
書長吳鐵城與韓國臨時政府頻繁接洽，力圖助其迅速返國，力爭
成為未來韓國的合法政府。但由於後來美國駐韓軍政府堅持不承
認韓國國土以外的任何政治團體，11 月間金九等臨時政府人員
被迫以個人身分，從重慶經上海坐機返韓。臨行前，蔣介石設宴
予以熱烈歡送，並特別贈送一億元法幣和二十萬美元作為歸國後
的活動經費。12 月 5 日蔣介石又代電吳鐵城，概括性地闡述了
這一時期處理韓國事務的大政方針。內開：

竊查我國對韓政策，亟待配合現勢，加緊推進。在目前美蘇兩軍
分占朝鮮南北現狀下，國際上我方除應與美方密切合作外，對於
駐韓美蘇軍事當局，自應同等聯繫，俾我在外交上可保持超越立
場，作為美蘇橋梁，乃至運用兩者關係。一方逐漸培養親華分
子，團結韓方各派，對韓國方面，除儘量援助韓國臨時政府分子
外，須確實掌握現在我東北、華中、臺灣之三百萬韓僑，以為今
後對韓之外交資本。故對韓政策，必須在內政外交統一運用下，
始克逐步推進。[10]

此外，應邵毓麟之建議，蔣介石還曾一度有意在行政院下面
專門設立一個「全國韓僑事務局」，統一負責在華敵性韓僑財產
處理、擴大韓國光復軍、救濟遣送韓僑的工作。但最後未果。

9 　參見楊昭全、韓忠富編，《大韓民國臨時政府史料彙編》（長春：吉林省
　　社會科學院，1997），頁 528。

10　邵毓麟，《使韓回憶錄》（臺北：傳記文學出版社，1980），頁 75。

戰爭勝利之初，諸事繁多，國民政府又多把注意力集中到總數達二百多萬人的日俘和日僑身上，所以對五、六萬名在中國關內的韓人，[11] 遲遲未在操作層面上推出明文的處理規定。直至 10 月 17 日，蔣介石才致電陸軍總司令何應欽，提出原則兩項：

（1）韓籍士兵一併與日俘集中管理，將來送日俘回國時，同時送其回國。

（2）各地韓僑由省市集中管理，將來船送日僑時一併送其回韓。[12]

何應欽隨即將其通令各戰區軍政當局遵照實行。針對將韓人集中管理，尤其是與日人一同集中管理，韓國臨時政府方面隨即表示「至深詫異」，理由是韓人並非敵僑，當前又「均能各守本分」，此舉顯然有違國府優待韓人的承諾。金九等人遂「電請蔣主席對於集中辦法酌予修改」。[13] 有鑒於此，再加上各地因日、韓一併集中管理，引起兩國人員糾紛衝突不斷，陸軍總部於 12 月 16 日分電各地軍政機關，發表了重訂的三項辦法：

（1）日俘中之韓籍士兵應與日俘分開集中管理，並照日俘待遇補給。

（2）各地韓僑由各省市政府與日僑分開集中管理，可照日僑待遇發給主副食，並與當地韓僑宣撫團商洽辦理。

---

11 根據中國陸軍總司令部受降報告，中國戰區（山海關以南的中國領土及越南北部）日俘、日僑的總數共為 2,138,353 人，韓僑 56,665 人，臺胞 41,714 人。參見〈勝利後一年中遣送日僑俘工作〉，《申報》，1946 年 9 月 3 日，聯合國勝利紀念特刊第 1 版。另據 1946 年 4 月 18 日何應欽向新聞界透露的數字，1945 年 8 月中國關內韓人總數為 65,363 人。參見〈何應欽談遣送日俘僑〉，《申報》，1946 年 4 月 19 日，第 1 版。

12 「上海市政府：中國陸軍總司令部等頒布有關日、韓僑民及戰俘的管理徵用辦法」，上海市檔案館：Q1-6-70，頁 43。

13 上海市檔案館編，《中國地域韓人團體關係史料彙編》，第一冊，頁 4。

（3）日俘僑返國時韓籍士兵及僑仍留原地，其遣送回韓辦法另
　　　行規定。[14]

12 月 21 日，國民政府軍事委員會又發出通令，承認最初對
韓人的兩項處理辦法「與目前情形未盡妥適」，從而提出了更詳
盡的修正辦法，即《韓籍士兵及僑民處理辦法》，規定：

（1）日俘及韓籍士兵分別集中管理，以各戰區（方面軍）為單
　　　位，視人數多寡於戰俘管理處下酌設韓國官兵管理所收容
　　　之，並准光復軍派員加以組訓。

（2）韓光復軍於日本投降後在各地所收編之韓人仍由各戰區
　　　（方面軍）酌情集中統一管理，亦准光復軍派員參加組訓。

（3）各地光復軍之支區分隊，經本會核准者仍維持原狀，嗣後韓
　　　光復軍未奉批准堅持活動著予禁止。

（4）韓僑仍由各省市與日僑分別集中管理，並與韓國臨時政府
　　　派往各地之韓僑宣撫團商洽辦理。[15]

1946 年 1 月 4 日，國民政府軍事委員會又頒布了《中國戰
區（東北除外）韓籍官兵集中管訓計劃綱要》，以此作為各地集
中管理韓籍官兵的細則。[16]

（1）為簡化事權，減少糾紛，適應當前需要，實收援韓效果，
　　　特訂本綱要頒布實施。

（2）中國戰區（東北除外）日軍中之韓籍官兵均應以戰區（方面

14　上海市檔案館：Q1-6-70，頁 29。

15　中國陸軍總司令部編，《中國戰區中國陸軍總司令部處理日本投降文件彙編》，
　　下卷（南京：中國陸軍總司令部，1946），頁 312、313。

16　全文見中國陸軍總司令部編，《中國戰區中國陸軍總司令部處理日本投降文
　　件彙編》，下卷，頁 310-312。

軍）為單位，設立韓籍官兵管理所集中管理（以下簡稱管理所）。

（3）管理所之編制悉依照軍政部卅四年酉皓務參二代電頒布之戰俘管理所編制表實施，但各戰區（方面軍）得依需要酌情修改，並呈本會備案。

（4）管理所歸各戰區（方面軍）之戰俘管理處直轄。

（5）管理所之名稱為「第〇〇戰區（方面軍）韓籍官兵管理所」，如管理所在一個以上，則於韓籍官兵管理所上冠以「第×」字樣。

（6）韓籍官兵集中期限由各戰區（方面軍）視各地情形明令規定之。

（7）各戰區（方面軍）轄境內之韓籍官兵以指定一地集中為原則，至管理所設立數目之多寡，則視所收容韓籍官兵人數而定，惟每一管理所以收容三千人為度。

（8）各管理所之服務人員由各戰區（方面軍）首長選派以能明瞭中韓歷史關係與韓國情形，及富有國際政治素養，並精通日語或韓語之軍官及政工人員為合格。

（9）管理所對韓籍官兵之管訓，准與韓光復軍派員參加商酌辦理，並妥擬計劃呈核實施。

（10）管理所服務人員除照經已核准之管訓計劃實施管訓外，並須積極舉行個別談話，調查下列各項呈報戰區（方面軍匯轉本會）：

    1. 日本統制韓國時之概況（包括政治、經濟、教育、交通、工業、港灣、機場等之設施）

    2. 韓國各民族思想概要及各族名人詳歷及背景。

　　3. 韓人之韓國通史觀。

（11）各管理所服務人員之薪給，依照國軍官兵待遇，管理所
　　　之韓籍官兵准依戰俘待遇標準予以補給。

（12）各管理所之經費准依照軍政部卅四年酉皓務參二代電頒發
　　　規戰俘管理所之經費辦理，由軍政部編制列預算呈請政府
　　　支付，在未核定前由軍政部墊付。

（13）管理所之警衛視需要情形由戰區（方面軍）指派部隊或
　　　憲警擔任，受該所所長之指揮。

（14）各管理所如發現戰犯時，悉依照卅四年十一月二十九日
　　　令二宮第　號通令頒布之戰爭罪犯處理辦法辦理之。

（15）凡奉命集中之韓兵，不得攜帶違禁品（毒品、武器），
　　　至珍貴裝飾品與款項（五萬元以上）一律自行呈交各管
　　　理所暫存，俟將來遣送回韓時概予發還。

（16）凡不遵令集中之韓籍官兵，應由各戰區（方面軍）詳細
　　　調查並強迫執行。

（17）凡不遵守我國法律之韓籍官兵悉依法處理，情節至大者
　　　呈本會辦理。

（18）韓籍官兵輸送回韓計劃另訂實施。

（19）本綱要自頒布之日起實施至韓籍官兵遣送回韓適用之。

（20）本綱要如有未盡事宜，得依會令修改之。

　　2月間，蔣介石和何應欽還曾下令，與派遣一部分日軍從事
勞役不同，對韓籍官兵一律不准徵用，只待將來遣送歸國。[17]

17　參見上海市檔案館編，《中國地域韓人團體關係史料彙編》，第二冊，頁
　　389、172。

至於參與協助集中韓人事務的韓國光復軍和宣撫團，軍事委員會則於 1 月 10 日以代電開列了「經軍委會核准成立之韓國光復軍各部隊及駐地人數表」[18] 和「經核准韓國臨時政府轄下各團體表」[19]，以此作為進行合作的依據。

國民政府對韓僑產業的處理亦與日僑有異，1945 年 11 月 24 日行政院頒布《朝鮮及臺灣人產業處理辦法》，[20] 其中規定：凡屬朝鮮及臺灣之公產均收歸國有；凡屬朝鮮及臺灣人民之私產由處理局依照行政院處理敵偽產業辦法之規定接收保管及運用，朝鮮或臺灣人民凡能提出確實籍貫證明，並未擔任日軍特務工作或憑藉日人勢力凌害本國人民或幫同日人逃避物資，或並無其他罪行者經確實證明後，其私產呈報行政院核定予以發還。而在前一日頒布的《收復區敵偽產業處理辦法》[21] 中則規定，對日僑、德僑產業，無論公私，原則上均收歸中國中央政府所有。一年以後，

18 按照該表，光復軍總部設重慶，總司令李青天，下設三個支隊和駐北平辦事處，支隊下設區隊，區隊下設分隊，編制官兵共計八百四十一人。參見上海市檔案館編，《中國地域韓人團體關係史料彙編》，第一冊，頁 251-252。光復軍是韓國臨時政府屬下的武裝力量，1940 年 9 月建立於重慶，內設八處，下設四個支隊和一個分隊，分駐山西、綏遠、安徽、陝西、江西等抗日前線，協助中國軍隊收集情報，進行對敵宣傳、管訓日本戰俘、策動韓人反正等工作。該軍先是由中國軍事委員會參謀總長直接指揮，1945 年 3 月根據國民政府《援助韓國光復軍辦法》，改由韓國臨時政府直轄。

19 所列團體分別是韓國臨時政府駐華代表團（負責人濮純）、華北宣撫團（負責人李光，宣撫區以平津、膠濟、滄口、正太路為重心）、華中宣撫團（負責人李象萬，宣撫區以隴海路、新蚌埠等地為重心）、華南宣撫團（宣撫區為京滬區及閩粵浙等沿海各埠）。參見上海市檔案館編，《中國地域韓人團體關係史料彙編》，第一冊，頁 253。宣撫團直接隸屬於韓國臨時政府國務委員會，1945 年 11 月臨時政府主要官員回國後，宣撫團受該政府駐華代表團指導監督。

20 載《上海市政府公報》，第 2 卷第 8 期，1946 年 1 月 24 日。

21 載《上海市政府公報》，第 2 卷第 8 期，1946 年 1 月 24 日。

即 1946 年 11 月 4 日，行政院又頒布《收復區韓僑產業處理辦法》，[22] 就此問題給出了更詳盡的辦法：

第一條，收復區韓僑產業之處理除法令別有規定外，依本辦法之規定。

第二條，韓僑依法取得之產業，凡被日偽沒收使用或接收者，經查明證據確實後發還其原主。其與日偽合辦之產業，除其中屬日偽所有之部分應依敵偽產業處理辦法處理外，經查明證據確實後發還之。

第三條，韓僑產業包括附屬於該產業之債權，有左列情形之一者應予接管依法處分：

一、產業原屬非法取得者。

二、產業原為我國法令所禁止者。

三、產業所有人查係戰犯，或有其他不法行為經依法判處者。

第四條，凡已查封或由地方公私機關使用之韓僑產業，依本辦法不應處分者，得由原業主提出證件聲請敵偽產業處理機關審查，轉請行政院核定取保發還。

第五條，我國公私產業曾經韓僑藉日偽勢力或用不法手段強迫使用者，應由中國政府收回，其原屬私人所有者，查明確據取保發還。

第六條，中國政府處分韓僑產業時，應就各該產業總值以內清償，該產業所負擔之正當債務，其欠日偽之債應歸還國庫。

第七條，在東北九省之韓僑產業處理辦法另定之。

---

22 《上海市政府公報》，第 5 卷第 29 期，1946 年 12 月 27 日。

第八條，本辦法自公佈日實行。

總之，其基本宗旨在於保護和歸還正當韓僑的產業，同時對於有助日劣行的韓僑則予以接管處分。至於已經歸國的正當韓僑，以後若來華提出證據，仍可發還產業。

根據《波茨坦宣言》，在日本無條件投降以後，盟國方面有義務將海外日軍、日僑遣返歸國。對韓人的遣返是整個工作的一個環節。為了制訂遣送的大政方針和詳細計畫，中美雙方於1945年10月25日至27日、1946年1月15日至17日、2月6日分別在上海和東京召開了三次聯合會議。雙方約定：中國政府和中國陸軍總司令部負責將在華日人運送至沿海十二個港口集中；海運歸國主要由美國第七艦隊擔任，中國戰區美軍總司令部負責中方、第七艦隊、盟軍駐日最高司令部和日本船舶管理處的協調。對日人的集中遣返實際上從1945年末就已開始了，至於韓人，根據1946年1月11日中國陸軍總部的通令，「韓台人遣送，俟日俘僑運送完畢，再行遣送」。[23]但不久之後蔣介石又曾電令有關部門：「各省災情甚重，人民負擔維艱，所有在我國境之韓僑及韓籍士兵於交通情形許可時，應盡量速輸送回國。」[24]於是，不待日人輸送完畢，韓人的遣返亦從1946年初開始。韓人的集中地定在上海、青島和天津，駐韓美軍外務部預先向上述三港派出了聯絡隊負責接洽。遣返的高峰期是在春夏之交。2月7日至5月初，共有八批韓人一萬九千五百八十八人經天津回

---

23 中國陸軍總司令部編，《中國戰區中國陸軍總司令部處理日本投降文件彙編》，下卷，頁300。

24 「奉令飭盡速遣送韓僑及士兵回國具報」，天津市檔案館：J13/112。轉引自徐行，〈中韓關係史上的重要一頁——戰後天津暨華北韓僑的集中管理與遣返〉，《近代史研究》，2005年第4期，頁73。

國。[25] 3 月 3 日至 6 月 19 日有二萬零七百四十六名韓人從上海離華。[26] 與此同時，從青島返國的韓人也有三千多人。[27] 到 1946 年末，由美國船隻遣送回朝鮮南部的韓人已超過五萬八千人。[28] 此後，美方原則上不再專門提供船隻，基本由中國方面負責，零星的遣送一直持續到 1947 年乃至 1948 年。在遣送過程中，韓人亦需接受檢查、檢疫和衛生手續，[29] 但享有的待遇一般要優於日人，僅以隨身攜帶行李為例，韓人可攜帶二百五十磅，日本只可攜帶三十公斤，比例大致為 4：1。

　　與強制遣返幾乎所有日人的原則不同，中美雙方對於一般韓人採取的是自願歸國的政策，[30] 因此到 1946 年夏，即大規模遣

25　參見徐行，〈中韓關係史上的重要一頁——戰後天津暨華北韓僑的集中管理與遣返〉。

26　參見〈遣送韓僑返國，全國工作完竣〉，《申報》，1946 年 6 月 23 日，第 4 版。

27　青島市史志辦公室編，《青島市志・外事志》（北京：新華出版社，1995），第 4 篇第 3 章。

28　參見〈韓僑全部撤離中國〉，《大公報》（上海），1946 年 12 月 3 日，第 3 版。

29　檢疫和衛生手續包括：甲：各人均須受斑疹、傷寒、防疫、注射牛痘苗接種。乙：個人衣著行李均須以 DDT 消毒。丙：為避免他人之健康遭受威脅起見，凡患時疫及傳染性病者一概不准登船。參見上海市檔案館編，《中國地域韓人團體關係史料彙編》，第二冊，頁 421。

30　美國方面始終認為，韓人是被解放民族，因此是否歸國應以其自由意志為準，尤其應優先幫助貧困韓人歸國。參見〈韓僑全部撤離中國〉，《大公報》（上海），1946 年 12 月 3 日，第 3 版。中國陸軍總司令何應欽在 1946 年 4 月 10 日曾一度令所有在華韓僑於 4 月 15 日前歸國，但隨即又收回成命，採取自願原則。參見〈日技術人員及韓僑，頒命令限期遣送〉，《申報》，1946 年 4 月 11 日，第 1 版；邵毓麟，《使韓回憶錄》，頁 79。對於有意留在中國工作的韓籍技術人員，蔣介石於 1945 年 12 月 14 日指示，「韓國即將獨立，其國內當需大量人才」，因此希望「彼等靜待返國服務」。上海市檔案館編《中國地域韓人團體關係史料彙編》，第二冊，頁 194。在實際操作工作中，中國當局對兩類韓人的歸國實施了暫時性的限制手段，其一是在押的刑事罪犯或戰犯，其二是親共或共產黨分子。韓國臨時政府方面亦多次向中國方面表示，希望能對「赤色分子」歸國實施嚴格限制。參見上海市檔案館編，《中國地域韓人團體關係史料彙編》，第一冊，頁 31。

送之後，仍有相當數量的韓人因各種原因滯留中國。有鑒於此，6 月 20 日，陸軍總部與外交部等商洽後，頒布了新的《韓僑處理辦法大綱》，內開：在華韓僑應切實予以調查登記，依情形依下列各款分別處理：

（一）有戰犯嫌疑或有其他不法行為者應依法懲處或遣送回韓。

（二）對於行為善良有正當職業或在韓國代表團及其各地宣撫團任有職務之韓僑，如願留居中國者，准其繼續居留，並由地方當局核發居留證，但遇必要時仍得令其覓具殷實鋪保。

（三）合於前項規定之韓僑比照一般外僑管理辦法處理其財產，並應予以充分保護。[31]

這就為有職業的正當韓人繼續留華提供了法律依據。差不多同時，根據蔣介石的批示，有關韓、臺、德、奧人的僑務事宜開始由軍方轉歸外交部辦理，由此步入了和平時期的正軌。此時，因大部分韓人已經歸國，原先協助中國軍方遣僑的韓國光復軍和宣撫團，亦應使命完成而告撤銷。所留僑務，改由韓國臨時政府駐華代表團在各地設立的辦事處繼續協助辦理。如有韓人願意留居中國，則須填寫韓國駐華代表團印發的申請書，然後由該團各地辦事處核實其內容，證明其為善良韓人，在申請書上加印後送往各地方警察局，由後者核發居留證。

在處理韓人僑務時，還時常涉及到中韓聯姻問題。1946 年 9 月外交部經會商內政部後確定：「遇遣送時，如韓僑之妻為華女，且已依法脫離中國國籍，應視為韓婦一併遣送，如未經內政

31 上海市檔案館編，《中國地域韓人團體關係史料彙編》，第二冊，頁 105。

部許可喪失中國國籍，願否隨夫赴韓，任其自由決定，至其所生子女應為韓人。關於韓女嫁中國人者，留華與否可准自行決定。」[32] 11 月，內政部又頒布了《處理韓人入籍辦法》，其中規定：韓人於日軍在華占領區域內取得中華民國國籍，非經內政部核准，一律無效；韓女已為中國人妻者，應依照中國國籍法之規定，為取得中華民國國籍之聲請；國籍法對於外國人聲請歸化中國之規定，仍適用於韓人，但以無戰犯嫌疑，或其他不法行為者為限。[33] 顯然，韓人已享有一般外僑的待遇，而這是日人所不享有的。根據同日頒布的《處理日人入籍辦法》，「國籍法關於外國人聲請歸化中國之規定，對於日本人暫時停止使用」。[34]

1947 年 4 月，鑒於韓國國內黨派紛爭不斷，美、英、蘇準備對韓實施託管，建國前景暗淡，蔣介石指令國民黨中央祕書長吳鐵城制訂了新的對韓政策四原則。其中規定：

1. 對莫斯科會議決定之對韓託管不必表示反對，但應盡力促進韓國之早日獨立。
2. 維持與韓國獨立黨之歷史友誼，盼其能聯絡各黨派完成國內之統一。
3. 切實保護在華韓僑，以祛除因遣送韓僑所造成韓人對我國之惡感，並以加強中韓兩民族之友誼。
4. 對韓國駐華代表團應視為在華韓國臨時政府人員返國後，及

---

32 上海市檔案館編，《中國地域韓人團體關係史料彙編》，第二冊，頁 147。
33 參見〈處理日韓人入籍，內部頒兩辦法〉，《申報》，1946 年 11 月 13 日，第 8 版。
34 〈處理日韓人入籍，內部頒兩辦法〉，《申報》，1946 年 11 月 13 日，第 8 版。

新政府未成立以前韓國革命領袖與我國之聯絡機構。[35]

1948 年 8 月 15 日，大韓民國正式成立。中國政府隨即予以承認，兩國關係進入了新的時代。

這裡還要順便談一下東北韓僑的處理問題。東北是由蘇軍解放的，國軍進駐較晚，且所占區域有限，因此情形與關內不同，採取的政策也不同。韓人最早進入東北地區是在數百年以前。到「九一八」時，韓僑在東北約有一百五十萬人，占東北地區總人口的 5%，主要分布在延吉、延邊、琿春一帶，80% 從事農耕，且多為水稻。到 1945 年時，其總數已達二百一十萬人。戰後，當國軍進入錦州時，東北保安司令長官部首先成立韓僑事務處，專辦韓僑事務的登記，以後又改隸外交部東北特派員公署，處理有關韓僑良莠甄別、韓僑保障、戶口統計、產業處理、教育改進、難民救濟、水田增產等業務。1946 年 8 月 20 日，國民政府行政院祕書處還同意韓國臨時政府駐華代表團在長春設置該團駐東北辦事處。一般來說，國民政府對東北韓僑採取了寬大政策，對於善良韓僑准其繼續居留，願意回國者則護送出境，中方供給車船、吃住、衛生、醫療等一切費用。對其產業，也因東北情形特殊，由東北行轅參照現地情形，擬定頒布了《東北韓僑產業處理辦法》。至 1947 年初，已有約七十餘萬名韓人歸國，留居者一百四十餘萬。[36]

35 上海市檔案館編，《中國地域韓人團體關係史料彙編》，第一冊，頁 92。

36 參見〈東北韓僑〉，《大公報》（上海），1947 年 4 月 20 日，第 7 版；〈東北韓僑百態〉，《申報》，1947 年 3 月 3 日，第 7 版。

二

　　上海是中國最大的城市和港口，交通便利，與韓國相距不遠，是關內韓僑比較集中的地區。從 1870、1880 年代起，滬韓之間就有了頻繁的經貿和人員往來。上海也是韓僑革命的策源地，1919 年 4 月韓國臨時政府在法租界成立，復國志士演繹了一場場可歌可泣的英勇業跡。[37] 戰後，國民政府遣返韓人政策在上海地區的實踐具有典型意義！

　　日本投降後，湯恩伯為首的第三方面軍負責接管上海，繳械後的日軍官兵和韓籍官兵一同被關進集中營，接受第三方面軍日俘管理處管轄。直至次年 1 月 25 日，第三方面軍才奉命在日俘管理處之下設立韓籍官兵管理所，由管理處副處長鄒任之兼任所長，將韓籍官兵二千七百餘人單獨集中於江灣第十五集中營。與此同時，上海軍政當局雖然在虹口地區建立了日僑集中區，設立了第三方面軍日僑管理處，但始終未對韓僑實施集中管理，依然任其自由居住。直至 1946 年 4 月才成立了專門的管理機構——韓僑管理所，亦隸屬於日僑管理處之下。與之相應，韓國臨時政府在滬設立了協助集中和遣送韓人的機構，主要有韓國光復軍第一支隊第二區隊、[38] 特派中國華南宣撫團上海分團，[39] 臨時政

37 有關韓僑在舊上海的發展史，可參見孫科志，《上海韓人社會史研究》（北京：學苑出版社，2004）；趙重元，〈韓國獨立運動在上海（1911-1919）〉，臺中：東海大學歷史研究所碩士論文，1993；崔志鷹，〈舊上海朝鮮僑民的經濟及文化生活〉，《社會科學》，1994 年第 9 期。

38 抗戰勝利之初即告成立，區隊長李蘇民，編制十七人。辦事處先位於廣東路 51 號友好大樓 407 室，1945 年 10 月移至閔行路萬歲館內。11 月初，該區隊被金學奎領導的第三支隊取代，辦事處設於白保羅路（今新鄉路）1 號，下設祕書處、政治處、總務處、庶務科，全部工作人員三十三人，警衛隊約百人。

39 成立於 1945 年 12 月，分團長先後為金學奎、鮮于爀，張興曾短期代理，

府的其他重要機構也均在滬設有辦事處。此外，上海韓僑還有一個自治機構——上海韓國僑民會，[40] 受華南宣撫團上海分團督導。1948 年 8 月大韓民國成立後，該國又在滬設立了總領事館。[41]

　　勝利之初，滬上七千多名韓人的復國之心都很熱切，很多人想早點歸國，[42] 但因交通船隻缺乏，再加按照盟軍全盤統籌計劃遣返韓人應在遣返日人之後，所以只能暫時滯留。其中，除了少數因經商而稍富有外，多數人十分貧困，失業者比比皆是，還有一部分人因產業暫時受到凍結，處於旅費既無、動身亦難的境地！與此同時，散居華中地區的韓僑也按中國軍方的命令紛紛地向上海集中，其中有來自宜昌、長沙、漢口、九江、重慶、南京等地的，甚至還有河南、安徽一帶的。越南西貢也有一部分韓僑抵達上海，準備轉輪歸國。這些人流離多年，幾成空無一物之人，衣食都有困難。至 1945 年底，上海韓人已達約一萬三千至一萬四千人，多半已成難民。有鑒於此，旅滬的韓國僑民會設立了六處難民收容所，但因房屋狹小，只能收容一千多人。

　　下設僑務組、救護組和軍事組，1946 年 1 月遷至北四川路新鄉路 1 號韓國僑民團舊址，7 月解散。

40　成立於抗戰勝利之初，公選南宮燦為會長，申國權為總務。1946 年 1 月奉韓國臨時政府主席金九之命，更名為上海韓國僑民團。地址先在北四川路新鄉路 1 號，後遷至四川北路 166 號。1947 年 6 月改選金鉉軾為理事長。1948 年 1 月改選安定根為理事長，該會遷至海寧路 316 弄 21 號。1949 年1 月朴奎顯任理事長，2 月會址又遷至四川北路 807 號，改選高南極為理事長。1949 年 7 月 15 日自行解散。

41　總領事申國權，館址先設江西路 170 號漢密爾登大樓 105 室，後遷北四川路 20 號百老匯大廈內。

42　這一點和上海日僑明顯不同，日僑因本國已被炸成廢墟，深怕回國後就業、生計困難，多數不願離滬。

儘管已向富裕的韓僑呼籲捐款，但還是入不敷出，於是又會同中
國當局向聯合國善後救濟總署要求撥濟物資，結果配到了一部
分的麵粉、衣服、藥物等。在此過程中，新成立的中韓文化協
會上海分會[43]也組織了緊急救濟韓僑委員會，該會主委汪竹一，
副主任李若泉等，曾親向行政院善後救濟總署上海分署和上海
市社會局呼籲，請求對一千四百八十四名韓人實施救濟，其中
滬上七百五十四人，由漢口來滬者三百五十人，由南京來滬者
三百八十人。[44] 位於重慶的國民黨中央執行委員會亦多次指示上
海市政府要對過滬的韓籍人員，尤其是韓國臨時政府人員予以救
濟和照應。

　　日寇投降後，當了三十六年亡國奴的韓民族復國在即，上海
韓人又可以公開表達強烈的民族意識了。1945 年 11 月 5 日至 23
日，韓國臨時政府主席金九歸國途中在上海逗留，滬上韓人在虹
口公園舉行群眾歡迎大會。當時滿園高掛中韓兩國國旗，金九在
臺上的每一句有力發言，均博得韓人群眾的如雷掌聲。許多人熱
淚盈眶，高呼獨立口號，揮動國旗，甚至狂歡忘形。遙想 1932
年 4 月 29 日，就在這座公園，金九曾指派義士尹奉吉製造了轟
動世界的「虹口爆炸事件」，炸死炸傷日本高級官員多人。

　　1946 年 1 月 1 日，上海韓僑和韓國光復軍五千餘人又在虹口
公園舉行大會，旨在反對上月莫斯科美、英、蘇三國外長會議決
定託管韓國五年，要求儘快實現完全獨立。鮮于爀、李然皓、南

43　1942 年 10 月 11 日中韓文化協會在重慶成立，戰後在上海設立了分會。分
　　會位於圓明園路 209 號真光大樓 703 室，主要職能是救濟韓僑、接待來華
　　的韓國人士。
44　參見上海市檔案館編，《中國地域韓人團體關係史料彙編》，第一冊，頁 464。

宮爀先後發言，悲憤激昂，群眾歡呼不絕。大會最後一致通過致
中、蘇、英、美四強宣言書一份，以及致韓國朝野決議案五項。
會後大家由公園出發，沿途高喊「反對託管韓國」、「立即實現
韓國獨立」、「撤廢南北分裂狀態」、「韓國完全獨立萬歲」、
「中華民國萬歲」等口號。

　　1 月 31 日下午，韓國臨時政府華南宣撫團團上海分團還曾舉
行了一次記者招待會，到會記者共二十餘人。代理分團長張興報
告了該團使命、中韓關係及上海韓僑狀況等。他宣稱：過去韓僑
在華不法行為，多是日本人指使，希望不致影響將來中韓友誼；
韓僑不久即將返國，允許攜帶的物品數量應該超出日僑；韓國國
內日益團結，未來可能採取聯合政府的形式。中韓文化協會上海
分會鍾可託委員則報告了救濟上海韓國難民的經過，並希望中
國當局對處理韓僑財產及遣僑所帶財務規定，能給予審慎合理
的處置。

　　這一時期，韓人的社團和文化活動也趨向活躍，除中韓文化
協會上海分會、上海韓國僑民團之外，上海韓商總會、上海韓國
基督教會、大韓青年團、韓僑體育協會、《大韓日報》社和《韓民
報》社等也紛紛向上海市社會局請求登記，試圖合法活動或刊行。

　　如前所述，至 1946 年夏，大部分韓人業已歸國，僅有小部
分滯留。據 11 月統計，滬市韓僑尚有一千二百餘人，其中成年
男子約五百人，多為無業遊民，有正當職業者僅占十分之二。他
們鑒於謀生不易，多願歸國，故前往韓國僑民協會登記返國者約
有六百餘人。[45] 因此，中美方面及韓僑協會等又聯合組織了若干

45　參見上海市檔案館編，《中國地域韓人團體關係史料彙編》，第二冊，頁 402。

次零星遣返，其中規模較大的有：

1946 年 11 月 25 日前後，韓國臨時政府駐華代表團職員及眷屬一百零五人，以一般韓僑身分專輪啟航歸國。

12 月 4 日，韓僑在虹江碼頭乘坐美軍登陸艇 LST 543 號返國，其中成年男性一百七十八名，成年女性一百三十二名，孩童八十六名。此批回國婦女多為在虹江路一帶從事色情行業者。

1947 年 2 月，因中國大赦令被釋放之八十餘名韓籍犯人乘坐韓輪高麗丸歸國。

8 月 27 日，三百五十八名韓僑在黃浦碼頭乘坐菊丸輪返回釜山，其中含韓國臨時政府有關人員家屬等二十八人，由張興領隊。

1948 年 4 月 22 日，韓國臨時政府駐華代表團最後一批職員及眷屬三十二人離滬去天津轉乘美輪返國。

12 月 6 日，又一批韓僑乘坐美軍總部安排之立花丸歸國。[46]

至此，上海韓人已所剩無多。據 1950 年 11 月上海市人民政府的統計，本市韓籍人士僅三百五十八人。[47]

不容否認的是，在整個集中和遣返過程中，有兩對矛盾是十分明顯的！其一是韓人與中國方面的矛盾。儘管蔣介石和中央軍政當局三令五申要顧念中韓傳統友誼，對韓人實施優待，但各地韓人的生活境遇依然非常艱難，而且與中國各地方當局，甚至與中國國民的關係竟在不斷惡化。這一點在上海地區體現得比較明顯！1945 年 12 月，韓國光復軍總司令部駐滬辦事處曾致函淞滬

---

46 參見上海市檔案館編，《中國地域韓人團體關係史料彙編》，第一冊，頁 70；《中國地域韓人團體關係史料彙編》，第二冊，頁 442、516、479、453、425。

47 參見周明偉、唐振常主編，《上海外事志》（上海：上海社會科學院出版社，1999），頁 334。

警備司令部,訴說韓僑房屋頻被強占之事,內開:

近來滬市韓僑住屋疊生糾紛,或有偽造文件自稱屋主迫令遷出
者,或有自稱為承租人限令讓出者,或利用來歷不明之軍人指為
敵產暴力強占者亦有之。此類事件日益增加,若不早為之設法防
止,情形日就嚴重不堪設想等情。前來查其中不無少數住屋手續
未完備者,而手續完備合法者實居多數。際此抗戰勝利、政治日
上軌道之時,設房屋有爭執,應依法訴願,恭候裁決,謂為敵產
亦只當舉報接收委員會調查核奪,總不應用恐嚇強迫手段,遂其
鳩占。且此輩韓僑均是亟欲回國者,無寧容忍一時,以俟遷出。
竊揣此類事態之發生,恐由有組織有計劃之牟利暴力團所操縱
者,若任其猖獗滬上,韓僑生命財產毫無保障,將盡成流離街頭
之人,情形嚴重,實深憂慮。[48]

　　該函還請求警備司令部通令保護、維持現狀,使韓僑平安度
過歸國過渡期,以留下對中國的良好印象。次年 2 月,韓國臨
時政府特派中國華南宣撫團上海分團也曾公函上海市長錢大鈞,
告知強占韓僑房屋之事愈演愈烈,請求上海市政府出面制止,
維持韓僑居住權。[49] 3 月間,韓國獨立黨中央執行委員、韓國
臨時政府庶務局長林義鐸途經京滬時,「見當地人民對韓僑情感
欠佳」,亦致函國民黨上海市黨部「轉飭所屬對於善良韓僑特予
保護」。[50]

48　上海市檔案館編,《中國地域韓人團體關係史料彙編》,第二冊,頁 283-284。
49　上海市檔案館編,《中國地域韓人團體關係史料彙編》,第一冊,頁 162。
50　「上海市警察局行政處:保護韓僑案」,上海市檔案館:Q131-4-2079,頁 5。

　　3 月 10 日韓國臨時政府駐華代表團團長濮純致函國民黨中央祕書長吳鐵城，宣稱：各接收地區軍政當局多未能遵照國府的優待韓人政策，各地韓僑、韓俘備受虐待，不堪其苦，因此紛紛請求該團代為向中國地方當局交涉。但交涉之後卻並無改善，相反種種虐待，愈往愈深，慘狀頻報，該團因此直接向國民黨中央當局提出請求保護。[51] 隨函還呈上一份節略，請求吳鐵城轉交給正在召開的國民黨六屆二中全會。該節略內開：

京、滬、平、津、漢、青、濟一帶之軍政當局不遵照蔣公之意旨，對於韓奸（亦即戰犯）不予拘辦，反受其賄縱之逸去，或委以情報員、稽查員等名義，藉資掩護任其作威作福，法外逍遙。而善良僑民之財產竟予沒收，且強迫集中，並不准攜帶日用品，形同罪犯，任意毆打。該僑民等經警察、憲兵及流氓等輪流搜洗後，身無所存，形同乞丐，集中後又無食無衣，無被無床，寒濕襲人，多生疾病，饑寒交迫，日有死亡，怨恨在心，人人聲言回國後對於華僑必施以同樣之報復。而共黨則勾結韓奸，乘機煽動，以圖破壞敝臨時政府、光復軍及敝獨立黨等現在之局面，勢欲將造成韓奸及共黨之天下，此為韓僑最近困苦情形之一般也……再查各地韓籍士兵自與日軍分別集中後，其待遇之苛酷無法形容，多將數千士兵集於古寺破廟之中，既無軍毯，復無棉衣，日給二十五兩米及百元菜資，食不飽而寢不溫，兼之每日驅使苦役八小時以上，因之疾病死亡日增月多，人間地獄，含冤滿胸。且貴國軍憲如遇敝國光復軍，即賞以耳光，並說汝等為四等

51　參見上海市檔案館編，《中國地域韓人團體關係史料彙編》，第一冊，頁 39。

國民，何得揚長於途，甚至敝宣撫團之職員無故拘去，寄押數日後釋放。敝宣撫團據理質問，則竟謂余未見貴宣撫團之招牌云云，因之敝宣撫團之威信又被掃地，而共黨及韓奸輩聞之拍掌譏笑，謂宣撫團和僑民有何分別，又誰來哄人。凡此種種，皆為敝宣撫團及韓籍士兵困苦艱難之一般情形也。[52]

　　4月11日濮純再次致函吳鐵城，對中國有關方面將韓僑視同敵僑、一律遣送歸國的做法，及其他虐僑行為，表示強烈悲憤，並提出九項改善建議。[53] 有鑒於此，國民黨中央執行委員會曾致電上海市長錢大鈞，要求為貫徹對韓友誼之國策，「應視韓僑與敵寇殊異」，「對韓僑特予優遇」。[54] 類似的指令還曾發給平、津、青各市及鄂、魯兩省。儘管如此，情形依然沒有多大改善，4、5月間，仍有韓人反映：「集中在滬韓僑有士兵四千餘名及難民八九千餘人，均遭受衣食住之極端困難，按日病死一二人，患病者不知其數，其中有欲長住，但現上海僑民房屋逐日被迫移出露宿，慘狀目不忍睹。」[55] 由此，韓僑多抱怨中國政府保障不力，心中極為忿恨。[56]

　　1947年6月，即上海韓人絕大部分歸國之後，上海韓國僑民協會理事長徐丙浩仍致函市參議會參議長潘公展，要求市民對韓僑勿加歧視。原函稱：「抗戰時期上海淪入敵手，一部分韓僑

52　上海市檔案館編，《中國地域韓人團體關係史料彙編》，第一冊，頁41-44。
53　參見楊昭全、韓忠富編，《大韓民國臨時政府史料彙編》，頁530。
54　上海市檔案館編，《中國地域韓人團體關係史料彙編》，第二冊，頁257。
55　上海市檔案館編，《中國地域韓人團體關係史料彙編》，第二冊，頁296。
56　一部分韓僑歸國後，甚至發生了報復在韓華僑的惡性事件。參見〈韓國代表團招待記者，否認南韓排華說〉，《申報》，1946年11月8日，第2版。

被日人利用，為虎作倀，殊甚痛心，惟此輩不良分子，早已被遣
歸國，今尚僑居本市者，多係久住此地而有正當職業者。滬地一
部分人士對於昔日少數不良分子印象甚深，乃致發生誤會，而引
起房屋資產等糾紛，影響韓僑生活，請予主持正義，並關切友邦
僑民生活之安全，懇賜將此問題提出會議，俾能使韓僑與中國國
民之間增進友誼。」[57]

　　就在上述情形發生的同時，滬上韓人內部的矛盾也日益尖銳
起來。眾所周知，內耗不斷是韓國獨立運動的一大歷史特點。抗
戰時期，韓國獨立運動內部大約存在著十多個政黨團體，其中有
韓國獨立黨、韓國民族革命黨、韓國民族解放同盟、朝鮮無政府
主義聯盟、新韓民主黨等，關係錯綜複雜。金九領導的獨立黨控
制著韓國臨時政府，偏重於村建思想，實力最強，也最得國民政
府的扶植。其次是金奎植、金若山領導的民族革命黨，有社會主
義色彩。其餘都是小黨派。抗戰勝利以後，各派人士齊集上海，
為了在未來的國家政治生活中擁有更多的力量和發言權，繼續展
開原有的紛爭。其中尤以金九派人士利用其「執政黨」的地位，
著力占居上海韓僑社會的主導地位。最典型的便是發生了以獨立
黨的金學奎為一方（戰時在李品仙的第十戰區工作），民族革命
黨的李蘇民為另一方（戰時在顧祝同的第三戰區工作）的激烈爭
鬥，甚至引起 12 月 12 日光復軍的公開騷亂。

　　有關此事，1946 年 12 月 20 日上海市警察局泰山分局經調
查，向上級做過這樣的呈報：「日寇投降後，民族革命黨幹部李
蘇民到滬召集韓僑成立韓國光復軍第一支隊第二區隊，隊員約有

57　〈韓僑居留本市，請求勿加歧視〉，《申報》，1947 年 6 月 24 日，第 4 版。

六七百人，並聯絡韓僑巨商為其經濟後盾，以作復國後之政治競爭。而同時獨立黨金學奎亦到滬成立光復軍第三支隊，自任支隊長，但金氏未得僑民信仰，大都傾向李氏，於是遂生妒忌之心，旋向第三方面軍司令部報告李蘇民有共產嫌疑，由司令部將李氏逮捕。嗣經革命黨領袖金奎植、金若山等到滬力爭，始獲釋放……（李）被捕後，其部下士兵雖受金學奎收編，但頗多不服指揮，數有叛變及抗命等情事發生」。[58] 次年 2 月 11 日上海市警察局的另一份報告則稱：「（金學奎）令韓僑捐助該軍經費，一般韓僑不滿其所為，竟無人捐輸。故金學奎頗感經濟上之困難，乃創設韓僑警衛隊約七十餘名，其目的以取締韓奸為名，實則另有作用。該隊成立後，即非法逮捕韓僑六十餘名，其中除極少數外，均無確實罪名，益使韓僑憤懣，不願捐出一文，以致光復軍經費無著，一千三百餘韓籍士兵衣食不周。嗣推出代表五人，向金要求接濟，不但避不見面，且使武裝警衛隊囚禁該五代表，激起韓僑公憤，經派代表再三交涉後，始將五人釋放。最近光復軍參謀長李范奭及張興等由渝來滬，得悉前情，認為雙方均有不是之處，即飭令撤銷光復軍辦事處及韓僑委員會與解散警衛隊，至於被捕之韓僑，除李甲用等數人外，餘均釋放。韓籍士兵現被收容於江灣前日軍收容所內，正在準備遣送歸國」。[59]

獲悉光復軍的騷亂事件後，蔣介石即代電上海市政府、陸軍總司令部等，命令裁撤韓國光復軍駐滬辦事處及暫編支隊，將該隊官兵移交第三方面軍韓籍官兵管理所收容，並要求徹查真相，

---

58 上海市檔案館編，《中國地域韓人團體關係史料彙編》，第一冊，頁 234-235。
59 上海市檔案館編，《中國地域韓人團體關係史料彙編》，第一冊，頁 263-264。

「嚴禁以後韓人之自由活動，以免妨害地方治安」。[60] 此前，各地亦經常發生韓僑團體及光復軍未經中國政府核准、擅自活動之事，蔣介石擔心尾大不掉，於是早在 10 月 9 日便曾下令「凡未報經我國政府核准有案者，任何韓國團體及光復軍禁止在各地活動，以保主權而防流弊」。[61] 此後，陸軍總部又多次發出了類似的聲明和指令，並力圖限制日、韓人與中國民眾的接觸。中國方面這種加強控制的舉動，在某種程度上也加劇了韓僑的不滿情緒。在上海，宣撫團上海分團曾遭突然查封，其成員無處辦公。韓僑團體的登記申請和辦報申請，通常不被批准，他們的集會活動也受到了密切監視，親共的韓僑團體和人士更是中方的嚴控對象。

三

在遣返韓人的整個過程中，應當說中央政策層面是比較不錯的。關鍵問題是，為什麼實際操作層面與其有較大距離？馬長林的解釋是，「反映出國民政府的地方政府機構並不像國民黨中央委員會那樣，對韓國臨時政府系統的組織或韓僑團體的活動都採取支持的政策。實際上，這也反映出國民黨中央和國民政府對韓國臨時政府的支持政策還沒有成為整個政府系統自上而下十分明確的政策。」[62] 如果這一觀點能夠成立，這就使筆者產生了一個新的疑惑，即為什麼各地方當局不遵命令，在對韓人比較嚴苛

60 上海市檔案館編，《中國地域韓人團體關係史料彙編》，第一冊，頁 255。
61 上海市檔案館編，《中國地域韓人團體關係史料彙編》，第一冊，頁 200。
62 馬長林，〈抗戰勝利後韓人在華活動述略——以上海為中心〉，載大韓民國臨時政府舊址管理處編，《中國抗日戰爭與韓國獨立運動》，頁 242-253。

的同時，卻均能比較好地執行了蔣介石對日人「以德報怨」的
政策？這難道不是同樣的一個政府嗎？從遣返上海日人的資料
看，[63] 筆者很少發現日人像韓人那樣對中國當局有著如此深的
怨言，相反大都對中國不施報復的「大國民風度」心存不同程度
的感激。善待敵性之日人，卻慢待同盟之韓人，各地方當局的這
種傾向性似乎在邏輯上講不通，而且也顯然不能僅以是否忠實執
行了國民黨的中央政策來解釋。

在筆者看來，韓人受到不良待遇還有其他一些原因。

其一，戰後國民政府剛剛重返，百廢待興，各地方當局有太
多的事務需要處理，外僑遣返僅是其中一項，而韓人遣返又是整
個外僑遣返中的一小部分。各地方政府由於缺少足夠的時間、
精力和財力，因此對韓人事務沒有像對日人事務那樣付諸足夠
的重視。畢竟在中國的對外關係和國家安全上，中日問題遠比中
韓問題有著更為重大的價值。

其二，在接收過程中，政府官員出現了普遍的腐敗現象，作
為弱勢群體的韓僑自然也是他們「劫收」的重要對象。

其三，戰前戰時有部分韓人從事毒品販賣，甚至協助敵偽、
強占民產、欺負華人，所以中國民眾普遍對韓僑印象不佳，戰後
確有不分青紅皂白的報復之念。當時在一般上海人的心目中，一
提到「高麗人」便認為是「小東洋」、「二鬼子」，甚至比敵人
還壞。

其四，自 19 世紀以來，日本發動了多次侵華戰爭，尤其是

63　有關上海日僑的遣返，可參見陳祖恩，〈上海日本人居留民戰後遣送政策的實
　　相〉，上海《社會科學》，2004 年 12 期。

1937 至 1945 年期間給中國帶來了極大的損害。抗戰勝利以後，儘管中國人民揚眉吐氣，對在華日人充滿鄙視，但在潛意識裡，對這個曾經給自己帶了無窮苦難的民族，仍存有一定的畏懼之心，這仿若一個人面對一隻被關在籠裡的老虎。相反，韓國是一個小國，有史以來一直是個弱小民族，對韓人施加不利時，一般國人似乎沒有那麼多的顧忌。

此外，從歷史上看，中國民族似乎常常存在著這樣一種思緒，即恨漢奸要甚於恨「二鬼子」，而恨「二鬼子」又甚於恨「大鬼子」。

總而言之，將戰後韓人的遣返描繪成「中韓友誼的一頁」，是過於理想化和簡單化了。「同盟中有齟齬，扶植時帶控制，政策裡含善意，執行間出偏離」，這才是問題的實質。

戰後國民政府留用日籍技術人員
政策的演變及在上海地區的實踐 [1]

　　留用日籍技術人員，是戰後國民政府處置在華日籍人士的一
項重要舉措。鑒於中國科技水平的落後、技術人員的缺乏，以及
維持日廠接收後的運轉，國民政府有關部門本著「楚材晉用」的
目的，制訂出留用若干日籍技術人員的政策。由於它具有強烈的
現實功用性和純粹的技術特點，因而頗受經濟界和企業界人士的
歡迎。但是，在遣返日人歸國的基本問題上，中國與當時主導東
亞國際局勢的美國方面始終存在著較大異議，再加上戰火剛熄，
中國民間還普遍瀰漫著激烈的仇日情緒，因而使得整個留用工作
並不順暢。本文擬依據已刊文獻資料，並主要結合上海市檔案館
相關檔案，從中央、上海地方和具體企業三個層面來解析該政策
從醞釀、制訂到實踐的過程。[2]

1　本文修改自：《史林》，2011 年第 6 期（2011.12）。

2　近年來，有關戰後中國遣返或處置日人問題的學術成果頗多，涉及上海地
　　區的有：朱婷，〈抗戰勝利後國民黨政府的「留用政策」與「中機公司」〉，
　　《上海社會科學院學術季刊》，1998 年第 4 期；陳祖恩，〈上海日本人居
　　留民戰後遣送政策的實相〉，《社會科學》，2004 年第 12 期；呂佳航，
　　〈戰後上海日僑遣返研究〉（上海：上海大學碩士論文，2009）等等。側
　　重日籍技術人員留用問題的有：永島勝介著，劉晶輝節譯，〈最後留在「滿
　　洲」的技術集團──東北行營經濟委員會的日本人留用記錄〉，《黑河學
　　刊》，1990 年第 2 期；湯熙勇，〈臺灣光復初期的公教人員任用方法──
　　留用台籍、羅致外省籍及徵用日人（1945.10-1947.5）〉，《人文及社會科
　　學集刊》，第 4 卷第 1 期（1991.11）；褚靜濤，〈臺灣光復後日本移民的
　　遣返及徵用〉，《史學月刊》，2000 年第 6 期；阮炳嵐，〈留任日本人技
　　術者と臺灣鑛工事業の復興──国民政府「資源委員会」の戰後初期活動

一

　　1945 年 8 月 15 日日本宣布無條件投降。次日，日軍「中國派遣軍」總司令官岡村寧次大將據說在沮喪之餘，思考移交及戰後的中日關係時產生了如下想法，即「沒落的日本，此時所能協助中國者，惟有技術及經驗而已。因此心想，在接收之際也須本此宗旨辦好移交」。[3] 由此，岡村寧次於 8 月 18 日親自起草了《和平後對華處理綱要》，其中第七至第九條提出了具體設想：「（七）在華我僑民（包括中國方面新編地區）在中國方面之諒解與支援下，以努力在中國大陸工作為原則，特別是民間工廠、企業，以及個人工商業者，應改變與中國進行無用的競爭，發揮技術才能為中國經濟作出貢獻……。（八）對交通、通信、

　　（下）〉、《オイコノミカ》，第 37 卷第 3、4 号（2001.03）；歐素瑛，〈戰後臺灣大學留用的日籍師資〉，《臺灣教育史研究會通訊》，第 28 期（2003.08）；歐素瑛，〈戰後臺灣大學的接收與改制——以師資的留用與招聘為中心〉，《臺灣教育史研究會通訊》，第 32 期（2004.04）；吳文星，〈戰後初年在台日本人留用政策初探〉，《臺灣師範大學歷史學報》，第 33 期（2005.06）；歐素瑛，〈戰後初期臺灣大學留用的日籍師資〉，《國史館學術集刊》，第 6 集（2005.09）；楊子震，〈帝国解体の中の人的移動——戰後初期台湾における日本人の引揚及び留用を中心に〉，《東アジア研究》，第 13 号（2006.07）；陳樹衛，〈中國工礦業開發技術人力的形成與其存在意義的歷史評析——以戰後初期東北留用日籍技術人員為研究中心〉（雲林：虎尾科技大學資訊管理研究所碩士論文，2008）；米衛娜，〈抗日戰爭後北平市對日籍技術人員的留用〉，《北京社會科學》（2009.02）；莊建華，〈心境轉折——1946 年臺灣鐵路管理委員日籍人員留用狀況〉，《台史珠璣》，第 2 期（2009.12）等等。而以上兩種視角的交集，即研究上海地區日籍技術人員留用問題的，則有兩份成果值得一提，其一是上述朱婷的論文〈抗戰勝利後國民黨政府的「留用政策」與「中機公司」〉，其二是韓國學者金志煥的著作《中國紡織建設公司研究（1945-1950）》（上海：復旦大學出版社，2006），兩者均曾利用上海市檔案館館藏資料，分別揭示了留用政策在中國紡織機器製造公司和中國紡織建設公司的貫徹情況。
3　稻葉正夫編，天津市政協編譯委員會譯，《岡村寧次回憶錄》（北京：中華書局，1981），頁 44。

重要企業、工廠及公共事業等，日、中合辦國營企業中的日方社員，如一齊撤退，將使機構喪失機能，對社會及經濟造成嚴重影響。因此，應在日、中間重新訂立辦法，使日方社員逐步撤退。（九）日本新的技術專家，尤以日本的保密工業部門及採礦、農業等技術，應廣泛向中國公開，以利中國的發展。」[4] 岡村寧次與包括蔣介石、何應欽等在內的許多中國最高層將領有著良好的個人關係，其所謂的「綱要」主旨就是為了向中國方面示好，以換取後者對戰敗日軍和在華日僑的寬待。

而戰後中國當局首次有徵用日籍技術人員的正式表示應是在 1945 年 9 月 10 日。是日上午，中國陸軍總司令何應欽在召見岡村寧次（已受命改稱「中國戰區日本官兵善後總連絡部長官」）時訓示：「關於日本在華技術人員，擬斟酌情形，予以徵用。」岡村當即表示：「如有所規定，當遵命辦理。」[5]

9 月 30 日，何應欽在給岡村寧次的政字第二十一號訓令中正式提出了《中國境內日籍員工暫行徵用通則》（1945 年 10 月 1 日起施行），規定了徵用的最基本原則，即：

一、各接收委員會於接收各部門事業時對在華日籍員工得因必要分別酌予徵用。

二、各事業部門徵用日籍員工標準如下：

  1. 事業不能中斷，其技能無人接替者。

  2. 其技術為我國目前所缺乏者。

  3. 非徵用不能為業務上之清理者。

4　稻葉正夫編，《岡村寧次回憶錄》，頁 46。
5　中國陸軍總司令部編，《中國戰區中國陸軍總司令部處理日本投降文件彙編》，上卷，頁 104、106。

　　4. 情形特殊有徵用之必要者。

三、徵用日籍員工之待遇在同盟國與日本之和平條約未成立前僅
　　發給生活費，和平條約成立後如必需繼續雇用，其薪金另訂。

四、雇用之日籍員工應填具誓書，遵奉中華民國法令，服從主管
　　及首長之命令，並盡忠職務。

五、各部門徵用與不徵用之日籍員工分別冊報。

六、凡不予徵用之日籍員工照一般日僑處理辦法辦理。[6]

　　同日頒布的《日本在中國私人產業暫行處理辦法》第七條則
確認：「被徵用之日籍工作人員及其家屬所有之私有物品准其保
留自用，其住所由徵用機關指定。」[7]

　　10月20日，何應欽在給岡村寧次的軍補字第四十七號訓令中，
又推出了《中國戰區日本徒手官兵服役辦法》十條，其中第八條
專門涉及日軍中的技術人員，即「日本各級將校及技術人員，得
由各受降區依需要編入工程隊受中國工程處之指揮，擔任工程計
劃及工程指導，並負責傳達命令及監督日本徒手士兵作工」。[8]

　　12月1日，鑒於各地日僑中有許多人感到日本當前生活困
難、糧食缺乏，因而尋找各種理由滯華而不願回國，何應欽致電
各部明確表示：「所有日僑凡非經許可徵用之技術人員，一律不
准留華。」[9]同月18日，中國陸軍總司令部為加強管理，通令在

6　中國陸軍總司令部編，《中國戰區中國陸軍總司令部處理日本投降文件彙
　　編》，下卷，頁182。

7　中國陸軍總司令部編，《中國戰區中國陸軍總司令部處理日本投降文件彙
　　編》，下卷，頁181。

8　中國陸軍總司令部編，《中國戰區中國陸軍總司令部處理日本投降文件彙
　　編》，下卷，頁49。

9　「上海市民政局與上海市政府關於日籍技術人員處理事項的來信文書」，
　　上海市檔案館：Q119-2-522，頁5。

原有《中國境內日籍員工暫行徵用通則》的基礎上再增添兩項新規定，即：

1. 各地區徵用日籍員工手續，由徵用機關呈請各受降主官，收用日僑，則呈報省市政府核准後，向各該日俘僑管理處（所）逕行調用，由各受降主官或省市政府報部備查。

2. 已徵用之日籍員工，應於電到後冊報一次，嗣後每半月報部一次。[10]

　　值得一提的是，這一時期，何應欽對日本國內的技術專家，尤其是軍事技術專家一度非常感興趣。根據岡村寧次的回憶，何在私下裡曾多次向其表示：「日本已完全廢除了軍隊，一些優秀的軍事技術家也不需要了，這太可惜。我想招聘他們，連同所需要的器材，祕密運送到中國內地如重慶等地進行工作，請你們妥善從中斡旋。」[11]岡村因此派人回國募集，但因受駐日美軍阻止而未果。

　　與此同時，中美兩國合作進行的遣送三百萬在華日人的海運工作業已啟動，雙方開始出現了較大分歧。美方根據《波茨坦宣言》的精神，希望盡可能快地將海外日人盡數遣送回國，用以清除日本海外侵略勢力的殘餘，而中方則力圖留用更多的日籍技術人員以為本國戰後建設之用。10月上中旬，何應欽和駐華美軍司令官魏德邁在南京進行洽商，最後雙方達成了折衷性的原則，即：所有中國境內各機關部隊、學校、工廠徵用之日籍人員不論其志願留華與否，除臺灣可准留二萬八千名至 1947 年 1 月 1 日

10 中國陸軍總司令部編，《中國戰區中國陸軍總司令部處理日本投降文件彙編》，下卷，頁 321。

11 稻葉正夫編，《岡村寧次回憶錄》，頁 110。

外，其餘地區日人統限於 1946 年 4 月底以前送至各該轄區之港口集中，於 5 月底或 6 月中旬分別予以遣送返日。[12]

　　鑒於魏德邁將軍建議「中國工業及公用事業如須雇用日人，則上級之日籍管理員應予除去，使日人無從繼續控制此項事業」，行政院於 1946 年 1 月 5 日向所屬部門發出訓令，要求：

一、本國工業及公用事業，遇有雇用日本技術人員之必要時，得遴選優良人員暫為雇用。

二、雇用日本人員應受中國職員之指揮監督。

三、遇有一部分技術工作有交由日本技術人員暫為管理之必要時，應加派中國職員妥為監視，並遴派中國職員接添其管理任務。[13]

　　為了與美方的整個海運計畫相合拍，1 月 20 日中國陸軍總司令部又通令增添了數項新規定，即：「我國所要者，為技術人員，各機關工作如因一時無人接替，准繼續徵用日籍技術人員照前頒《中國戰區日籍人員暫行徵用通則》，請各受降主官核准後徵用，然後報本部核備，惟應分願意留華及不願留華兩種，願意留華者，可長期徵用，如不願意留華者，則應於最後一批運輸時，遣送回國；徵用日籍技術人員按國際通例規定，不給工資，如技術人員工作努力或成績優良者，可由各徵用機關酌情給予獎金；徵用技術人員之眷屬，理應遣送回國，如有因生活問題或影響工作效力時，可由徵用機關斟酌實際情形，暫准其眷屬留華，

12　參見「留用日籍技術員法規及中美交涉留用日僑人數」，國史館：020-010118-0018，徵用日籍技術員經過概要及討論事項附件一：前陸軍總司令部卯微慎健電摘要。

13　「中國紡織建設公司留用日本技術人員的規定、通知及留用情況、名單、薪額等」，上海市檔案館：Q192-25-59，頁 4。

但給養住宿由徵用機關負責並速將徵用技術人員及眷屬人數等
報備。」[14]

除軍方以外，1 月 30 日，國民政府最高行政機關——行政院
也藉下屬的國防部召集有關部門商議出了徵用日籍技術人員九項
辦法：

一、徵用標準：凡徵用之日籍技術員工，係以志願留用為原則。

二、待遇：徵用日籍技術員之待遇，以比照我國同等職務之待遇
　　給予為原則，倘各機關未給予同等待遇者，應自卅五年十
　　月分起開始實施。

三、職務：徵用之日籍人員僅可擔任技術工作，不得使任經理、
　　廠長等行政職務。

四、身分：徵用之日籍人員對外之志願留華服務，對內之徵用，
　　其名義由各徵用機關自行決定，惟不得加以歧視。

五、匯款問題：關於徵用日籍人員匯款日本辦法，請財政部擬
　　訂之。

六、通訊問題：關於徵用日籍人員與日本通訊辦法，請交通部擬
　　訂之。

七、詳查徵用人數：由各徵用機關確查徵用人數，分技師、技
　　工、眷屬等分別列表通知國防部匯辦。

八、將來承辦徵用日人主管機關，先由國防部第二廳將徵用人數調
　　查確實，製成表冊後移請行政院接辦，並通知各有關機關。

九、將來承辦遣俘工作主管機關，由國防部第二廳將辦理經過情

---

14 中國陸軍總司令部編，《中國戰區中國陸軍總司令部處理日本投降文件彙
　　編》，下卷，頁 321-322。

形及待遣人數列表移請行政院接辦。[15]

　　大政方針和基本規則雖然確立了，但實際貫徹則又是另一回事。國民政府不僅對蘇軍解放的中國東北地區和中共各解放區缺乏控制力，[16] 即便是國統區內部（各戰區）也是情況各異、複雜多端。最尖銳的爭執通常發生在國共之間，雙方都指責對方故意扣押大批日籍技術人員，用於壯大自己的力量。由於各種因素的掣肘，雖然全國範圍內遣送日人的整體工作進行得較為順利，但日籍技術人員的留用及遣送事宜卻不盡人意，並日益成為國共、中蘇、中美之間一個敏感的問題。根據中國陸軍總部的數字，截至 1946 年 5 月底，除東北以外，全國留用日籍技術人員共三萬五千六百四十五人。[17] 又據國防部的統計，至次月底，已解徵遣回的日籍技術人員僅三千餘名，「各機關多利用日籍技術員名義強迫徵用非正式技術人員（如印刷兵、司機等）」，「且各地區迄今尚有隱密不報之情事」。[18] 岡村寧次方面提供的數字也大致相仿，至 1946 年 6 月 24 日，日人被留用和徵用者概數如下：[19]

15　上海市檔案館：Q192-25-59，頁 22。

16　有關中共區域對日籍技術人員的留用概況，可參見中國中日關係史學會編，《友誼鑄春秋：為新中國做出貢獻的日本人》，卷1、卷2（北京：新華出版社，2002、2005）。

17　參見「各地留用日僑名冊（三）」，國史館：020-010118-0012，頁 13。

18　「留用日籍技術員法規及中美交涉留用日僑人數」，國史館：020-010118-0018，徵用日籍技術員經過概要及討論事項（1946 年 10 月 20 日，國防部）。

19　參見稻葉正夫編，《岡村寧次回憶錄》，頁 111。

日軍	829 人	日僑	36,521 人
北平、天津、保定	35 人	正式留用	27,883 人
山西	691 人	非正式留用	6,955 人
南京	17 人	其他	1,683 人
武漢	15 人		
廣州	13 人		
海南島	58 人		

　　顯然，中美雙方的原計畫已成泡影！鑒於國內外對此非議頗多，蔣介石於 7 月 16 日致電督促有關部門，稱：「密查各機關工廠等所徵用日籍技術人員均准予徵用至本年底為止，屆時即予遣送返國，並應從速選派本國技術人員接替工作，倘有日籍人員志願長期徵用者，應將留用志願書及名冊等一併列報國防部憑辦為要。」[20]事實上，國民政府內頗有一些高級官員對於繼續留用相當數量的日籍人員寄予期望，例如行政院長副院長翁文灝就以為，「今後在相當期間，仍有留用必要，今後實行拆運日本機件來華，勢將延長此留用期間」。[21]又如，副總參謀長白崇禧與前日軍「中國派遣軍」參謀副長今井武夫「就留用問題進行了熱情的祕密談話」。[22]

　　針對中國政府當局違反先前約定，並在遣送日籍技術人員的問題上表現出拖延和消極的態度，美國方面頗為不悅。[23] 1946

20　「留用日籍技術員法規及中美交涉留用日僑人數」，國史館：020-010118-0018，
　　徵用日籍技術員經過概要及討論事項附件二：主席蔣「防」1946 年銑電摘要
　　（7 月 16 日）。

21　「留用日籍技術員法規及中美交涉留用日僑人數」，國史館：020-010118-0012，
　　頁 14。

22　稻葉正夫編，《岡村寧次回憶錄》，頁 110。

23　就這一點，甚至連岡村寧次也看出來了，「美國好似對中日合作的氣氛感到
　　不快，這從中國方面的言行中也不難推測出來」。稻葉正夫編，《岡村寧次
　　回憶錄》，頁 110。

年 5 月，美國馬歇爾將軍曾致函中國外交部詢問日籍技術人員的
人數和留用期限問題。[24] 7 月 6 日，美國駐華大使館外交官史麥
斯更是給中國外交部長王世杰發來了美國政府帶有一些責難色彩
的照會，內開：

中國政府當能同意，設若允許大多數日籍僑民留居中國，縱非全
體，彼等可能祕密企圖在當地規復日本之權勢，尤其在日人占有
優勢之臺灣、東北及華北若干地區，此項危險益為深巨。欲免是
項危險，最安莫如將中國境內之日人遣送回國。然則在另一方面，
若干地區之中國主管當局曾表示有繼續徵用若干日籍技術人員之
必要，此等中國主管當局指稱，由於日籍技術人員保有職務上及
技術上之才能，而熟練之中國人員為數不敷以接替彼等之位置，
彼輩日籍技術人員遂成為中國若干地區之經濟生活及大眾生計所
必不可少。

美國政府始終認為，為遵守菠次坦宣言及免除中國境內日本惡勢
力可能復起之危險，所有在中國之日籍人民均宜於最近遣送回
國，姑不論中國政府可能有充分理由，主張日僑包括所有自願遣
送者在內盡速遣送回國之必要。美國政府並認為准許留用者應僅
限於若干賦有職務上技術上專長，而中國政府一時無適當人材接
充之日僑，且過去紀錄能證明彼等並不危害中國之和平與安全
者。尤其是此等允許居留之專家，應能確切證明彼等並無所有主
或重要之管理人地位，彼等在中國並無實際財產利益，亦未代表

24　參見「各地留用日僑名冊（三）」，國史館：020-010118-0012，頁 12。

是項利益，同時彼等並非極端軍國主義會社之社員。[25]

　　針對該照會，中國外交部經與國防部、行政院商洽後於 8 月初給出答覆，大意是：中國政府留用日籍技術人員，「乃經本人志願且為使若干工礦、交通事業不致停頓，在此過渡期間暫行留用者，此類留用日人，既不居於管理人地位，亦非任何財產之業主或代表人，本國技術人員訓練就緒後陸續將彼等工作予以接替，而將其遣送返日」。中方在內部也承認：「美方顧慮各點頗堪注意，此項技術員工似應由我方積極訓練，以利接替。」[26]

　　9 月 3 日，《申報》紀念特刊第 1 版刊出了〈勝利後一年中遣送日僑俘工作〉一文，內稱：「關於徵用日僑俘中之技術人員，為我國政府服務一節，因降書上並無明文規定，留華服役的日人，眼前尚有二萬七千八百九十二人。服務期限，將延長至今年底為止，不再繼續」。次月，又據國防部的統計，當時全國各地區留用日籍技術人員及眷屬共有四萬五千二百六十四人，詳見下表：

25　上海市檔案館：Q192-25-59，頁 16-17。

26　「上海市政府關於日籍技術人員徵雇辦法的訓令」，上海市檔案館：Q6-15-300，頁 15-16。

徵用日籍技術員人數表（1946年10月15日）

地區	技	術					類			眷屬人數	合計	徵用時間
	礦務	工廠	鐵路	運輸	通信	衛生	工程	文化	其他			
南京地區	20		12			7		2	9	21	71	本年底止
上海地區	23	231	1	14	17	70		136	630	1397	2519	·
安慶地區						11			1		12	擬俟裝已解撤撤退
九江地區						8			1		9	本年底止
徐州地區	34	38	68	109		35	2		109	27	422	'' ''
海州地區		12				13			25		50	'' ''
濟南地區		47	8	51		41	1		43	591	782	'' ''
青島地區	7	62	19	4		12			62	171	337	'' ''
天津地區		280		1		10	27		120	432	870	'' ''
北平地區	4	27	49				2		380	44	506	'' ''
大同地區（包括大眾）	62	168				11	33		26	1045	1345	'' ''
鄭州地區						2			22		24	'' ''
漢口地區	4	115	12	12	5	34	3	3	136		324	'' ''
廣州地區	1								56		57	'' ''
海南島地區	19										19	'' ''
杭州地區			3			3			4	1	11	'' ''
台灣地區	881	386	329		317			451	4663	20182	27209	'' ''
包頭地區		3		1		5	6		10		25	'' ''
東北地區	856	61	602		637	1140	1352	78	5946		10872	'' ''
總計	1911	1430	1103	192	976	1402	1423	673	12243	23911	45264	

本表所列徵用僑根據本年九月十五日以前各期限受降主官及省市政府暨各機關工商局管理調解而成，
徵用令由中國陸軍總司令部以中國技術及理員部、陸（卅五）年號規第三號令頒佈。

圖片來源：「徵用日籍技術員經過概要及討論事項」，國史館館藏號 020-010118-0018，頁47。

　　對上述人員的遣送工作，斷斷續續，困難重重，實際上直至1949年中國大陸易手時也未完全結束。正如岡村寧次所言：「在全部撤退以後，我估計還有相當數量的徵用者、留用者、『潛在者』留於各地。」[27] 其間，國民政府行政院還曾於1947年11月18

27 稻葉正夫編，《岡村寧次回憶錄》，頁111。

日公布了《管理各機關團體徵用日籍技術員工辦法》，[28] 作為該階段全國性的法規依據。

第一條，管理各機關團體徵用日籍技術員工除法令另有規定外，依本辦法行之。

第二條，凡經核准徵用日籍技術員工之機關團體應將證明文件送由當地警察機關或縣市政府（以下簡稱管理機關）登記，徵用期滿經核准繼續徵用時亦同。

第三條，徵用之機關團體對徵用員工應負監視之責，遇有可疑行動，隨時報知管理機關。

第四條，徵用員工及其眷屬住址，非報經管理機關核准，不得自由遷移，如遇出生、死亡、婚姻等事，並應報知管理機關。

第五條，徵用員工及其眷屬，一律由管理機關製發身分證（七歲以下幼童附注於監護人身分證）隨身攜帶，以資證明。

第六條，徵用員工及其眷屬，犯有刑事案件被拘捕時，應迅速通知管理機關備查。

第七條，徵用員工及其眷屬所有電信，均須經管理機關檢閱。

第八條，徵用員工及其眷屬之團體活動及組織，應受管理機關之監督管理。

第九條，為防止失蹤、逃亡及一切不法活動，凡徵用員工應舉辦五人連環保，填具保證書二份，送管理機關存查。

第十條，本辦法自公布日施行。

---

28 上海市檔案館：Q192-25-59，頁 62-63。

二

　　上海不僅是日僑俘的重要集中地，同時也是華東、華中地區日僑俘遣返過程中的主要中轉站。1945 年 10 月 1 日，在狄思威路（今溧陽路）117 號成立了針對日僑工作的中國陸軍第三方面軍上海日僑管理處，與其合署辦公的還有專門負責日俘事務的第三方面軍京滬地區戰俘管理處，兩處處長均由第三方面軍參謀長王光漢中將兼任。根據 1945 年 10 月 8 日王光漢透露的數字：8 月中旬日本投降時，上海一地共有日籍僑民共六萬四千五百零四名，此後奉命集中來滬的日僑有二萬九千九百五十七名，當前上海共有日僑九萬四千四百六十一名。「對日僑中之技術人員，已允其登記，由本處考核後，即為之指導就業，各界如欲雇用，可向本處申請。」[29]

　　根據上海日僑管理處制訂的《日籍技術人員登記考核及就業指導辦法》，[30] 相關登記工作隨即展開。

一、本辦法係遵照第三方面軍民國三十四年九月二十四日第四四號訓令訂定之。

二、凡日籍技術人員應將姓名、年齡、性別、原籍、現在住址、電話號碼、出身、專門技能、詳歷、願意擔任何種工作等事項，用普通中國十行紙，以毛筆填寫一式二，連同證明文件徑交本處日籍技術人員登記處申請登記，聽候考核通知。

三、凡已登記之日籍技術人員經考核認為合格者，由本處在其申

29　〈日僑管理處昨日招待記者，報告工作概況〉，《民國日報》（上海），1945 年 10 月 9 日，第 2 版。

30　「上海市政府接收物資管理處日僑管理處工作報告」，上海市檔案館：Q3-1-23，頁 14。

請書上批注就業範圍。

四、在本辦法公布前已受雇用之日籍技術人員，應於本辦法公布日起五日內向本處申請登記。

五、本處就日籍技術人員登記類別分門編造統計，隨時公布。

六、各機關、工廠、學校、商行如需雇用該項日籍技術人員，須經本處審查允准。

七、凡日籍技術人員經本處指派工作奉到通知後，應領取服務證（如附表一）前往服務。

八、凡日籍技術人員於服務期內應遵守該工廠、學校、商行主管長官之命令。

九、日籍技術人員之生活待遇由本處會商雇用機關規定。

十、日籍技術人員於服務期內病傷或事故時，由該機關、工廠、學校、商行轉告本處備案，但其用費仍由該雇用處所擔負。

十一、日籍技術人員有怠工及不規則行為時，應先轉告本處予以警告或懲罰。

十二、日籍技術人員有所改良發明時，經本處審核予以獎勵或代為呈請專利。

十三、本辦法有未妥善或未及規定事項，得隨時呈請修改或增訂之。

十四、本辦法自公布日起施行。

　　至 11 月 22 日登記日籍技術人員共三千一百一十五人，專業技術可大致分為鐵道、船舶、航空、通信、重化學輕工業（內分重工業、化學工業、紡織、其他）、電氣、水道、土木、醫療、獸畜、礦業、其他等十幾個部門；就技術程度而言，甲等八百七十四人，乙等一千二百八十九人，丙等七百四十七人，丁

等二百零五人。上述人員，有的已被相關部門留用，有的則尚在失業閒散中。[31] 是年底，第三方面軍上海日僑管理處向留用日人頒發了貼有一吋半身照片的黃色出入證，1946 年 4 月 1 日起則改為白色服務證。其間，該管理處還根據陸軍總部所頒之《中國境內日籍員工暫行徵用通則》訂定了《日籍技術人員徵用或雇用辦法》，[32] 作為本地實行的基本依據。

一、本辦法係根據部頒《中國境內日籍員工暫行徵用通則》訂定之。

甲、國營事業徵用辦法：

二、國家設立之機關、工廠、團體、公用事業、交通機構等，如因左列原因必須徵用日籍技員時，得以正式公文說明其某種原因，擬徵用某種技員工之數目、期限等，通知本處。本處接得是項通知後，即行指定某種技術員工規定日期到處聽候考核選用，同時通知徵用機關於規定日期派遣專門人員，並協同考核必備品物來處，會同本處主辦人員盡優考選徵用。徵用日籍技員必須具有左列情形：

1. 事業急需繼續，其技能暫時無人勝任者。

2. 其技術為我國目前所感缺乏者。

3. 情形特殊有徵用之必要者。

三、徵用機關選定技術員工後，再經本處對各該技員之思想詳加考察（考察期暫定為一星期），認為純正可予徵用，即行填發服務證，准許前往服務。如徵用機關急需徵用時，則

31　參見上海市檔案館：Q3-1-23，頁 26。

32　上海市檔案館：Q6-15-300，頁 19-20。

可由該機關另以書面說明急徵原因，經本處核准後，而思想考察手續即由該機關自行辦理，送本處備查。

四、其他徵用技術員工之待遇，及應辦理之手續，均應遵照部頒通則，由各徵用機關自行辦理，不再另行規定。

乙、民營事業雇用辦法：

五、凡民用之工廠、公司、商店，以及其他事業團體，如急需某種技術員工，或深知某技術員工技術優良，能使某種實業獲得進步而對國家有貢獻時，則可由各該廠商具可靠鋪保，連同雇用數目及時期，具文向本處申請分配雇用（附保證書）。

六、本處接得上項申請雇用書時，應先派員查保與雇用者請雇理由是否確實，然後按第二條後項規定，辦理選雇手續。

七、雇用者選定技術員工後，再經本處對各該技術員工之思想詳加考察（考察期暫定為二星期），認為思想純正後，即行繕發服務證，准許前往服務。

八、雇用技術員工之薪金應由本處酌量實際情形決定之，而被雇之技術員工在同盟國與日本和平條約未成立前，僅能得生活費（其數目亦由本處規定），其多餘之薪水數，應由雇用者按月捐送救濟失業穩妥慈善機關，並按月將是項收條，呈送本處備查。

丙、附則：

九、徵用機關及雇用者對日籍技術員工於服務期間之傷病及不正當行為，或對事業上有所改良發明之待遇獎勵等，均遵照本處前訂之《日籍技術人員登記考核及就業指導辦法》一之十、十一、十二條辦理之。

十、徵用機關或雇用者，對被徵或被雇之技術員工解徵或解雇
　　時，應先備文隨同該技術員工送交本處管理，不得任其自由
　　他往。

十一、本辦法如有未盡事宜，得呈請司令部修改之。

十二、本辦法呈奉司令部核准後施行。

　　至於日軍戰俘方面的情況，另據王光漢於 1945 年 12 月 16
日透露，第三方面軍京滬地區戰俘管理處「現轄戰俘共廿四萬
五千二百六十四人，其中有技術人員二萬九千五百七十二人留
用」。[33] 運載大批日僑俘的首艘海輪於 1945 年 12 月 4 日從上
海港出發駛往日本，以後的近一年間，海運工作持續不斷，進
入了高潮期。1946 年 4 月 11 日上海港口司令謝灝齡曾告訴新
聞界：截至 4 月 10 日，上海港口業已運出日僑俘共計四十萬
八千四百七十七名，約占華中區日僑俘總數的一半，當前上海、
九江、漢口、鄭州等地候遣送者總共四十三萬三千零五十八，其
中上海為四萬七千六百零一名。[34] 至 10 月間，遣返工作已基本
結束，以技術人員名義留在上海的日本人包括家屬在內，尚有約
三千人左右。鑒於此時上海日僑管理處業已取消，「對於此輩日
僑既無統一之管理，僅有各雇用機關自行約束，頗有疏忽寬縱之
處，致生活者逍遙者有之，為非作歹者亦有之，而真正之技術人
員，亦有因雇用機關本身缺乏經費或設備等種種關係，工作未能
開展」，[35] 當局遂決定將剩餘的日僑改由位於江灣高境廟的國

33　王弘之，〈日戰俘集中營參觀記〉，《文匯報》，1945 年 12 月 17 日，第 2 版。
34　參見〈華中區日僑俘半數運出，待遣者尚有四十三萬〉，《申報》，1946
　　年 4 月 12 日，第 3 版。
35　〈留華日僑留戀不去〉，《申報》，1946 年 10 月 7 日，第 5 版。

防部戰犯管理處代管。於是至 1946 年底，留滬日僑總數下跌至
一千七百九十六人，其中有業者七百三十九人，無業者（眷屬）
六百八十九人，失業者七十三人，十二歲以下者二百九十五人。
他們亦均為獲得「行政院認可之各機關留用證明文件」之人員及
其眷屬。[36] 1947 年 4 月，日籍留用人員又改由上海市警察局行
政處外事科負責管理，該科專設一「日僑管理股」處理各項與日
僑有關事務，如：編造日僑戶口清冊；檢查來往信件；處理日僑
居住房屋之糾紛；審查日僑互助會所辦之日僑學校所用之課本，
教導日僑養成民主思想；辦理日僑五人聯保，以防日僑發生逃匿
情事；對無留華必要或有其他企圖者，業經查明予以遣送回國等
等。[37] 此後，該局頒布了《審查留用日籍技術人員辦法》（1947
年 7 月 12 日）：[38]

第一條：本辦法依據上海市警察局管理留用日僑暫行辦法第五條
　　　　訂定之。
第二條：本市各機關團體留用日籍技術人員除法令另有規定外，
　　　　均須遵照本辦法之規定辦理。
第三條：各機關團體非有左列情形之一不得申請留用。
　　　　甲、該項技術人員技術卓越而為國人所不及者。
　　　　乙、無日籍技術人員其生產事業即有停頓之虞者。
　　　　丙、日籍技術人員所任事務雖為國人所能，而一時並

36 參見〈滬日僑俘人數尚多〉，《申報》，1946 年 12 月 20 日，第 5 版。
37 參見〈在滬非戰犯日人，移歸市警局管理〉，《申報》，1947 年 4 月 3 日，
　　第 4 版；〈戰俘管理處結束尚有待〉，《申報》，1947 年 5 月 4 日，第 4
　　版；秘書處編印，《上海市第一屆參議會第四次大會會刊》（1947.10），
　　頁 13，施政報告。
38 上海市檔案館：Q192-25-59，頁 29。

　　　無適當繼任人選者。

　丁、有特殊技能供獻中國增加生產，經本局調查認為屬
　　　實者。

　戊、雖無特殊技能，但經上海留用日僑互相會負責人之
　　　聲請，因協助辦理留用日僑事務之需要，並經本
　　　局認可者。

　己、國際結婚者（日本婦女嫁與中國人及其他國人者）。

第四條：遇有左列情形之一者應予遣送回國。

　甲、經本局審查認為不需留用者。

　乙、原留用機關團體自行解雇者。

　丙、不服從留用機關團體之規章者。

　丁、在服務之機關團體內發現有政治活動者。

　戊、違反中國法令或受刑事處分者。

　己、自願回國者。

第五條：留用機關團體應於本辦法公布後一個月內將事實需要並
　　　開具擬留用人之姓名、年籍及其擅長技能、擔任職務，
　　　申請本局審核。

第六條：各機關團體留用日籍技術人員，經本局審核認為確屬需
　　　要者，發給准予留用證明書。

第七條：凡未經本局核准留用之日籍人員，無論公私機關團體一
　　　律不得繼續留用。

第八條：經核准留用之日籍技術人員，應由留用之機關團體向
　　　本局出具保證書。（保證書式樣另訂之）

第九條：經核准留用之日籍人員及其眷屬，應由留用機關供給住
　　　所，不得任意散居以便管理。

第十條：本辦法如有未盡事宜，得隨時呈請修正。

第十一條：本辦法自呈奉上海市政府核准後施行。

　　留用日人則在吳淞路義豐里設立了一個「日僑聯絡所」，專門負責傳達上海市警察局日僑管理股對日僑的一切命令。

　　這一時期，上海社會各方面對國民政府留用日籍技術人員的基本政策及在本地的實施狀況，已出現了不少非議。1946 年 12 月 16 日《新民報晚刊》第 2 版發表了署名倩雯的文章〈留滬日僑如此如此，技術人員幌子而已〉，對留滬日僑都是技術人員的說法表示懷疑，因為作者就住在日人集中的吳淞路東興、大興、義豐等里弄附近，據其日常所見：

總有一半以上日僑是飽食終日，無所事事的。「技術人員」四字，他們當之實在有愧。他們留著的真正目的何在？藉何為生？至於敵僑調查會之怎樣調查證明而使之留滬等項，這非我們局外人所可洞悉的了！這群傢伙中，也不是個個都是活得落的，上焉者果然是舉止闊綽，姿意享受；下焉者也有很多在擺攤設肆小本糊口著呢。至於中焉者，大概就是所謂技術人員了，整日價公務員派頭，進出公家汽車，嘻嘻哈哈地，那裡有戰敗國國民的樣子！據我親眼所見的，有幾個長期幫傭於虹口汽車行修理機件——這大概就是留滬日僑技術員工了。

　　1947 年 3 月上海《大公報》先後發表了兩份讀者來信，激烈批評留用政策的錯誤。其一稱：

編輯先生：勝利後關於日俘僑處置問題，政府除留一部分日籍技

術人員以外，差不多已陸續遣送歸國。我們以為政府對於日籍技術人員的挽留，也許有理由的。因為我國工業一向衰弱，他們可以協助我國工業之發展。然而他們對於我國的幫助究有多少？就我所知道的，如中紡所屬各廠所留日籍技術人員，他們除了經常的很神祕地獨自一人居在化驗室中，祕顯其技外，我國人決不能得到他一點皮毛的，我們從此可觀出他們對於中國根本就沒有忠實的信心，他們的野心還是存留著，日本的軍閥是殺人的劊子手，難道他們能是菩薩心腸？

政府既鑒於我國工業當前的危機，我們有幾點要向當局建議的：（一）將日籍技術人員應即遣送回國（為了要節省費用，補助工業）。（二）積極加強訓練我國技術人材。（三）現任技術人員舉行甄別考試（合格者任用，不合格者調訓）。（四）嚴行抵制外貨流入，加強國貨推廣。[39]

　　其二曰：

編輯先生：我們是一群抗戰八年中兵工廠出力的技工，抗戰勝利後回到上海，那知非但沒事做，沒地方住，反而看到許多機關留用許多日僑。這些日僑借用留任機關名義，養尊處優，真是舒服，而後方抗戰返鄉兵工員工反無事可做。論技術我們也有大學畢業專科出身的，而看那些日僑技術人員，有些什麼工作做呢？他們卻有好的洋房住，好的飯吃，真過得寫意。盼當局注意使留

---

39 音召，〈日籍技術人員應即遣送回國〉，《大公報》（上海），1947 年 3 月 1 日，第 10 版。

滬日僑速速返國，多多錄用我國失業員工。（王兆銘、蔣金棠、吳克全、洪小寶）[40]

1947年5月5日上海《大路》雜誌第2期署名金鵬的文章〈上海日僑發福了〉對此也是頗有微詞：

勝利以後，留在上海的日僑還有一千六百多人。據說這批殘留的日僑，都是「有助於我國復興建設」的，稱做「技術人員」。不過據筆者調查所得，在這一千六百人中間正正格式有一技之長的，只有一半。其餘一半，都是只會在家納福的「技術人員」的家屬。所謂「技術人員」，其實並不是身懷絕技、少而又少的特出人材。說穿了，不過是一班銅匠、機匠、電燈師父之流的三腳貓，至多也不過是在中紡公司做一個技師。最可笑的一個東本願寺的東洋和尚，名叫楠木，也列在技術人員之內。大概當局認為中國和日本言語不同，中國和尚念的經卷，日本死鬼聽不懂，留下一個東洋和尚，替日僑做做功德超度超度亡者，倒也是一樁好事。日僑管理當局優待敵國僑民，由寬大為懷到體貼入微，真無愧於是禮儀之邦了。

這批技術人員的待遇最多一百萬，最少三十萬，由供養機關支給。中國的窮公務員，只好甘拜下風。想不到在鬧失業恐慌的今日，自己同胞餓癟了肚子在硬挺，敵國人倒不愁穿吃，興於所至，還可以大魚大肉的飽醉一番。難道在幾百萬的失業群眾中，就找不出這幾百個人材？日僑的住屋，由當局令飭中信局撥給虹

---

40 〈日僑應該歸國了！〉，《大公報》（上海），1947年3月18日，第10版。

口吳淞路義豐里、大興里、東興里之處房屋歸日僑專用。租費特廉，單幢每月一萬，雙幢每月二萬，陽光空氣均稱充足，水電話衛俱全，中國人住不起灶披間二層擱，只好到南市閘北去搭草棚，還有被取締的危險。日僑倒能舒舒服服的住得又寬暢又高爽。

　　當時見之於報端，表達類似觀點的還有〈憂國事〉（上海《大公報》1946 年 10 月 11 日，第 11 版）、〈日人何必留用〉（《文匯報》1947 年 1 月 10 日，第 10 版）、〈滯滬日人速謀遣歸，工業機關不宜留用〉（《申報》1947 年 2 月 27 日，第 4 版）等文。

　　1947 年 1 月，所謂的民意機構——上海市首屆參議會召開第二次大會，其間也有若干參議員就此事提出議案，內稱：「查現在各工廠各機關各團體留用之日本人，大都散處民間里弄，常有深夜不歸，從事祕密活動、刺探軍事機密等情形。而自日僑管理委員會撤銷後，該項日本人無人管理，軍警機關及區公所等亦無法監督，而日人則狡奸成性，祕密活動，如此下去，為患滋大。且更有市民李澤文等向本會建議轉知政府將日本人遣送回國，並指出日人與雇用機關勾結等事。故請本會決議請政府（為經濟部、農林部等等）令飭留用日本人之工廠機關團體，迅將日本人遣送回國，如確有留用之必要者（但如會計事務等人員絕對不能留用）應搬所屬工廠機關內居住，不得散盡民間里弄，以便嚴加管理。」[41]

41　祕書處編印，《上海市第一屆參議會第二次大會會刊》（1947.03），頁163、275。

上述輿論對留用日人的惡感，其原因有很多，除了日軍侵華的血海深仇使國人的心情難以平復外，蔣介石「以德報怨」的對日政策也令相當一部分人難以產生共鳴，再加上國共內戰很快爆發，上海經濟、社會和政治形勢急轉直下，普通中國市民的生活境遇日益惡化，受到「優待」的留滬日人便成為了矛盾和怨氣的一大焦點。當然，某些單位留用工作的處置不當，也確實容納了一些「濫竽充數」者。然而自進入 1947 年下半年以後，隨著學潮、工潮頻發，上海社會亂象叢生，經過多次遣送後剩餘下的日籍技術人員卻也呈現出精英化的趨勢，他們堅毅的生活態度和敬業的工作作風，尤其是守紀律的特點，倒也博得過媒體的褒揚。例如《申報》1947 年 11 月 3 日第 4 版〈六百餘留滬日僑，對上海是個諷刺〉一文，便是記者對留用日人居集區的最新專訪：

這六百多名日僑大概並沒有參與過戰爭，因為據他們自己說：幾年前身列過「聖戰」戎行的人，早就心不自安，搶著回國去了。他們是技術人員，吃飯第一，中國政府既然要留用，當然樂意效勞。並且聽說有很多是連行李都已摒擋登輪，等候撤送，結果為我們發覺是技術人材，終於被堅留下來。我們的寬大和溫情，的確使他們深深地感動了，他們就把感激表現在工作上面：篤守本位，勤勉將事，恪遵命令，不辭勞瘁。兩年來據說他們也得到了一點實際認識：在中國做事只要用出他們原有能力和智慧的十分之六就夠了，因為我們的工業水準低，設備簡陋，要求的進度並不太高。

對中國工業的見解

和我們並肩工作的實際生活體驗，使他們對中國工業發生了很多令人驚佩的疑問。一個畢業於同文書院，名叫中山的日僑對記者

說：中國到目前為止，似乎還沒有脫離以廣大農村為基礎的生產形態。如果要復興農村，一定先要大量輸出，用出超來換取自己生存發展的條件。他懷疑我們為什麼不先致全力於農產品的大量生產與加工，向饑饉的國家輸出。談到工業，他舉例說：瑞士的先天條件決定它只能生產「精密機械」，所以瑞士鐘錶工業在他們國家的「重點生產」下，占有了世界市場。像中國現在的工業情形，還不能自製汽車，主要的是因為不能製造車身零件。但是中國有煤有鐵，可以煉鋼，為什麼工業家不利用這些條件，先投資於零件的研究和製造，將來用以爭取外匯，進而向世界工業市場宣戰呢？他說他留華已經十七年以上，最近更參加了中國工廠實際工作，從歷年細微的觀察中，發覺到中國是有很多工業，具備足夠發展為世界工業重要部分的條件的，但是結果似乎都在工業家的短見中被扼殺了。他對中國工業家有一個結論說：「為自身利潤而生產的工業，不一定就是國家最需要的工業，他們到現在恐怕還沒有認清！」

有計劃地實行互助

日本民族的深沉執著的性格，是我們所熟知的，在他們的「互助會」裡更充分的顯露出來。無論做事，對人，生活，以至活動，有秩序，更有計劃。六百多個日僑的每月收入，雖然因留用機關的職位差別而有高低，但是大家的生活水準卻意外的整齊，食粗糲，衣舊服，絕對沒有一個人例外。在僅有的月薪中，大家相互幫助，並且向「互相會」自動捐獻，辦「殘留子弟補習學校」，自己輪流擔任義務教員。設「郵件箱」，自己輪流來往取送郵件。辦「救濟戰犯袋」，將衣服和食物援助同胞。至於戶所的清潔，紀律的約束，更做到了自信共信的程度。

六百多日僑現在只有一千人左右的家屬，大部分的家屬聽說還在日本國內，因此他們對郵件包裹的寄遞限制感到非常不便，因此他們又希望和約能夠早日簽訂。據他們說：和約締結以後，根本無須設領，由中國警局管理最為妥當。因為他們只要家庭團聚，留用機關不予解雇，他們將來還有不少人想請求入籍呢！說這句話的一個日僑曾經扮了一臉近乎諂媚的苦笑。

三百人有中國妻子

留用日僑當中有三百人是娶了中國妻子的。這些離亂夫妻所生的小孩，現在都在殘留子弟補習學校裡讀著書，據說他們的成績較之日本國內學生還要高。這些學生將來唯一的志願，是進入中國的大學繼續讀書。當記者參觀這所學校的時候，裡面一隻陳舊的鋼琴彈著日本歌，外面兩個帶有中國血型的孩子繃著一副無告的神情在出神傾聽，情調是憂鬱而淒惻。這些天真的「日本第二代」，但願他們永遠不再走上上代的覆轍。

1947 年 12 月中旬，曾有消息從日本東京方面傳來，說中國政府將於年底前遣返全部上海地區被留用的日僑及家屬一千三百餘人。[42] 然而不久，上海市警察局日僑管理股負責人出來闢謠說：此說「絕對不確」，行政院最近只是下令各機關留用日僑不得再行增加而應儘量減少，至於年底前全部遣返之說，在運輸能力上也不可能。[43] 儘管如此，上海地區縮減和遣送留用日人的工作仍一直在進行之中，1947 年 6 月 18 日有一百二十七名日人

42 參見〈我留用日人，將全部遣返〉，《申報》，1947 年 12 月 13 日，第 4 版。
43 參見〈日僑全部遣返，所傳絕對不確〉，《申報》，1947 年 12 月 16 日，第 4 版。

歸國。[44] 1947 年 9 月至 1948 年 5 月，又有三批被淘汰下來的共四百 九十五人乘輪回日。[45]

至 1948 年 6 月間，根據新聞界獲得的消息，滯留上海的日僑尚餘一千零一十一人（其中包括嫁給華人的日本女子四十人，和嫁給日人的中國女子七十三人），其中在各機關實際參加留用工作的有四百四十五人，其餘為家屬。在留用機構中，以紡織業最多，約占三分之一，此類技術人員待遇優厚、生活安定，甚至還有餘款作為儲蓄。其他的則多從事機械、漁撈等機構的工作。這些日人大部分戰前就住在上海，最長的有五十多年，平均也有二十年左右。[46] 他們與本國的通郵自 1946 年 9 月 10 日全面恢復，[47] 但所有往來信件仍須經由警局日僑管理股的詳細檢查。由於社會上反日情緒依然高漲，一些日員常抱怨「日人在滬處境

---

44 參見祕書處編印，《上海市第一屆參議會第四次大會會刊》，頁 13，施政報告。

45 參見祕書處編印，《上海市第一屆參議會第五次大會會刊》（1948.02），頁 15，施政報告。

46 〈留滬日僑僅剩千餘〉，《申報》，1948 年 6 月 9 日，第 4 版。

47 根據駐日盟軍總部 1946 年 9 月 5 日致日本政府的備忘錄：1. 日本與其他國家（德國除外）間之通郵，在下列條款之限制內特准恢復，並自 1946 年 9 月 10 日起生效。（A）郵件以寄往日本，或由日本寄出之明信片，寄往日本之禮品、包裹，及自日本寄出並由聯軍最高統帥所核准之科學及技術性印刷品為限。（B）通訊限於家庭私事，並需以中、英、法、俄、日、西或高麗文書寫，信函（復員信除外）及商業經濟通訊在所禁止。（C）寄往日本之包裹重量以十一磅為限，貨品以食品、衣著、肥皂及醫藥等救濟品為限。2. 通郵法規以國際郵政會議之條款為準，其費用由日本政府擔負之。3. 包裹郵寄由日本政府依照該國與各有關國家所訂協定之條款下支付之，費用由日本政府擔負。4. 郵件得由日本或其他國家之船隻（德國除外）裝運。5. 出入郵件均須經美軍總部檢查。6. 復員信件已於 1946 年 9 月 10 日結束，此後該項信件均視為國際郵件。7. 聯軍總部及交通部門之通訊，凡在本備忘錄範圍以內者均所准許。「中國紡織建設公司、上海市警察局關於審查留用日籍技術人員辦法與薪津等規定」，上海市檔案館：Q192-8-108，頁 26。

困難，現雖搭車已無人干涉，小孩無處讀書不准雇傭中國僕人及住所時受騷擾等等迄今仍然如此」。[48] 而最感苦惱的是，其住房時常發生糾紛，不時有人假借各種名目前來強占，且尤以穿制服的軍人為多。[49] 有鑒於此，亞東協會、紡建公司、經緯公司、紡機公司、京滬醫院、光滬醫院、金龍製筆廠七單位曾在1948年春夏共同籌劃，試圖成立一個名為「上海市留用日籍人員各機關法團協會」的組織，以此維護留滬日人的基本利益，便於中國政府留用政策的推行。[50] 這一時期，日籍技術人員還曾向上海市社會局呈請加入上海市合作社，社會局遂向南京的社會部請示，社會部覆令表示：「中日和約簽訂前，日僑應仍視為敵僑，故不能准其加入合作社。」[51]

　　隨著國共內戰接近尾聲，再加此時日本經濟在美國的庇護下已逐漸恢復元氣，就業狀況有所改善，於是又有數百名日人離滬回國。1949年5月27日上海解放。根據是年11月的統計，上海地區尚餘擁有日本國籍的人士共四百四十一人。他們中的大多數人在1954年前返回了日本。[52]

48 「中機公司與日籍技術人員的63次技術會談」，上海市檔案館。轉引自朱婷，〈抗戰勝利後國民黨政府的「留用政策」與「中機公司」〉，《上海社會科學院學術季刊》，1998年第4期。
49 參見〈留滬日僑僅剩千餘〉；「行政院分配上海各機關房屋委員會關於留用日僑住屋」，上海市檔案館：Q30-1-25，頁3、13、17。
50 參見「上海市留用日籍人員各機關法團協會章程和中國紡織機器製造公司日籍人員申請辭職等函」，上海市檔案館：Q192-23-172，頁3、9、23、35、44。
51 〈滬日僑技術人員，不准加入合作社〉，《申報》，1948年5月6日，第4版。
52 參見周明偉、唐振常主編，《上海外事志》，頁252、341-342。

三

　　如果說紡織業占據了日人留用單位的重頭，那麼中國紡織建設公司（簡稱「中紡」、「紡建」）則可算是重中之重，最具典型意義和考查價值。1945 年 8 月抗戰勝利後，國民政府接收了日本在華全部的紡織業工廠（固定資產約合七億美元），並於 12 月初將其組建成規模龐大的紡織壟斷性企業——中國紡織建設公司，翁文灝以經濟部部長身分兼任董事長，束雲章任總經理，總攬企業全權。1946 年 1 月 2 日總公司從重慶遷至上海，青島、天津、瀋陽等地則設有分公司，其概況見下：[53]

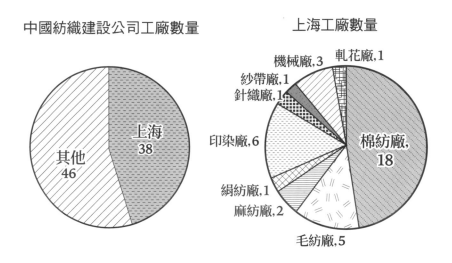

中國紡織建設公司工廠數量

其他 46
上海 38

上海工廠數量

機械廠, 3
軋花廠, 1
紗帶廠, 1
針織廠, 1
印染廠, 6
絹紡廠, 1
麻紡廠, 2
毛紡廠, 5
棉紡廠, 18

　　秉承行政院長宋子文的意旨，總經理束雲章等公司高層領導

53　參見望孚，〈規模宏大的中國紡織建設公司〉，《工程界》，第 3 卷第 4 期（1948.04）。

人，自創辦伊始便把日籍技術人員的留用作為一項基本政策，並對「楚材晉用」寄予很高期望。這主要是因為中紡所屬各廠原本就是日廠，其內有大量日技人員，若瞬間撤離而華籍人員又不能及時更替，則勢必會對技術工作的連續性構成威脅，而這絕不利於戰後的接收和復工進程。比如在 1946 年 3 月，便曾有中紡接收人員提出：「各廠留用日籍重要技術人員為數無多，深恐將來工作效率難以維持原狀，擬請各廠在可能範圍內，儘量留用原曾在廠服務之日籍技術人員，並委以固定職務，指派實際工作，依照原方案辦理，藉以提高工作效率，必要時亦可指留名額，以維廠務。」[54] 有鑒於此，束雲章在公司高層會議上屢屢表達了他對日籍技術人員的重視態度。例如在 6 月 12 日的第二十三次會報上，他指出：「各廠所留用日人仍未儘量利用，觀乎以往日人經營之紡織廠，其成績每較國人經營之紡織廠為優異，則利用日人為各廠服務實為要圖。又巡迴督導團內之日籍團員，其工作有優良之表現，余擬延見嘉勉。」[55] 在 7 月 7 日的第二十八次會報上，他又表示：「吾人接收日人紡織廠，並應接收日人辦廠之精神，余覺日人辦廠有三點可取之處，即（1）保全良好；（2）管理周密；（3）工作刻苦。故嗣後我國技術人員之培養方法似應有所革新，否則我國之紡織工業將永難與日人競爭。」[56] 在 7 月 24 日的第二十九次會報上，束雲章甚至向同仁大膽提議：「余

---

54 「中國紡織建設公司召開歷次各廠負責人彙報記錄」，上海市檔案館：
　　Q192-13-82，頁 54。

55 上海市檔案館：Q192-13-82，頁 96。

56 「經濟部紡織事業管理委員會召開第二十七次至三十五次廠長彙報會記錄
　　及通知」，上海市檔案館：Q192-3-21，頁 16-17。

尚有一計劃，擬指定一紡織工廠，其全部技術人員悉數利用日人充任（行政及事務人員仍由國人擔任），授權日人處理一切工務，藉觀其成效如何以資接受其技術上之長處。諸君如贊成此舉，則余再向社會局及工人解釋其動機，蓋對於技術，吾人似應虛心研習，戰敗國之人民或亦有長處也。」[57] 除此之外，他對留用日人的生活境遇問題也十分關心，經常有呵護性的指示，以期能安心工作，並曾親自出面對全體日員訓話。[58]

在當時的歷史環境下，束雲章等人的「親日」政策自然會面對諸多壓力。1946 年 1 月初，上海市第四區棉紡業產業工會籌備會常務委員佘敬成（係中共地下人員）、黃悅祥、林泰庭就曾向社會部京滬區特派員辦公處呈文，堅決反對中紡公司留用日人，並要求該公司在 1 月 23 日前給出「圓滿答覆，以抑群情」。內開：

經濟部接收時之留用日本人員，三月以來毫無工作成績表現，但現仍予留用，並且有特別優裕待遇之說。際此我主席昭示建國時期之工業發展，應有提高國人技工之地位，儘先擇其技術優良者錄用為技術人員之機會，迎合我工業建國之本旨。回憶敵日在抗戰時期有破壞我工業之發展及操縱我經濟地位，剝削一般工人之權利，事實昭昭，凡吾國民所未能忘懷者。我抗戰勝利後，敵日利用我政府寬厚之待遇，從事地下工作及祕密活動，而我國內最近所發生之政治問題，敵日亦曾參預其間，施以狡獪之手段，挑

57　上海市檔案館：Q192-13-82，頁 131。
58　參見「經濟部及中國紡織建設公司一九四五年關於處理留用日籍人員辦法及有關函」，上海市檔案館：Q192-2-123，頁 28。

撥離間，造成破壞之局面。國內外已將實在情形透露報端，告諸
中外人士。今我工業正在開始萌芽時期，仍以留用敵日，雖為借
鏡其技術，但職會之一般工人深知敵日之陰謀。倘中國紡織公司
對於留用敵日人員一說付諸實行，恐被敵日利用機會，發揮其一
貫慣技及活動能力，對於我工業或政治及一切建國工作，恐有被
暗中破壞之可能，事實顯著，實有不堪設想之虞。故亦一致提出
拒絕留用敵日人員，並提高一般技術之人才，以作我工業發展之
推動者。[59]

其意旨實際上和前述的戰後上海普通民眾對留用日人的反感
和不信任情緒是基本吻合的。面對這一來自下層的責難，中紡公司
管理層並不理會，而是擺出了依法辦事的姿態，就此專門指示所屬
各廠「雇用日人規定原則三項，前奉經濟部本年元月十二日（卅
五）渝工字第二○六二三號訓令，以奉行政院節三字第六一九號
訓令……嗣後如需雇用日人仍希洽照上項規定原則辦理」。[60]

與此同時，來自上層──中外各有關當局加緊遣返剩餘日人
的舉措，也常令中紡公司感到棘手。1946 年初，國民政府軍委
會和魏德邁將軍為限制日技人員掌握大權，曾有指示「凡日人有
統制權者，應予革職」。1 月 26 日，中紡公司第五次各廠接收
人員聯席會報遂決定「日籍人員中有曾任經理、董事及廠長職
位者悉予解職」，[61] 以示「對於日籍人員之任用勿得與政府法

---

59 「中國紡織建設公司關於日籍技術人員辭職回國和留用問題的通知及名單」，
　　上海市檔案館：Q192-1-790，頁 22。

60 上海市檔案館：Q192-25-59，頁 2。

61 上海市檔案館：Q192-13-82，頁 16。

令相抵觸」。[62] 同年 4 月 17 日，面對盟國方面將於 6 月底遣返全部日人的傳聞，束雲章又在第十五次會報上哀嘆「如聽任日人回國，恐將無法復工」。為了留下「必需留用之日人」，束表示要與有關機關洽商，甚至向行政院長宋子文本人請示。[63]　到了1948 年初，又有消息說上海市警察局準備於近期內遣送在各政府機關及國營事業機構服務的日人，由此「各廠日籍人員聞悉之下，不甚惶迫，影響工作至巨」，中紡公司隨即致函該警察局，要求遵照「經濟部京工卅六字第六四一九號訓令」，允許繼續予以留用。[64]

　　即使在中紡公司管理層內部，對束雲章要設立一家專門由日人運作之紡織工廠的想法，其屬下也並非都能苟同，有人認為：「紡織廠辦理成績之優劣，似並非只為技術問題，尚有管理問題，而管理與政治及社會環境均有關係。在日人經營時代，以壓力馴服工人，故工作效能得以提高。目前環境不同，如仍由日人管理廠務，非特將為外界人士所不諒，抑且將為本廠工人所反對。故技術人員如悉數用日人充任，仍須延用我國技術人力協同管理，如是則開支將不免增加。日人以往辦廠確有成績，但我人辦廠亦未嘗不思進步，故目前與其將技術事宜全部交由日人辦理，毋寧先研究如何使工人服從管理藉以提高工作效能，而各廠如加添一二日人提供技術方面之意見，而由我國技術人員執行，

62　「中國紡織建設公司會議記錄」，上海市檔案館：Q192-1-4，頁 5。

63　上海市檔案館：Q192-13-82，頁 67。

64　「中國紡織建設公司關於人事調配、留用日籍人員及年度考績獎懲等文件」，上海市檔案館：Q192-8-117，頁 2。

則或可收觀摩之益」。[65]

　　就是在這樣的複雜背景下，中紡公司開始了留用日技的操作過程。1945 年 11 月間，即接收工作開展之際，經濟部蘇浙皖區特派員辦公處接收日資紡織廠復工指導委員會便曾多次指示中紡各廠，要求「所有各廠日籍職員得按照各該員經驗能力體察實際需要酌予留用，茲特檢附空白表格一份，即希將留用日籍職員姓名、年齡、職務等項逐項詳填，並連同二吋半身照片二張，送會匯案，以便轉請第三方面軍部核發通行證」，「各廠日籍技術人員待遇，茲暫定不論職位高下，一律每月每人暫支生活補助費七千元，及米貼五千元」。[66] 1946 年 1 月 11 日，中紡公司第二次會報提出了徵用日籍技術人員的三大注意點：

第一、擔任運轉漂染等實際工作者。

第二、設計人才。

第三、有經驗之營業人才，尤其對南洋貿易有經驗者。此外機器
　　　　保全方面應注意引用日籍技師。[67]

　　3 月間，中紡公司決定將日技人員的任用考核權從各廠廠長手中，轉移至工務處管訓課，由該處開具證明書向狄思威路日僑管理處提出申請，並專門負責管理事宜。4 月 16 日，總經理束雲章就遣散及留用日技人員遣送費或薪金事宜，專門指示各廠：

（一）凡接收後原有人員立予遣散者，按照經濟部特派員辦公處
　　　　原定待遇標準發給兩個月薪津之遣散費。

（二）凡接收後原有人員以業務關係仍在廠工作若干時日後再予

65　上海市檔案館：Q192-13-82，頁 134。

66　上海市檔案館：Q192-2-123，頁 1、4。

67　上海市檔案館：Q192-1-4，頁 2。

遣散者，自接收之月起按特派員辦公處所定各該員原薪，
並依本公司待遇標準發給薪津，遣散時並按遣散之月本公
司待遇發給兩個月薪津之遣散費。

（三）凡接收後原有人員經呈准留用者，自接收之月起應按總公
司核定薪額及待遇支給。[68]

次日，束雲章又在第十五次會報上宣布，全公司決定留用日
籍專家、醫生、教師在內共計一百三十一人，並再次指示具體優
待辦法，即：

留用之日人最好能集中居住，以便保護安全暨匯辦家用匯款。惟
余意留用日人，以交通工具及工作時間地點等關係，不如仍分住
各廠。至匯款問題，上次余召集日人談話時，彼等亦有此要求。
據餘所知，岡村、堀內曾要求全上海留用之日人每月能有一百萬
日圓匯返本國作為家用，宋院長已予面准，而何總司令對於留用
日人亦允予考慮……關於留用日人事宜，希諸君注意下列各點，
並以此德意轉達日人：（一）留用日人之各廠應酌留宿舍若干
幢，以供各日人及其眷屬寄宿之需，所有待遇應與本公司同仁一
律平等。（二）醫藥及子女教育問題，已准如日人所請，酌予留
用日本醫生、教師。至家用匯款問題，我政府將訂有辦法，決不
致使日人困難。[69]

上述一系列精神，很多反映在中紡公司該年度頒訂的《留用

---

68 上海市檔案館：Q192-25-59，頁 7-8。
69 上海市檔案館：Q192-13-82，頁 68。

日籍技術人員工作支配及待遇辦法》[70]裡，它是該公司處理此項工作的最基本法規。

一、本公司留用之日籍技術人員（以下簡稱留用日員）為使其安心工作、發揮最高限度技能起見，特訂定本辦法。

二、全部留用日員先由管訓課造具詳細名冊，經工務處長指派高級職員審查各日員資歷經驗及善長何項技術擬訂職位、級別、薪額及派充何種工作，申請總經理核准後統一支配之。

三、各留用日員支配工作約分三類：

甲、派駐各廠擔任實際技術工作；

乙、參加巡迴督導團擔任調查督導工作；

丙、留駐總公司工務處擔任技術研究及編纂技術書籍。

四、派駐各廠日員，責任各該廠長善加利用，須按其善長部門擔任技師或技術員正式工作，絕不能以顧問、調查等虛名職位敷衍使用（該日員擔任部門如已有技師或技術員者，在日員留用期內只能從旁襄助，不宜橫加干涉，總以能夠發揮留用日員最高限度之技能為原則）。

五、參加巡迴督導團日員，根據最近情形、已有成績表現盡可照該團現定計劃發揚光大，充分利用之。

六、留用日員中有學識豐富技能高超者，擬以專員名義留駐總公司工務處，各依善長部門從事研究紡織染各項技術問題及編纂技術書籍等工作。

七、各留用日員，不問派駐各廠公司留用或參加巡迴督導團，每

---

70 中國紡織建設公司工務處編，《工務輯要》（上海：中國紡織建設公司，1949），頁373。

月由主管人員會報工作情形、服務成績一次，其有特殊貢獻
者應申請總經理核獎以資鼓勵。

八、關於留用日員之其他一切待遇概與本公司中國職員同。

另據 1946 年 5 月 11 日的統計材料，中紡公司上海各部門共
留用日籍技術人員一百二十七名。[71] 這些人員對繼續留滬工作
到底抱著怎樣的想法？他們的技術水平究竟如何？是否如某些輿
論所說，由於受到了中國當局的特別庇護以至都「樂不思蜀」
呢？從中紡公司的遺留檔案中可以發現，戰爭結束伊始，各廠日
籍人員中已有不少提出了辭職或留職返國的請求，許多人歸心
似箭，其理由多半是國破家亡，或在日親人陷入困境而亟需照
顧。[72] 但當中方接收人員一再慰留時，則「合稱待遇微薄，不
敷維持生計」，[73] 希望提高待遇。以上海第十七紡織廠為例，該

---

71 具體名單詳見文後附錄：中紡公司上海各部門留用日籍技術人員名單（1946
   年 5 月 11 日公布）。
72 公大四廠渡邊宏介（日本新潟縣人）寫於 1946 年 4 月的請求解除留用書頗
   有代表性，可供管窺，內稱：「自戰爭結束以來已有八個月，在日本之家
   眷至今未有任何消息，詳細情形一切不明，念事甚大。老母與長子（十五
   歲）、二女（八歲）之三名本在家弟之家中，然弟已在去年二月逝去，然
   後與他遺族四名無法維持生活。長女（十八歲）雖在妻之故鄉，生活至今
   亦無消息，其生活必為困難。妻（四十一歲）與次子（五歲）及末女（三
   歲）之三名，戰爭中避難遷赴東北，該地已被蘇聯占領，其安否一切不了，
   有謂在東北之日僑將近返國。且老母之身體近年日趨不良，若非鄙人立速
   返國，老母與其他十一名之生活極為危險，在經濟上或其他觀點無法救之。
   如此家庭之狀況下，何能鄙人留滬服務。自去年十月以來，誠心處理接收
   事務，並當開始業務亦盡力協助之，故前廠長瞭解苦衷，而已許可解除留
   用返國事，然至今仍未解除。本人所屬之保長人員已在四月五日全部返
   國，在日本之家眷專待本人之返國，若現在不返國，即在日本之鄙人職業
   與地位亦不能保證，是故特此懇請解除留用，而使返國」。上海市檔案館：
   Q192-25-59，頁 65-66。
73 「中國紡織建設公司關於遣送日籍職員回國的規定及函電」，上海市檔案
   館：Q192-14-142，頁 16。

廠日技人員朝居大助等五人就曾於 1946 年 3 月向公司提出十三條要求，[74] 若不允則請求同意辭職。

（一）每月每人須匯寄家族生活費日金貳千元，在外匯未通以前，由東洋紡織公司照數墊付於各該家族。俟外匯通匯後，由中紡公司匯遞東紡公司歸墊。此事依中坊公司創立時起始。

（二）在本年內准各員輪流歸國一次。

（三）生命財產之保障。

　　（A）不論在廠之內外，須保障生命安全。倘被害而死亡或致殘廢時，由中妨公司扶養其本人及家眷並未滿二十歲之子女至二十歲為止之生活費、教育費，各種費款須一次付清。

　　（B）財產須有絕對之保障，倘遇損失，須照市價賠償。

（四）與中國職員同級者，須得同等之待遇。

（五）本人勤勞所得之積蓄與財產，准許攜歸日本。

（六）規定服務期限為二年，但必要時而申請辭職者，須准許之。

（七）辭職歸國時之手續與旅費，由中紡公司辦理及支付。

（八）留用服務者，須在十人以上，其中並須有原任董事者一人。

（九）須另留日人二人，以服侍留用服務者。

（十）遇有病患時，薪金照給，其醫藥費等並概由中紡公司負擔。

（十一）中紡辭職後，須由東紡繼續采用。

（十二）上開各條，須明示實施日期。

（十三）上開各條，須在一星期內決定，否則速准辭職。

---

74 上海市檔案館：Q192-14-142，頁 17。

　　即使有人被中方竭力留用下來，也常因面臨具體困難而不能安心，甚至還曾發生第三紡織廠技術人員仙野仙太郎不告而別私自返日的事件。[75]

　　對留用的日技人員來說，最關心的還是中日間通匯和通郵的問題，這涉及他們接濟國內家人的渠道，也事關能否長期在華工作。通郵在 1946 年 9 月即告解決，但通匯則始終不暢，由於中國的幾大銀行均未在日本設立分行，所以難於直接匯款。中紡公司曾為此多次接洽行政院僑務委員會，希望設法與中國留日華僑或盟軍方面進行互劃，但未獲結果。由於當時中央信託局辦理的中日貿易需靠美金結算，所以通常的做法是要先從法幣換到美金，然而再換成日圓。這樣，留用人員匯回國內的錢便在無形中打了不少折扣。[76] 為了維護共同利益，促進彼此聯繫，該公司留用日員在 1946 年初還成立過一個名為「中紡技術者協會」的組織，並制訂了詳細的「會則」，[77]「每周星期六開會一次。每逢會期，本廠日籍技術人員必有人請假前往參加」。[78] 但終究未符法律程序，不久即被禁止。與此同時，謀求建立全市性留用日人組織——日本技術者協會的企圖亦未獲得當局許可。[79]

　　至於留用日人的工作成效，總體上來說，中紡公司基本達到

75　參見上海市檔案館：Q192-25-59，頁 11-12；「中國紡織建設公司關於留用、審查、遣送日籍人員之規定辦法及上海第三紡織廠日籍職員名單調查表」，上海市檔案館：Q192-3-118，頁 32-36。

76　參見上海市檔案館：Q192-13-82，頁 102、180；「公用局關於徵用日籍技術人員的訓令和上海市公用局滬西自來水設計處對日籍工作人員工作情況的報告」，上海市檔案館：Q406-1-33，頁 14-15。

77　參見上海市檔案館：Q192-25-59，頁 33。

78　上海市檔案館：Q192-25-59，頁 31。

79　參見上海市檔案館：Q192-25-59，頁 31、35。

了所謂「楚材晉用」的預期目的，公司高層領導後來承認：「各該員等在本公司工作多年，對於改進技術、清查財產諸端亦多有貢獻。」[80]「這些人都是一些專家，不像中國包羅萬象的工程師，而是對棉紡工程中某一部分特有經驗的，對我們技術的提高有很大幫助。」[81] 有的日員還因表現出色，獲得嘉獎、加薪，甚至被一留再留。例如，1948 年 12 月 25 日第六紡織廠曾致函工務處，因該廠日員出光正三（機動技師）、阪東嘉太郎（紡部保全技術員）、宮田喜壽（試訓技術員）、笠井法人（織部保全技術員）留用期滿，故而請求對他們繼續留用。[82] 一些日員則在向中國人員傳授技術方面起到了積極作用。譬如，1948 年 6 月 17 日，巡迴督導團日籍人員岸本友市在第八紡織廠作了題為「上漿工程之檢討」的演講，工務處曾通知各廠有關人員前往聽講。[83] 還有一些日技人員奉命對中紡各廠的運作、管理和技術情況進行系統調查，並就此提出建議性的發展意見，以供公司領導層參考。在 1948 年有幾份這樣的報告值得注意。

其一是由若干留用人員撰述、王世勛翻譯的〈對一年來紡建公司之批判〉。[84] 該報告洋洋灑灑一萬多字，以日本先進的紡

80 「上海市軍管會關於外交紀律、日美籍人員待遇的通知和中紡公司所屬單位留用日籍職員名冊」，上海市檔案館：B1-1-2105，頁 19。

81 「上海市軍管會輕工業處關於中紡公司調資辦法草案工資問題處理及今後方針」，上海市檔案館：B1-1-2070，頁 37-38。

82 參見「中國紡織建設公司轉發行政院、經濟部，有關留用日籍技術人員和其辭職回國辦法及薪金等規定」，上海市檔案館：Q192-6-120，頁 94。

83 參見「中國紡織建設公司轉發關於日籍技師長谷川對上海第八紡織廠視察報告與研究、機械改進等文件」，上海市檔案館：Q192-8-239，頁 86。

84 見「中國紡織建設公司轉發留用日籍技術人員的指示及對各廠設備、房屋、檢收、鍋爐檢驗等文件」，上海市檔案館：Q192-15-77，頁 SC0004-SC0047。其目錄結構如下，甲類（有關一般事項）：1.建設精神之提倡、

織工業為參照背景，全方位地對中紡公司人員和技術的發展之路進行了評析。饒有興味的是，該文還談到了其自身——日籍技術人員——的留用問題。作者認為，前行政院長宋子文決定實施日員留用的政策，「確有超人之見解，他一定有他的理論上的根據與實際上的需要，所以在決定留用日籍技術人員之時，其所寄望於留用日籍技術人員者想決不曾專在他們各個人各自的技術上，我想一定是在他們全體同心協力之下，將真正的日本紡織工業的經營法移植在中國的紡織業之中」。但在實際運作中，公司方面卻對宋子文的政策缺乏徹底的理解，「各廠方面實際僅止於利用他們個人的技術，而對於此外的地方，似乎輕視」，甚至還有人「持反對留用日籍技術人員之論調」。實際上留用的日人「均持有十年或二十年以上寶貴的實地經驗者」，且實踐經驗之充分甚至要超過歐美國家的技術人員，公司方面若能「活用他們最大的能力」，「若是在全般的立場上有了再周到的考慮，那末我想留用他們的價值，恐怕比現在必有更大的效果」。[85]

　　其二是〈目下中紡各廠機械狀態低落之原因及其糾正方策〉一

培植與振發。2.負責觀念之擴大。3.負責者實力之養成。4.日籍技術人員之活用。乙類（工務關係）：1.技術員工之養成。2.技術及事務各級人員互相參觀他廠。3.工廠檢查日期之確定。4.工廠首長之車間巡視。5.停電給予工人精神上之惡劣影響。6.紗管修理廠之設置。7.製品、半製品工作上之注意。8.對於不良製品之責任感。9.機械之保全計劃。10.加強管理蒸汽之消耗。11.輔導工會。12.計件工資制度。13.賞罰之嚴正實施。14.定期勵行工廠盤查。丙類（有關業務事項）：1.業務處職員之養成。2.製品販賣機構之擴大。3.業務處與工務處及各廠之關係。4.調查課與原料成品二課之關係。5.原料課之業務。6.擔任倉庫原棉者之養成。7.紡織用品之購買。丁類（有關貿易事項）。

85 上海市檔案館：Q192-15-77，頁 SC0014-SC0016。

文，[86] 該文將「較日人經營時期為劣」的「原因」主要歸為以下
幾點，並就此提出若干「糾正方案」：

1. 職員對於機械智識之缺乏；

2. 由於熟練工待遇不勻所起之不滿，與對工作熱意之萎縮；

3. 時局及工作意欲之減退；

4. 形式勝於實質，尊重口舌之技術過於手腕之技術等之弊風依然
   存在，與賞罰人事行政之不平等。

　　束雲章在閱後曾專門批示「本公司成立已遙兩載，各廠辦理成
績雖經自我檢討究非客觀評論。茲據留用日籍技術人員繕寫〈目
下中紡各廠機械狀態低落之原因及其糾正方策〉一文，經閱頗中
肯，係足資警惕」，「尚望各同人深自檢討，力加改善」。[87]

　　此外，日籍技術人員長谷川生和高木留吉曾相繼視察了第八和
第十八紡織廠，並寫出了相應的技術報告書。[88] 中紡公司上層在
研究後即給出指示，「應即按照報告書所陳意見加以改進」。[89]

　　進入 1949 年 4 月間，隨著解放軍強渡長江，上海地區易手
在即，中紡留用日人對自己的前途深表擔憂，許多人再一次提出
了辭職返國的請求。中紡公司對獲准辭職的日人給予了如下的旅
費待遇，即：本人旅費，計美金七十元，根據當日結匯價格給算
金圓，由各機構自行支給，依章報銷；日籍人員家屬回國不給旅
費，其情形特殊者得由各機構呈請核准發給津貼。[90] 由於當時戰

86　見上海市檔案館：Q192-15-77，頁 SC0055-SC0060。

87　上海市檔案館：Q192-8-239，頁 94。

88　上海市檔案館：Q192-15-77，頁 SC0050-SC0051；Q192-8-239，頁 64、68。

89　上海市檔案館：Q192-8-239，頁 64。

90　參見上海市檔案館：Q192-6-120，頁 95。

事影響中日船運，一些人雖獲准辭職但只能暫留上海。隨著日籍人員的辭職日多，對各公司的運作和人心安定產生了一定影響，5 月上旬，中紡總公司曾通知「在緊急時期，日籍技術人員一律不得請假或辭職返國」。[91] 5 月 27 日上海易手。根據 7 月間中紡公司所作的統計，其所屬各單位留用日員尚有約六十人，他們「情緒相當不穩，主要怕他們的生活要向解放軍看齊」，[92] 因此要求回國的還是很多。經過管理層重新調配工作後，才算比較穩定。

四

　　根據 1947 年 4 月上海市警察局擬制的上海留用日僑名冊，日僑所屬的工作單位有：[93]

91　上海市檔案館：Q192-6-120，頁 107。

92　上海市檔案館：B1-1-2070，頁 37。

93　參見上海市檔案館：Q131-6-478，「上海市警察局擬制 1947 年上海留用日僑名冊」，頁 3-66。

三德企業公司	中華眼科醫院	社會部合作社 物品供銷處	野澤石棉廠
上海日本人技術協會	中韓文化協會 出版委員會	前線日報	惠通行
上海市公用局	五人化工廠	南華水產公司	華西醫院
上海市消費合作社	五州藥房	建華橡膠製造廠	華納第一國家影片公司
上海留用日僑互助會	五星肥皂公司	建新實業公司	華勝鋼廠
上海國際電臺	五達電器材料廠	恆豐化學工業廠	勤業文具公司
上海鐵路醫院	元通電線廠	科發製革廠	新中國保險公司
大可染料化學廠	六聯印刷股份公司	美益絲毛綿織布	新生機制鈕扣廠
大平洋機用皮革製造廠	天主堂總本堂	美藝照相製版公司	溫州百好腐乳廠
大成橡膠廠	天生滋味素廠	美藝織印廠	溫州西山磁器廠
大眾廠	市立牙醫院防治所	致用公司	煥文花行
大華科學機器公司	市立第五醫院	軍友沙龍	經濟新聞社
大華橡膠廠	市政府警察局騎巡隊	軍政部上海辦事處 第二衛生器材補給處	聖芳濟學堂
大新無線電機廠	正中化學廠	軍政部上海糧秣廠	萬國汽車行
大豐印染廠	交通部上海電信局	軍醫署 上海衛生總倉庫	資源委員會 華中礦務局
中央文化運動委員會 文藝小憩	交通部鐵路管理局	振興油脂顏料廠	農林部
中央信託局	兆能電化廠	海軍上海電臺	農林部中華水產公司
中央黨部調查統計局	光滬醫院	海軍交通通信器材廠	達豐染織公司
中建汽車修理傳習所	同孚醫院	海軍造械廠	實驗戲劇學校
中美實業公司	同濟大學附屬醫院	海軍電工廠	福海漁業公司
中國化學企業公司	安華化學工業公司	海軍總司令部 海軍造械廠	福特電機部
中國打撈公司	成泰運貨汽車行	益祥輪船公司	遠東皮革製造廠
中國海軍電工廠洗濯部	江海關	益新教育用品社	德昌醬園
中國紡織建設公司	行政院	益新教育用品社	慶德橡膠廠
中國紡織管理委員會	利華公司	國防部圖書室	興亞鋼業廠
中國紡織機器製造公司	改造出版社	國際知識社	聯記偉海汽車修理廠
中國國民黨 中華海員特別黨部	亞東問題研究會	國際社會改進社	聯勤總司令部 一○一後方醫院
中國新社會事業建設公司	京滬醫院	基督教監獄布道推行會	聯勤總司令部 上海被服總廠
中國蠶絲公司	協泰鍍鋁廠	第十九集團軍 軍犬訓練所	聯勤總司令部 第一糧秣廠
中華全國基督教會	明星造營廠	第五兵站上海釀造廠	鴻運菜館
中華型紙製造廠			

就日籍技術人員在上述單位中的工作表現及留用效果而言，

除了中國紡織建設公司之外，學術界對中國紡織機器製造公司的情況亦有較為深入的研究，朱婷在〈抗戰勝利後國民黨政府的「留用政策」與「中機公司」〉一文中指出：「總的說來，國民政府留用日籍技術人員的政策，在『中機公司』得到了十分典型的貫徹，『中機公司』運營的 3 年中，日籍留用人員繼續發揮著技術上的重要作用，他們不僅對『中機公司』制定整體的生產計劃、技術方針等問題上產生了重要影響，還負責主持了有關『中國標準式大牽伸』、『中國標準式自動織機』的一應設計事宜，以及具體設計繪製圖樣，指導裝置裝配等工作，日籍留用人員的表現和作用直接反映了國民政府『留用政策』的成敗得失，從『中機公司』留用日籍人員的表現和作用看，國民政府施行的『留用政策』還是正確且有成效的。」朱婷進而認為，留用日籍技術人員是建立「中機公司」必不可少的條件，因為就中國當時紡織機器製造業的發展水平而言，即便是接收了日本紡織機器設備和工廠，也沒有能力解決技術圖樣、技術數據、技術人才等問題。正因如此，公司方面對日員的技術能力非常重視，對其生活方面也有妥善安排，使他們實際上充當了公司技術中堅的角色。至於日人之所以願意留下，「客觀地看，留用中國既可避開日本國內戰後蕭條造成的失業，又可不中斷多年從事的技術實踐，是日籍技術人員留用的重要動機，而發揮自己的技術能力，為中國紡織事業的發展出一些力的動機也是存在的」。上述判斷確實在許多方面反映了整個日技留用問題的共性，但共性並不能涵蓋一切，問題的複雜性在於被留用的日員各有各的技術背景、生活境遇和意識形態，而留用他們的單位也是千差萬別，成效互異。顯然，單一的是非或好壞判斷，會使一個本處多維空間的問題簡單

化,以致忽略了更多的實例研究。

要而言之,對戰後日技留用問題的理解特別要抓住四大線索。

其一是中美兩國政府當局在日人遣返和留用問題上的政策分歧。前者希望留下更多的有用之士,而後者則主張儘快、儘早地全數遣返。這當然也反映了雙方不同的國家利益和國際視野。

其二是戰後中國普通民眾的反日民族主義情緒和企業高層管理人士技術現實主義考慮的差異。技術是無國界的,而技術者是有國籍的。面對日技人員,受過戕害的中國普通民眾極其敏感於後一因素(敵國國人),由此產生的仇視和不信任是自然而然的事;而企業管理者基於實際需求,為了開動機器,獲取經濟效益,往往更重視前一因素,即當時日籍專家具有高於中國人員的技術素養。

其三是一般的日本技術人員以其技術能力而受知留用,其作為一種謀求生計的個人行為,與此前作為日本國家行為的侵華戰爭並不存在著必然、緊密的聯繫。但在戰後初期特殊的歷史環境下,兩者常常容易被不同程度地混淆起來。

其四,就全國範圍而言,在當時國共激烈內戰的情況下,日籍技術人員都是雙方極力要爭取的智力資源。1949 年 5 月解放軍進入上海後,中共政權對剩餘日員繼續留用數年,可為明證。

附錄：中國紡織建設公司上海各部門留用日籍技術人員名單
（1946 年 5 月 11 日公布）

1949 年 7 月仍在職者以◎表示

服務處所	姓名	備註	服務處所	姓名	備註
紡 1	椎野清		紡 10	早川與三郎	◎
紡 1	上田豐		紡 10	宮地信助	
紡 1	榊原二郎		紡 11	田中藤吉	◎
紡 1	松尾滿	◎	紡 11	檜垣武	◎
紡 1	土屋郁二	◎	紡 11	茶谷正清	◎
紡 2	中山安次郎	◎	紡 14	田中萬龜治	
紡 2	北川幸次郎	◎	紡 14	栗林悅次	
紡 3	森下敏雄		紡 14	菊本修三郎	
紡 3	大澤柳吉		紡 14	阪野彥市	
紡 3	大上梅治郎		紡 14	西島一郎	
紡 4	三宅清人	◎	紡 14	池田富太	◎
紡 5	松本銀藏		紡 15	岡島正倫	
紡 5	守屋壽男		紡 15	友添德藏	
紡 5	小川貞三		紡 15	左近正治	
紡 5	林松次郎		紡 15	政所福吉	
紡 5	服部京一		紡 15	土方福次	
紡 5	稻葉賢三		紡 15	立花源太	
紡 5	梶田鉾	◎	紡 15	酒光正男	
紡 6	出光正三	◎	紡 17	朝居大助	◎
紡 6	飛田源太郎	◎	紡 17	土井岩	◎
紡 6	宮田喜壽	◎	紡 17	福田留之助	◎
紡 6	高橋喜作		紡 17	澤田太一郎	
紡 6	阪東嘉太郎	◎	紡 17	初瀨金治	
紡 6	藤井義郎	◎	紡 17	伊藤忠一	◎
紡 6	片島要治		紡 17	飯田一郎	◎
紡 6	笠井法人	◎	紡 17	本多有一	
紡 7	大竹正		紡 17	白水十九郎	◎
紡 7	小能幸太郎	◎	紡 17	高木幸一	
紡 7	河原吉男	◎	紡 17	浦田熊治郎	◎
紡 7	村井辰生	◎	紡 17	長谷川榮治郎	◎
紡 7	蘆田三男	◎	紡 18	築地林市	◎
紡 7	松野市五郎		紡 19	荒川岩雄	◎
紡 7	福田善七	◎	紡 19	戶澤三之助	
紡 7	野尻智	◎	紡 19	打越猛彥	◎

服務處所	姓名	備註	服務處所	姓名	備註
紡 8	川野清次郎		紡 19	尾島五藤	◎
紡 10	增田卯之吉	◎	紡 20	天城昌平	◎
帶 1	田中七造	◎	帶 1	阪口政一	◎
針 1	清谷勳		針 1	藤井與夫	
染 1	村田末吉		染 4	福田太一	
染 2	吉川清二	◎	染 4	西山莊次	◎
染 4	鈴木豐治				
毛 1	長崎主計		毛 4	澤田紀義	
毛 1	馬谷繁男	◎	毛 4	石阪堯春	
毛 4	永井末男		毛 5	恆川正一	◎
毛 4	種村三郎		毛 5	松宮茂一	◎
毛 4	岩田英雄		毛 5	伊藤眼甫	◎
麻 1	飯田二三男	◎	麻 1	高橋真良	
麻 1	高山昇三	◎	麻 2	山木有一	
麻 1	古屋一郎	◎	麻 2	坂部喬	
麻 1	佐藤二郎		麻 2	行武琢磨	
麻 1	高橋誠一郎		麻 2	林哲吾	◎
麻 1	行方清三		麻 2	茂野哲夫	
麻 1	永田岩一		麻 2	納富桓三郎	
麻 1	島田開一郎	◎	麻 2	朝內忠房	
機 3	鈴木金作		機 3	岡田清一	
機 3	佐佐木真作		機 3	金子政男	
巡導	高木留吉		巡導	岩田正勝	◎
巡導	西田秀三郎		巡導	古賀浩	◎
巡導	北村實熹	◎	巡導	岸本友市	◎
巡導	木下勝利		巡導	鈴木忠太郎	
巡導	土居正雄	◎	巡導	田中朋次郎	
工務	中村捷次		業務	澤井秋治郎	
工務	妹尾唯治	◎	業務	谷口藤一郎	
工務	沼田千鶴子	◎	紡管	安室正巳	◎

資料來源：「中國紡織建設公司與上海第十九紡織廠有關日籍人員的留用、辭職、回國簽發證明等來往文件」，上海市檔案館：Q192-16-74，頁28；上海市檔案館：B1-1-2105，頁20-22。

上海兩租界邊界鐵門：從一二八到八一三 [1]

自1924年齊盧戰爭和1925年五卅運動以後，上海法租界和公共租界當局對租界的安全形勢日益擔憂。為了防止敗兵、宵小竄入，尤其是阻止日益壯大的中國民族主義力量有可能接收租界，從1925年末起，法租界當局開始陸續在從南市十六鋪到斜橋的華法交界處各路口修築大型鐵門——通常在路中設三、四副長方形鋼骨水泥柱框，其間是大鐵柵門，兩旁則各有小鐵柵門，二點九公尺高，上有三角形鐵刺。這種鐵門有軍警駐守，晝開夜閉（遇特殊情況時，白天亦會關閉），與原有的鐵絲網、沙袋等障礙物相配套，對市民的自由交通構成了頗大阻礙。隨著1927年初北伐軍進抵上海，修築工程日益加緊。

稍後，公共租界當局亦如法炮製，建立起了連成一線的木樁和鐵絲網，並在各路口設置鐵門，派出中西巡捕、印度「阿三」前來嚴密戒備。鐵門從滬西直至閘北、虹口構成一線。如果這幾十道鐵門一起關閉，兩租界可以立刻成為名副其實的「圍城」，外面進不去，裡面也出不來，如鐵桶一般。面對這種侵犯中國主權的行徑，中國地方當局曾屢屢交涉抗議，各方民間人士亦就鐵門給市民生活造成的「莫大之痛苦」頻繁陳說利害，但兩租界當

1　本文修改自：馬軍、段煉主編，《上海史研究》（上海：學林出版社，2020）。

局始終我行我素，不為所動。

租界鐵門，從開始建造到 1946 年初最後拆除，前後持續了整整二十年。其間，它們的打開與關閉，全開和半合，需檢查證照到完全自由通過，等等，都對上海城市——無論是租界還是華界——的政治、經濟和社會生活產生了重大影響。不僅承平時代如此，尤其是在一二八事變和八一三事變期間，更是造成了巨大的困擾。兩租界當局鑒於租界地面有限，為了抵擋來自南市和閘北的百萬難民潮，幾乎關閉了所有鐵門，以致從日軍狂轟濫炸中僥倖逃生的難民們，扶老攜幼，提箱帶篋，黑壓壓地麋集鐵門之前，弄得進退失據，只能露天而宿，饑渴難耐之下，蒙受了難以忍受的痛苦。有時候，租界當局為減緩壓力，也會將鐵門稍稍開啟，瞬間之下便會有幾十人、數百人乃至數千人爭相蜂擁而過，好比擠上了「諾亞方舟」……一時間，鐵門幾乎成了「生與死」、「天堂與地獄」之間的一道陰陽界。

一二八事變時期

1932 年 1 月 28 日至 3 月初的一二八事變，是甲午戰爭以後中日兩國、兩軍的第一次大規模交戰，由於其主要作戰區域位於滬北的虹口、楊樹浦、閘北、江灣、寶山、真如、南翔一帶，故而對上海城市的發展產生了深遠的影響。自晚清小刀會起義以後，八十年來還沒有哪一次戰亂比一二八事變更嚴重地威脅到上海中心城區的安全。在此過程中，位於兩租界邊緣的幾十道鐵門開始扮演起重要的角色。

一二八中日戰爭是 1 月 28 日午夜在閘北虬江路、寶興路和天通庵路一帶正式打響的。但鑒於戰雲密布、形勢緊張，早在是

日上午，南市及老城廂居民便互相探詢，呈現一片恐慌之色，有
的紛紛將貴重衣物雇車運入租界寄藏，有的索性舉家搬遷，一路
之上逃難之人絡繹不絕。中午時分，準備已久的法租界開始實施
戒嚴，當局用卡車分批運送鐵絲網木架、沙包至各重要路口設置
障礙，並加派警員來回巡邏，特別是嚴密監視與華界的交接處。
在接到電話命令之後，華法毗連處的鐵門大多已告關閉，僅留出
延伸至人行道上的邊門供行人通行。只有南市十六鋪及新開河兩
處鐵門尚在正常開啟之中，各種車輛也因此專從該兩處進出，以
致擁濟異常，「一切武裝人員嚴禁進入租界，但當大批華界居
民逃往租界時，經搜身後可以逐個放行」。[2] 沿民國路（今人民
路）來回的五、六路電車早已前進受阻，光停在新開河站一帶的
先後有十數輛之多，後面的司機見情況不妙，便臨時縮短路線，
從小北門鐵門處調頭折返。[3]

　　下午 4 時起，公共租界亦宣布實施戒嚴，按照數月前租界當
局確定的防衛計畫，各國防軍隨即進駐公共租界各地段，大旨
是：英軍守衛虹橋防線，美軍第四陸隊守衛海格路（今華山
路）與蘇州河一段，日本海軍陸戰隊守衛虹口（北區）與楊樹浦
（東區），萬國商團防守黃浦江至海格路（今華山路）的中區，
各捕房巡捕與特別巡捕則協助軍隊守衛各鐵門與防禦物。克能海
路（今康樂路）、北河南路（今河南北路）及海寧路三處鐵門隨
即遭關閉，其他鐵門則有萬國商團嚴密把守。一些緊連華界的里
弄，如公益里、華通坊、華興坊等，因未裝置鐵門則以鐵絲網隔

2　周本定編譯，〈上海法租界當局有關一‧二八事變文件選刊〉，《檔案與
　　歷史》，1985 年第 2 期（1985.12）。

3　參見〈法租界情形〉，《申報》，1932 年 1 月 29 日，第 11 版。

絕。相比南市地區，是日，閘北一帶更顯人心惶惶，商店紛紛關閉，居民爭先奔避、舉家南遷，寶山路一帶車馬行人如織，交通紊亂，人力車見機抬價，但仍是供不應求。虹口地區棄家而出的難民，也像一條河流一樣，爭著奔過外白渡橋。[4]

由於將公共租界北部劃給日本海軍陸戰隊駐守，導致中、日兩軍毗鄰，故而戰端一開，蘇州河北岸很快淪為戰區。對南逃居民來說，最大的障礙就是如何穿過蘇州河各橋梁北塊或南塊的鐵門，然而這些鐵門已經被關閉了，並配備以鐵絲網攔截。難民們無法過橋，只能下河坐船到南岸，在若干熱心人士的救助下，約有數萬人得以上岸。

1月30日，難民吳根理向《申報》記者述說了閘北戰事和逃難之旅，從中可見一斑：

渠有父母妻女向住閘北沈家灣，自二十八日晨聞得本埠消息惡化後，當即隻身專往迎接擬遷居租界暫避，當日因不及摒擋。至入夜十一時，而戰事已作，欲歸不得矣。該處適在最前線，曾親見公安局警士竭力抵抗，流彈有如急雨，居民驚駭欲絕。翌晨，日飛機兩架飛往該處擲彈，而飛度甚低，致有一機為我軍步槍射落，機師當場墜斃。於是同來一機遂不顧一切，任意亂擲，一彈適落在吳之對門草屋上，幸未爆炸，否則闔家將同為齏粉矣。此後幾度設法脫離虎口，絕未如願。昨晨六時許，有警士五人退下休息，但見眾警氣如牛喘，汗流浹背已疲不能支，蓋已兩日一夜未進一粟矣。直至今晨（昨晨）始捨命逃出戰地，以每人一元四

4　參見〈公共租界情形〉，《申報》，1932年1月29日，第11版。

角之代價渡過河南，闔家始慶甦生。[5]

　　1月29日晨攜家從閘北南逃的商務印書館員工方叔遠，對於過橋受阻而不得不登舟渡河的曲折經歷則描述得更為細緻：

乃分家人為二隊，令次女安偕其同學雷女士率幼小兒女輩先行。余與同居張君及長次兩兒在家稍事收拾，並封閉門戶。在飛機威脅下突出，擬步行至新閘橋，經過湖州會館，房屋已摧毀過半。再前進里許，出巨金尚有洋車可雇，乃以每車一元雇至新閘橋，又以每人兩元得登渡舟。時飛機在頂上摩旋，正揮肥而噬。以舟近租界，未敢擲彈。新閘橋南岸因與華界毗連，皆密布鐵網，不能登岸。舟東行泊新垃圾橋北岸，理已達租界，而租界中華捕乃不允登岸。是時蘇州河交通並未中斷，蘇杭小輪仍逐日往來，民船停泊者尤眾。乃不允舟中人登岸，殊無理由。而華捕持槍相向，謂係得洋人命，雖爭辯無效。相持良久，避難者轉輾移入他舟，由間道登岸，舟中人數漸漸減少，最後止剩余家五六口，華捕亦覺得無如臨大敵之必要，余始得挈兒女輩得間以登。迤邐至老垃圾橋北口，乃與安女等一組相遇，據述其渡河景況，更為艱險，因所攜皆十齡左右之小孩，不敢涉仄狹之舴板，又勢不能中止。避難者不顧一切蜂湧登舟，舟小人眾，幾至傾覆，水盈半舟，持舟者驚惶失措，號哭呼援，兒女等皆大愕，以為暫離火窟者，又將入水宮矣。幸途經至邇，雖漏舟亦得達岸，又連經波折始與余等遇，如慶更生，乃合隊前進。時租界當局有止保蘇州河

5　〈難民述虎口餘生〉，《申報》，1932年1月31日，第8版。

以南之主張，余等雖入租界，尚不易達到蘇州河南岸，因各橋均有洋兵把守，許出不許入，惟電車尚通，又擁擠無法可上，更相持至數刻鐘，乃得隨電車過橋之便闌入，始達安全地帶。[6]

　　儘管如此，仍有大批人員無法南渡，只見「蘇州河北岸難民麇集，露宿達旦，餐風飲露，轉輾哀號，情形之慘無與比擬」。[7]於是，國民黨上海市黨部六區十四分部便會同市公安局四區各區所，在共和路、恆豐路口的陸家巷廟開闢了難民收容所，使避災難民得以暫住，並同時呼籲各界捐助食品。

　　日軍不僅在閘北地區狂轟濫炸，對南市也是如此，故而鄰近的法租界地區亦遭波及。1月29日晨7時至7時半，法租界境內的四處地點遭日機投彈，分別位於招商局金利源碼頭H第8號堆棧門口、新開河7號門牌門口、公館馬路（法大馬路，今金陵東路）東新橋街口10號弄得善里17號、新開河南臺灣路北民國路（今人民路）125號門口，炸死炸傷許多平民。[8]與之相應，中國方面的一些高射砲彈也落在了界內。於是，法租界當局向日本領事館提出強烈抗議，亦提請中國當局注意，並下令「各鐵柵完全緊閉，大世界遊戲場及各影戲院一律停止營業，入晚警備更嚴，行人無特種通行證者，概不放行」。[9]由於，法租界方面預先做了較為充分的準備工作，界內「大米、麵粉、鹽、腌

<hr/>

6　方叔遠，〈一二八閘北避難追憶〉，《東方雜誌》，第31卷第3號（1934.02），頁45-50。
7　〈閘北災民收容所成立〉，《申報》，1932年2月1日，第8版。
8　參見〈日機在法租界擲炸彈〉，《申報》，1932年1月30日，第3版。
9　〈法租界緊急戒嚴〉，《申報》，1932年1月30日，第3版。

貨、罐頭等各種主要食用品還相當豐富，估計供應居民一個月的日常需要大概不成問題」，[10] 因此鐵門的關閉以及之前大量難民的湧入，暫時還不至於對日常供應造成重大障礙。然而，交通繼續受到了影響，五、六、七路電車仍然臨時縮短路線，而「十八路無軌電車因南陽橋鐵門日夜關閉，臨時改用公共汽車，更改路線，由大世界敏體尼蔭路轉入安納金路，至西門路轉彎，再轉入菜市路，至斜橋為止，調頭開回來」。[11] 公共租界方面的交通也是如此，凡是須平日裡通往虹口或租界以外的電車或完全停開，或半途折返，晚上 8 時以後則相繼停駛。

1 月 31 日中午起，公共租界當局為防日軍退入租界，派人沿愛而近路（今安慶路）、克能海路（今康樂路）、北浙江路（今浙江北路）、北山西路（今山西北路）、北河南路（今河南北路）口一線，裝置嚴密鐵絲網，並打木樁，配合鐵門，進一步斷絕了交通。[12]

經英、美駐滬領事從中調停，中、日雙方議定於 2 月 1 日起停戰三天，但實際並未實施，兩軍仍在閘北、吳淞、真如、張華濱、蘊藻濱等地展開激戰。是日晚，曾有一批日本浪人在勞勃生路（今長壽路）一帶受中國警察武力驅逐，紛紛往租界方面逃竄，「俟至鐵門旁，欲求駐守美軍開放時，美軍即將該浪人所攜雜色槍支一律繳械，徒手後始放入」。[13]

2 月 1 日，公共租界和法租界還共同宣布實施宵禁，除警

---

10 周本定編譯，〈上海法租界當局有關一・二八事變文件選刊〉。

11 〈租界電車縮短路線〉，《申報》，1932 年 1 月 31 日，第 8 版。

12 〈蘇州河各橋昨起交通困難〉，《申報》，1932 年 2 月 1 日，第 5 版。

13 〈日人決取自由行動〉，《申報》，1932 年 2 月 2 日，第 2 版。

方、軍方人員外，其他人等「夜間十時起至次晨四時止，概須留居戶內，不得外出」，[14] 否則予以逮捕。同日，法租界當局除續封閉了華法交界處之鐵門，甚至還用鐵絲網和三排木樁封鎖了界北愛多亞路（今延安東路）從東到西一線，兩租界之間的交通僅留天主堂街（今四川南路）、敏體尼蔭路（今西藏南路）、亞爾培路（今陝西南路）等少數路口可通。兩租界之間設置如此嚴密的防禦工事，自 1843 年上海開埠以來尚屬首次。

　　2 月 3 日下午 1 時 35 分，兩架日軍戰機飛臨法租界上空，居民遂大起恐慌，紛紛向屋內逃避，不想一枚炸彈竟落在了朱葆三路（今溪口路）14 號平安大旅社四層樓頂，將屋頂鐵皮炸出一個大洞，並炸傷該社招待員一名。此事件令法租界的氣氛更顯緊張，不僅鐵門繼續關閉，而且晚 9 時左右即行提前戒嚴，嚴禁通行。警方凡遇形跡可疑或違章私越鐵網者，均押往捕房，至次晨始可釋出。

　　2 月 5 日晚，曾有一支日軍便衣隊試圖在南市大通碼頭一帶登陸，隨即遭華界警察驅逐。有因於此，法租界方面進一步加強了鄰近的十六鋪外灘和裏馬路（今中山南路）鐵門的防務。除鐵門在第一線外，內部又增加了兩道防禦工程，即木樁鐵絲網一道和沙泥麻袋一道。裏馬路鐵門終日緊閉，外灘鐵門雖未關閉，但車輛經過卻只准出不許進。與此同時，在公共租界北區擔任防務的美國士兵，為防日軍敗兵退入租界，特地製作長約四尺、寬約一尺餘的木牌數塊，上書「拋棄槍械可入此門」八個字，立於各

14　〈昨晚特別戒嚴〉，《申報》，1932 年 2 月 2 日，第 2 版。

處鐵門之旁，以便解除敗兵們的武裝。[15]

　　2月12日上午8時至12時，中日兩軍在閘北地區約定停戰四小時，滬上各慈善團體便利用休戰時機踴躍營救落難同胞。公共租界各處鐵門因此暫時開放，以利救護團體進出。紅十字會及紅卍字會等特派大汽車數十餘輛，分往公興路、江灣路、青雲路、大場、寶山路、劉行、吳淞等處救護。救出難民將近兩千人，均已面黃肌瘦，十分可憐。[16] 與此同時，法租界方面則繼續加強防禦，雇工在各鐵門內，加打木樁，增添鐵網。有人若想從華界進入法界，則只能走水路繞道，即在十六鋪一帶登上擺渡船，沿黃浦江北行至法大馬路（今金陵東路）外灘後登陸上岸。[17]

　　北浙江路、海寧路一帶，雖屬公共租界，但毗連閘北戰區，故自公共租界當局宣布戒嚴後，該處里弄渭安坊、元亨里等，兩端均被電網封鎖，導致交通斷絕，坊內居民備受饑餒，經多方呼籲，工部局終於允許開放，於2月17日上午10時派萬國商團團員及該會救護車駛至海寧路，將渭安坊口電網撤除，並將鐵柵開放，從而救出坊內居民二百餘人，但仍有四人因饑餓已經斃命，只能交由普善山莊收殮。[18]

　　隨著3月初日本大批援軍抵達上海，第十九路軍自閘北、吳淞、江灣、大場、廟行、真如全線後撤，退守嘉定、黃渡一帶的第二道防線。稍後，上海停戰會議亦開始在英國領事館舉行座談會，至5月5日中日雙方最終簽訂了停戰協定。這一時期，隨著戰事西

---

15 參見〈昨日防務更嚴〉，《申報》，1932年2月7日，第2版。
16 參見〈昨日上午停戰，救出三千難民〉，《申報》，1932年2月13日，第1版。
17 參見〈南市防務嚴密〉，《申報》，1932年2月13日，第1版。
18 參見〈海寧路渭安坊昨開放鐵柵〉，《申報》，1932年2月18日，第6版。

移，市內戰事漸趨平靜，租界鐵門逐步重啟，直至回復常態。

在城北，3月初北浙江路底與泥城橋堍等處的鐵門已可開放，但仍有時間規定，即上午8時至12時，下午2時至5時，過時則不准行人往來。3月5日晨，《申報》某記者通過北泥城橋鐵門前往閘北，只見駐防之萬國商團「檢查至嚴，雖一火柴，亦不許帶進」。到閘北時，「路上行人絕少，日兵之乘汽車巡行者頗多，沿途敗壁頹垣，觸目皆是，其淒涼之狀，有非言語所可述者」。[19]

從3月23日上午起，新橋、新閘橋等處大鐵門已經開放，一切汽車、馬車等完全可以通行，雖然夜間依然關閉，但中外居民已經「無不大稱便利矣」。[20]

3月31日上午4時，公共租界和法租界經協商一致，同時取消了宵禁。

4月14日中午，公共租界捕房拆除了戰時設立於華租交界處，從海寧路西首直至北車站界路一線的銅絲木樁障礙物，愛而近路口的鐵門亦告開啟，以便各店鋪遷回復業。[21]

4月21日，當局又派出大批工人將這一帶的鐵網、沙袋全數搬除，由此北河南路底和北浙江路底，六路電車出入的鐵門得以開放。而寶山路口出口處的鐵門，以及北浙江路底豐裕里的鐵門，卻早已被砲彈炸斷中柱，一片殘垣斷壁，焦木爛鐵。[22]

直至5月20日左右，經華界警方多次交涉後，封閉已久的

19　〈閘北情狀一瞥〉，《申報》，1932年3月6日，第1版。

20　〈新橋新閘橋昨起開放〉，《申報》，1932年3月24日，第5版。

21　參見〈海寧路一帶鉛絲網木樁撤除〉，《申報》，1932年4月15日，第4版。

22　參見〈界路開放後視察記〉，《申報》，1932年4月22日，第2版。

新疆路口、蒙古路口、新閘橋、烏鎮橋等處鐵門才最終拆除全部
障礙物，大開陣門，恢復了常態。避難至租界的原閘北居民紛紛
運載家具、提攜箱籠，回家查看。附近的商店也均在門首懸掛國
旗，開門營業。[23] 5 月 25 日，市民聯合會虹口各區分會等組織
又聯名向工部局交涉，要求掃除海寧路錫金公所一帶鐵絲網，並
且開放鐵門，以利附近商人運作。[24]

　　與此同時，隨著時局漸平，法租界內部要求搬離障礙物、開
啟大鐵門的呼聲亦日益昭著。先是民國路（今人民路）、華成路
（今會稽路）口一帶余恆昌綢布莊等二十家商店聯名致函[25] 南
陽橋商界聯合會，要求轉呈法租界當局開啟華成路口鐵門。繼
而裕大押當、鴻生等商號亦來函要求開放辣斐德路（今復興中
路）口鐵門。故而南陽橋商界聯合會於 5 月 11 日一併致函法租
界總巡捕房總監費伯邇（Louis Fabre，又譯法勃爾、法布爾、法
伯爾），請求迅速開放上述兩道鐵門。稍後，糖業公會和海味雜
貨業公會又聯名致函上海市商會，請其轉呈法租界公董局稱：
「本月分又為我商總結帳之期，辦理賬務夜以繼日，敝會會員等

23　參見〈蒙古路柵門昨日開放〉，《申報》，1932 年 5 月 21 日，第 10 版。

24　參見〈虹口市民請工部局開放鐵門撤除障礙〉，《新聞報》，1932 年 5 月 26 日，第 8 版。

25　內開：滬地自發生戰事以來，我商店所受損失實非淺鮮。法當局為保障界內市民安全計，於華法交界各處要口均將鐵門封閉，斷絕通行。敝號等地處雖屬租界，適被劃出鐵門之外，當一二八事變時，全市罷市，嗣商忍痛開市，然每日無一客賜顧。究其原因，實由鐵門禁閉，交通斷絕，顧客無由出入所致也。查華法交界各處，如南陽橋、皮少耐路等處均已開放。敝號等地處華成路口，該處鐵門現尚封閉。際茲和局已成，為振興市面起見、應將該處鐵門即予開放，俾界內人民均可自由出入，而敝號等營業當可藉此而興矣。為此聯名函陳，尚乞貴會迅予轉請法當局，將華成路口鐵門即日開放，以維商業，實為公便等情。〈南陽橋商聯會請開放鐵門〉，《申報》，1932 年 5 月 12 日，第 10 版。

夥友，大都住在華界，因是深夜返家，欲歸不得」，[26] 為此要求
開放舟山路和小東門大街之鐵門。

　　直至 5 月 28 日，法租界內各馬路中沙包、麻袋終於全部拆
除，華法交界各鐵門亦全部開放，恢復了常態。[27]

　　順便一提的是，不僅兩租界當局使然，有時華界當局亦試圖
利用鐵門為己所用。1932 年 3 月 5 日午後，上海各界在南市西
門的公共體育場舉行反日大會，華界和法租界當局曾利用鐵門採
取聯合行動予以限制：

斜橋為華法交界之處，今晨兩界當局聞上海各界反對撤兵兵民大
會在公共體育場開市民大會，即動員全體武裝巡捕，到場彈壓禁
止開始。一面又通知法界捕房將各鐵門欄緊閉。以致由盧家灣往
老西門之六路電車停駛，行人往是處通過者皆碰壁云。[28]

　　6 月 12 日上午 10 時，上海民眾為反對停戰協定、援助東北
義勇軍聯合會，又擬在西門公共體育場召開追悼東北、淞滬抗日
死難烈士大會。其間，華界市公安局唯恐生事，曾實施特別戒
嚴，派出大批警察前往站崗放哨，阻擋各處群眾向該地湧來，對
已抵人員則予以驅散。更有甚者，為了斷絕交通、設置障礙，曾
再度謀求法租界當局的合作。華法交界處鐵門遂大半關閉，「僅

26　〈為請開放鐵門事致法租界公董局函（5 月 17 日）〉，《商業月報》，第
　　12 卷第 6 號（1932.06）。
27　參見〈法租界鐵門全部開放〉，《申報》，1932 年 5 月 29 日，第 11 版。
28　《戰火》，第 10 期（1932.03）。轉引自上海社會科學院歷史研究所編，
　　《「九·一八」——「一·二八」上海軍民抗日運動史料》（上海：上海
　　社會科學院出版社，1986），頁 385。

留小東門、三洋涇橋、鄭家木橋、小北門、南陽橋、斜橋數處通行電車」，「於是十七、十八兩路由大世界至斜橋無軌電車暫行停駛，入晚仍未恢復。同時法商六路由西門至斜橋有軌電車及華商公共汽車由西門至斜橋者，亦停駛一小時許，俟群眾散盡，始行恢復」。[29]

1932 年一二八戰事以後，根據 5 月 5 日的中日停戰協定，中國的正規軍只能退守崑山、蘇州一線，在停戰區內，治安則由保安團及警察維持。隨後，國民政府把參加過作戰的上海憲兵第四團、第六團分別改編為準軍事性的上海市保安總團第一團和第二團，以便衛戍市中心區域。

幾年過去了，為了應對可能到來的第二次淞滬中日之戰，1936 年 11 月 29 日市保安總團總團長吉章簡曾致函上海市長吳鐵城，請求其下屬的公安局和工務局與之配合，「於扼要路口，如通滬北閘北各橋梁等處，派出雙崗，於崗亭內或附近以便利捕盜為由，預設特種電鈴、電燈，如遇敵軍發動，一面監視行動，一面按電燈電鈴警報後方部隊，並在表列地點，仿照租界辦法，設置鐵柵門及地雷，此門兩旁留出便門，必要時可將正門關鎖，只留便門通行」。[30] 隨函還附上了一張表格：

29 〈昨晨特別戒嚴〉，《申報》，1932 年 6 月 13 日，第 9 版。
30 「上海市政府有關保安團設置鐵門的文件」，上海市檔案館：Q1-5-329，頁 1。

上海市保安總團滬北街市阻絕應設鐵柵及需用木板數量表

地點	木板	鐵柵門
青雲路復興糖房	10	
中山路良種金魚園	10	
柳營路平民教養院	10	
新閘新民路口		1
新閘新疆路口		1
新閘光復路口		1
新閘華興路口		1
新閘蒙古路口		1
新閘庫倫路口		1
新閘國慶路口		1
新閘烏鎮路口		1
新閘橋		1
新閘恆豐橋		1
聖約翰橋		1
曹家渡橋		1
造幣廠橋		1
中山路第三號橋		1

資料來源：上海市檔案館：Q1-5-329，頁 3。

　　稍後，保衛團方面又繪製了設置鐵柵門略圖三份[31]上呈，以便市府方面能夠明晰。但後者終以「鐵柵、木板為上次特種預算所無」、「非急要設備」為由，予以「緩議」。[32]由此，華界方面有人企圖模仿租界設立鐵門的意圖再一次未能實現。但正如預料的那樣，不久之後，中日雙方在淞滬之地終於重燃戰火。

八一三事變時期

　　1937 年 8 月 13 日至 11 月 12 日，中國軍隊七十餘萬，日本

31　上海市檔案館：Q1-5-329，頁 5-7。
32　上海市檔案館：Q1-5-329，頁 11。

軍隊二十餘萬，在上海地區展開了一次大會戰，史稱八一三事變、淞滬會戰。此役，就時間跨度和戰事規模而言，遠比一二八事變為大，對整個城市生活破壞更巨。戰火伊始，大批中國居民為避難求生，從閘北、南市等華界地區湧向公共租界蘇州河以南地區，以及法租界地區，上述兩區域的人口從原有的一百萬猛增至一百七十萬人，呈人滿為患、不堪重負之勢！故而所謂「嚴守中立」的兩租界當局依然採取了緊閉鐵門、適度開放的措施，其基本邏輯和實際表現與一二八時期大致相同。其時，鐵門阻隔的高潮發生在 11 月 10 日之後，在日軍的南北夾擊下，最後一支中國軍警部隊（主要是第五十五師張旅和警察總隊，以及蘇浙行動委員會的別動隊，由上海市警察局長蔡勁軍指揮）從南市地區撤離，華界全境淪陷在即。面對日軍的空襲、砲轟、放火和追殺，從日暉港、楓林橋、斜土路等地逃來的數萬難民如潮水般地湧向法租界，但卻麋集法華交界處，欲過鐵門而受阻，由此演繹了一場驚心動魄的血淚大劇！

　　狄耕的〈鐵門外與鐵門內〉[33] 一文用紀實通訊的手法，描繪了 11 月 11 日下午，六名中國警察在撤離南市、逃奔法租界的過程中，如何受阻於鐵門，又如何隨同難民猛衝過去，得以脫離險境的場景。作者以歷史大事件和重要時間節點為背景，用細膩的筆法真切地刻畫了小人物的求生、掙扎和心理活動，並對被鐵門割裂的兩個世界進行了鮮明的對照。其文見下：

---

33 狄耕，〈鐵門外與鐵門內〉，《七月》，第 6 期（1938.01），頁 186-187。

一

一九三七，十一月十一日，在南市。

雖然蔡勁軍局長咬定牙根表示了「死守」，然而以毫無作戰經驗的警察來和侵略軍對打，那悲慘的結果是不難想像得出的。而且前線上的潰退消息，像南國的秋雨，不斷地飄了下來，這被人認為安全地帶的「難民區」，不管怎麼自慰吧，但終於有些慌亂了。

砲彈不斷地從頭上擦響空氣飛過，有時竟落到我們百米附近的地方，飛機驕傲地在空中翻著斛斗，炸彈爆發的聲音，把我們的說話聲整個的淹沒了。

老蔡似乎有些兒沉著，兩道眉毛仍和平日那麼平平的，他用眼睛瞟一下空中底機影，從嘴角周遭扯出一個痙攣式的苦笑：

「好白相，……人生那得幾回見？……人生那得幾回聞？……」接著，他故意把嘴用力地抽成一響：「我滿意，這一輩子總算沒白活！」

然而，他這種「打氣」究竟也當不了什麼，人們的恐懼，焦急，並不因此而減少半分，王隊長背著兩隻手來回走著，老嘆氣，時時拍響大腿作出一個無可奈何的神情。……

「壞了，陳英士塔已擺開散兵線了！」老許滿面大汗的跑回來報告消息。

「哦，朋友們，暴風雨已捲到了，我們開始這一個偉大的沐浴吧！」老蔡彷彿是一個講道的牧師，又彷彿是一個西洋明星在作表情，他把兩手舉過了頭頂，詩人朗誦得意句子似的一個字一個字的高讀著。

「算了，我的蔡老爺！別表演啦，快想法逃命吧。」王隊長哭喪著臉

說。

無可奈何的恐慌裡，大家苦笑了。

但是，逃？談何容易！南市已被周圍的毒火包圍了！租界的鐵門在昨天已經關閉，華法民國路上，正露宿著幾萬難民，黃浦江被敵人扼住了咽喉，松江──這唯一的退路，在前天便告陷落，我們逃到哪裡去呢？除非是會地遁！

大家漫漫的長期沉默，彼此交換著沉重的眼光，似乎一群待判的罪犯，靜候著不敢想像的命運降臨……

時間在寂靜裡漫步著，挨到了下午五點鐘。

「快逃呀，東洋人來啦！」不知是誰，在街上這麼拼命的喊了一聲。

這恐怕比一個二千磅炸彈落地底威脅還大，人群立刻擁起了空前的騷動，我們跟隨著瘋狂的群眾無目的底狂奔，途中不住的呼喚著每個人的名字。

然而，我們號稱「沉著家」的老蔡卻不見了。

「老蔡！……老蔡！……」

沒回應。

「老蔡！……老蔡！……老蔡呢！？」

「不曉得，……大概是跑散了。」

二

仍然，法租界的鐵門是緊緊關閉著。

老蔡不知跑到什麼地方去了，只剩下我們三個月來在砲火中相依為命的六個人。

十六鋪方面的機關槍聲加緊的響著，遠遠地隱約地聽到駭人底喊

殺聲，華法民國路上是死沉般的安靜，雖然在這裡有著幾萬逃不出圈子的難民。

法國巡捕在這條路上來往巡逡著，沉重的皮鞋聲似乎直踏著人們的心，天空籠罩著灰色底薄雲，太陽深紅地像個切開的爛西瓜似的向西下垂，景象是空虛而悲哀，彷彿誰故意擺飾成這副一生也忘不了底「逃亡圖」。

我深深地低著頭，心裡充滿了莫名底情緒，我覺得自己底渺小，同時又蒙上一層過多底汙辱！從東北故鄉被逼到北平，從北平被逼到上海，而現在，它們又逼到了眼前——他媽的，還要把人怎麼樣！

於是我想到了家……

於是，在我眼前展開廣茫的原野，被壓迫者的人群，革命者的鮮血，粗大的拳頭，流亡的腳……

是時候了，雜種！咱們東北老哥要報這六年的血仇！

但是，我孤獨地又在準備著「逃」。

我偷偷地拭去眼角上的淚，抬起頭，看著王隊長正在急躁地搓著兩隻手。

「怎麼能逃到租界去呢——對，咱們擺在眼前的只是這一個先決問題！」他說。

「其實呢，就是後決了也好，就是怕不能決！」老許煩惱的蹙著眉說。

這「出路」擾亂了我們，大家不自主地低嘀著。

「等一會兒，東洋人來了，我們這些青年人，決無一個可以倖免，它們就這樣噗吃——一刺刀一個，噗吃——噗吃——」老許做著姿勢講，似乎故意在嚇唬誰。

「這……這……」王隊長的嘴唇顫動起來了。

「唉——」沉重地不約而同地，大家同聲吁出一口氣。

「看，那邊的小門兒開了，衝——」老許遙指著許多人正在擁擠著的一個商店的門。

「衝啊——」

我們都瘋狂了，提起了最高速度的雙腿，向那方面飛跑過去，可是還沒等我們跑到，乒的一聲，兩個世界的關鍵——這個鐵門，又關閉了！

「操他個娘，慢了一步！」

「喂，老闆，方便大方便吧！我們都是公務人員，比不得難民，東洋人來了，我們一定——一定，老闆，咱們都是中國人……」王隊長哀求似地對門裡的人說。

我們以為這樣便可以賺開鐵門，然而那知道……

「不行！」裡邊的聲音。

「方便方便吧！我們都是——」

「不行，不行！」

「王八蛋！你是不是中國人？中國人為什麼不幫中國人忙？老子記得，你終有一天——王八蛋！」老許的臉漲得緋紅，回頭對大家說：「不用跟他們說廢話啦，這些傢伙比東洋人還壞，王八蛋！終有一天——老子——老子——王八蛋！」

自然，殘留著的是整個的失望了。

但機會還正多著，不久那邊又有人在開門——

「衝啊——」

結果仍是一個照舊的失望。

天，就在這東西碰壁中撒下黑幕來。

「完啦，一切完啦！」

「也好，死就死吧。我也真不願意活在逃難裡了！」我忿慨地説。

「可是——可是——喂，看！那邊又在開門，衝啊——」

這一次，我們都抱著一種決心，不論如何，非拼全力衝出這個鐵門不可，因為整個的上海——最後掙扎地底南市，已經暫時陷落了。

「衝啊——衝出了這道鐵門！進去的人把門把著，不准他關，誰關門就是漢奸，先打死他！……」

「打死他！……不准關門！……王八蛋操地！……老子……打死他！」

也許是「死之掙扎」潮水般的人群，像衝鋒，像驚了的牛群，一口氣擠進去了八十多個！

三

劃分開兩個絕對不同世界底鐵門啊……

一面是浴血抗戰，一面是歌舞昇平……

六個人擦了擦頭上的汗，輕鬆地感嘆地長吁了一口氣。

黃浦江的外灘仍是一片輝煌底燈光，爵士樂正響亮地回蕩在空間，快樂底夜將開始它底序幕，陶醉吧，公子小姐們，粉紅色底荒淫夢也許不得久了呢！

「讓這罪惡底租界全部毀滅吧！她媽的，中國——中國！……」

老許扼不住感情底衝激，憤然的淚水在眼角上打滾，右手握緊了拳頭。

我們都落下淚來，老想抱攏來放聲大哭，我默默地仰望高空，漆黑的夜正預約著一個未到底天明，然而，夜將開始啊……

轉過去南京路，我們要分手了，十二隻手大家握了個圓圈，像宣誓，老許說著：

「同志們奮鬥下去吧！大砲的聲音還沒停止，我們同志還要繼續死下去，如果有機會，也許不久會在另一個角落上見！」

他的聲音低而顫，到這裡再說不下去了。忽然他又重提一句：「老蔡呢？」

沒有答覆，大家慢慢地撒開了手。我底眼睛便又望到，江面上水光反映的金紅色……

從上文中可以察知，雖然面對大批難民蜂擁而至，法租界採取了關閉鐵門的措施，但偶爾也有短暫的開啟，成百上千的滯留人員得以乘機拼命湧入。[34] 事實上，11 月 10 日這一天，南陽橋和老北門的兩處鐵門尚在開放之中，儘管前者只能出不能進，但後者仍屬正常，老北門一帶萬頭攢動，欲入租界者人山人海，人群中還夾滿了搬運家具的卡車、小板車、人力車，一輛接著一輛。因前幾日曾有一般宵小見有機可乘，竟敢在鐵門口以相助提攜幫忙為由，實施強奪，故而法租界當局派出了大批巡捕、包探

34　對此鄭祖安的解釋是：「面對陷於苦難境地、慘不忍睹的難民群，作為中立者的西方人還是具有一定的人道主義精神的（儘管有一些巡捕在難民衝擊時也會揮舞皮鞭、木棍）。因此，即使在宣布關閉的情況下，在有些時候，仍會短時間的打開鐵門，讓一部分難民進去，或者雖然不打開鐵門，但為鐵門的內外兩邊提供一定的方便。」他還認為，雖然租界當局在 11 月中旬不得不採取了關門措施，但就整個三個月戰事而言，鐵門的開放時間遠多於關門時間，「這七十萬以上的中國難民得以受到保護，基本地避免了生命的危險。」「現今，當我們重新全面認識、研究租界的時候，對它們在上海特定的歷史時期中曾經發揮過的作用和作出的貢獻，是不應忽視和忘記的。」鄭祖安，〈八一三事變中的租界與中國難民〉，《史林》，2002 年第 4 期。

等站立鐵門內外，竭力維持秩序，使難民們得以魚貫而入。但很快，隨著日軍逼近在即，難民越集越多，三十多道鐵門便幾乎全線關閉了。

　　儘管饒家駒神父難民區[35]已於 11 月 9 日在南市北部成立，但其內缺水、缺糧、缺電，仍非理想、安全的去處，故而數萬難民滯留在法華民國路（今人民路）上，進退失據，很快陷入了困境。眾人鵠候並露宿街頭一晝夜後，既心切又疲勞，尤其是婦孺童稚啼饑號寒，情形十分淒慘。有鑒於此，11 日下午，法租界內的實業家便與世界紅卍字會救濟隊、上海國際救濟會等慈善機關購買了大批麵包、大餅、油條、饅頭，派人從鐵門擲出，或從沿路建築物的陽臺上吊下遞送給難民充饑。界內普通市民中也有許多人自動送來茶水及食物，由租界巡捕和童子軍代為轉遞。12 日上午，曾有記者前往鐵門附近視察，只見難民們個個面容憔悴，有人席地而坐，有人低頭哭泣，令人心酸。「難民們實在餓得忍受不住了，站在老北門附近的難民們就開始向鐵柵內租界上的人們呼籲，立刻老北門附近的住戶們，就發起為難民們募捐，臨時寫了一面大旗子，沿街求募，不到幾十分鐘已募了數十元，於是他們又在老北門附近的大餅油條店內，購買了幾大竹籃的大

35　為了減輕租界的壓力，亦為了更好地保護租界之外的中國難民，經法國天主教耶穌會傳教士饒家駒神父（Robert Charles Emile Jacquinot de Besange, 1878-1946）極力斡旋，中、日雙方軍政當局洽定在南市北部地區建立一塊難民安全區，雙方均不得在此從事針對對方的軍事行動。其具體地塊是，民國路（今人民路）以南，方浜路以北，東、西兩面均臨法租界。在此後的數年中，安全區內的難民營總共庇護了 25 萬至 36 萬人。詳見阮瑪霞著，白華山譯，《饒家駒安全區：戰時上海的難民》（南京：江蘇人民出版社，2011）。

餅油條。」[36] 但這些依然是僧多粥少，於事無補。至下午 1 時許，天又下雨、難民們衣服盡濕，狼狽不堪。

《申報》11 月 14 日第 4 版刊發了署名槐青的〈人間活地獄〉一文，文字雖簡練，但同樣把大戰亂下國人的苦難，以及悲劇的各個環節刻畫得淋漓盡致：

幾十萬數的難民擁塞在民國路上，對著隔離租界的每一個鐵門口，發出微弱的悲慘的淒絕人寰的哀息！這已不是馬路，這是人，萬物之靈，肉血之軀，所填塞著的「肉道」！

他們凝視著租界：高樓大廈，汽車飛馳，依舊是安全的生活著。

他們幻想著租界：電影、戲院、酒樓舞場，依舊是燈紅酒綠，紙醉金迷，不愧榮華的都市！

一線之隔，一邊是天堂，一邊是地獄。地獄裡的人們，饑寒交迫，嗷嗷待哺，天天幻想著天堂。而天堂裡的人們，卻始終沒有想像到掙扎在饑餓線上的人群！

失陷了的大上海，依舊，特別地，顯著這樣極端的不公平！

死神作最後的抗戰，天天渴望著理性的人類去救濟！

他們失去了人類的本性！他們在懷疑著「人」──所謂理性的人類，竟這樣殘酷的麼？

地獄裡的人們，已沒有了階級，沒有了貧富，一切都是平等的了！

鐵門，他們憑著最後的氣息，無時無刻不在凝視著鐵門，而鐵門老是嚴屬地阻隔著兩個極端不公平的世界！

---

36 上海社會科學院歷史研究所編，《「八一三」抗戰史料選編》（上海：上海人民出版社，1986），頁 92-93。

鐵門突然的開了，饑餓的人們，不，已經失去了人類意識的瘋狂了的饑餓之群，如黃河決口向著租界裡潮湧而來，他們忘記了已有三天沒有飲食，憑他們疲憊不堪了的軀殼，衝！衝！向著租界裡衝！殘忍的木棍，在「人」的手中使勁地揮動，在另一種人類的頭腦上沉重的打著打著，不絕地打著！腦殼碎了，鮮血在流！前面的人跌下地去了，後面的，那裡顧到，盡是在他的身上踏過去，踏過去，衝！衝！向著租界裡衝！

鐵門又突然的關閉了！僥倖的衝進了租界，不幸的仍跌入地獄！而衝進了租界的，仍舊沒有找到他的天堂，天堂並不是他的，依舊掙扎在饑餓線上！

地獄裡已沒有水沒有米，有帶了米的，僥倖的弄到一滴水，用馬桶劈作燃料，煮熟了飯，不容你獨享。鐵門口的小販，一個小小的餅，要費一百錢，立刻就搶光。

熱心的人從附近的房屋頂上，把水一桶桶的吊下去，在幾千萬饑餓之群的紛爭搶奪中，給果是潑滿地上，依舊救濟不了與死神交戰著的人群！

大餅在屋脊上拋擲，搶呀！搶呀！搶到的便可勉強填塞食腸的一角，都維持一些性命。

有位西裝少年同著一位摩登太太！看樣子的確是一對摩登少年夫妻，可是他們現在也變了饑餓線上的待哺者了，很聰明地把他的呢帽用來作網，網那屋頂上拋下來的大餅，可是大餅一落入呢帽，立刻被數千百隻手搶奪了去，連呢帽被搶去了。

可憐一位六十多歲的老太婆，她已沒有了少年的英勇，她不能搶，她悵望著，發出微弱哀號，要求屋頂上的施救者擲幾個給她。她雙手捧著衣兜，等著，等著，果然不久就有四五個大餅落

入她的衣兜裡，她來不及去表示她的喜悅，早被一幫虎、狼似的
饑餓者你劫我奪，搶個精光，她被擠倒地上，任人的搶奪踐踏，
她僅僅剩餘最後的一絲微弱的呼吸！
慘絕人寰的人間活地獄！
失陷了的大上海，顯著這樣極端的不公平！

　　黎遠的〈鐵門外的一群〉[37] 則用詩的手法描繪了難民們後有
追兵、前有門擋、饑渴萬狀、生命垂危的窘狀：

兒女喊著爸爸，
母親找著寶寶，
丈夫失去了妻子，
妻子沒有了倚靠！
他們是一群，
一群，被關在鐵門外！
房屋，
衝起了火光，
火光中升起了一面白白的旗幟，
當中有一個圓圓的太陽！
圓圓的太陽下，
刺刀逞它勝利的威光；
它閃耀著獸性的喊叫；
「饑渴！血的饑渴！

---

37 黎遠，〈鐵門外的一群〉，《抗戰青年》，第 10 期（1938.01）。

我還飲得太少！」
在這死的勝利裡，
誰又會拿身體——
留著要復仇的身體去碰上。
無故地去把自己的鮮血，
把那雪亮的光芒掩遮？
沸騰的，滾燙的血，不能白流，
在必要時，這才——
才要使敵人喪膽！變色！
他們是一群
一群被關在鐵門外；
三天沒有飯吃，
三天沒有水喝，
雨淋，日曬，
天天鵠候在鐵門之外，
等候著，等候著，
等候著慈悲的同胞，
往遼遠的外面，
擲來少許的麵包，
幾十萬的難民，
幾百個的麵包；
死活的鬥爭，
生存的要求；
對準著擲來麵包
搶！奪！搶！奪！

年老的被擠死了，

年幼的被擠死了，

不被擠死的也只有餓死的一法；

不被餓死的更有敵人的槍殺！

年青的婦女一個個被敵人拉去了，

拉去了強奸！強奸！

還是死，還是流血！

血！血！血！

血就到處跟隨著——

那圓圓的太陽！

不必再待死後到地獄去，

這血比地獄更像樣！

鐵門外，

他們是期待著，

期待著不是水不再是麵包，

他們是期待著

鐵門的開放！

鐵門怎麼會開放呢？

幾十萬的難民，

租界上的治安；

為了治安，

這才本著基督的慈悲，

關你們在鐵門外，

過「天堂」般的生活！

任憑你呼啞了，

饑餓顫抖的音調，

任憑你拉酸了，

無力疲乏的二手，

冰冷的鐵門

總是緊閉著不再啟放！

他們是一群，

一群饑寒交迫的奴隸，

在敵人的鐵蹄下，

永遠地關閉在鐵門外！

　　實際上，即使有人僥倖衝進了法租界，暫時避開了戰火之災，但也非萬事大吉，若無親友可以投奔，則只能求諸小旅館、同鄉會或難民收容所，但這些地方也早已人滿為患。無處棲身的人們只能終日流浪在馬路、里弄、草坪間，風餐露宿，入夜後更是饑寒交迫，同樣面臨著死亡的威脅。

　　至 11 月 15 日，躑躅在法華民國路街頭的難民已不似前幾日那麼擁擠，但仍是三五成群散坐，面目垢疲，形狀慘苦。與此同時，各界熱心人士輸送食品者愈見踴躍。在新橋街、小北門、鄭家木橋等地鐵門口，繼續有人利用邊界店鋪高處或住家窗口向難民散發或投擲光餅與饅頭，「紛紛如雨滴而下，且送食者此去彼來，故歷久不絕」。[38] 有些餅掉在地上，沾了泥土、小便，饑餓的人們也照樣吃。八十年後錢沁芳老人對當年的場景是這樣回憶的：「父親和母親帶著生病的弟弟擠到法租界裡面後，自己

38　〈二十萬難民仍處水深火熱中〉，《申報》，1937 年 11 月 16 日，第 4 版。

帶著兩個妹妹就在民國路上轉悠，等待著鐵門開放，好進入租界
與父母會後，餓了就撿掉在地上人家不要的饅頭大餅吃，那時
候也沒有自來水管，也顧不得地上的饅頭大餅乾不乾淨，撿起來
就吃。」[39]

由於投擲的方式常常引起難民的搶奪，「年少力壯者捷足先
得，而老弱及婦孺則頗不易到手，故飽者過飽而饑者仍饑」。[40]
甚至有強壯者奪得食物後，不僅不肯轉給弱者，反而將食物出
售。饒家駒神甫因而呼籲應停止拋擲食物的方式，以防難民在紛
擾中陷入危險。故此，法租界當局遂派出探員在鐵門一帶協助派
發糧食，並按名發給。

事實上，民國路以南、方浜路以北的難民區自 9 日成立後，
同樣人口激增，數日間從四萬而至六、七萬，又達十萬，糧食不
繼亦十分嚴重，常有人「數十小時未得一食」。為此，有關救濟
組織曾分別派遣饒家駒神父、陸費逵、吳凱聲等向法租界當局交
涉，後者終於允諾開放老北門鐵門一角，但須預先領取法捕房開
出的通行證後，運糧車輛始可通向南市。

進入 12 月以後，局勢已平緩下來，南市難民區的運作亦漸
趨正常，原先逃入法租界的商戶、平民中有不少人經老北門鐵門
開口南返復業，但按規定只能出不能進，離開後不得重回。

八一三戰事雖然結束了，但在漫長的孤島和淪陷年代，兩租界
邊界鐵門還將給上海市民帶有更多的困擾。

---

39 蘇智良、王海鷗，《上海拉貝：饒家駒》（北京：人民出版社，2017），
  頁 177。
40 〈二十萬難民仍處水深火熱中〉，《申報》，1937 年 11 月 16 日，第 4 版。

《「八一三」抗戰史料選編》是怎樣編成的？[1]

一

　　上海社會科學院歷史研究所的歷史可以追溯到 1956 年，以編纂中國近現代史和上海革命史的資料集而著稱。「文革」期間曾經中斷，1978 年復所之後，即於次年夏季起，由下屬現代史研究室牽頭，旨在編纂一部以上海八一三抗戰為主題的資料集，因為八一三是上海人民鬥爭史上的光輝一頁，也是抗日戰爭時期的一個重大事件。

　　經過一年多的努力，到 1980 年底，課題組已收集抄錄了一百萬字史料，大致涉及以下幾個方面：

（一）關於八一三戰事：其中大致包括戰事的進程、雙方兵力部署、雙方主要指揮官、中國軍民的一些英勇事跡、市內發生的幾次慘案（如大世界墜彈慘案），以及戰事造成的嚴重損失等。

（二）關於人民抗日救亡運動：最主要的是各界抗日救亡協會的活動，包括許多地下黨老同志的回憶錄和訪問記，涉及劉曉、王堯山、陸志仁、趙先、周克、劉峰、劉季平、劉長勝等等。也有涉及民族資產階級參加抗日活動的資料，常常反映了他們的兩面性。還有杜月笙主持的地方

1　本文修改自：《澎湃新聞》，2020 年 9 月 3 日。

協會的資料，以及國民黨主持的抗敵後援會的資料。

（三）關於難民活動的資料：八一三抗戰中，上海的難民工作非常重要，周克是中共難委的負責人，此外如湯鏞、丁公量、趙樸初、孟一如、胡靜、潘大成等都提供了很多資料。當時的慈聯會和第一國際難民收容所，中共人員在其中做了許多工作，難民收容所成為開展抗日活動的一個重要陣地，有小延安、解放區之稱，這裡培養和產生了許多黨的重要幹部，並向新四軍輸送了大批人員。

（四）關於國際上對八一三戰事的各種反映：包括英、美、法等各國的重要文件，如羅斯福、張伯倫、艾登等人的發言等。

（五）中日國共三方有關八一三戰事的重要文件：包括中共的聲明、宣言，蔣介石的發言，近衛的聲明等等。

（六）當時名人有關八一三戰事的文章，如宋慶齡、郭沫若、茅盾、阿英、潘漢年、夏衍、七君子等等。

（七）八一三戰事大事記。[2]

　　承擔這個課題的主要是現代史研究室的張義漁、李飛、沈憶琴、羅義俊四位學者，以張、李兩人為主。其間，大家付諸了極大的努力，許多資料已經很稀少、難覓，課題組找到了當年的《救亡日報》、《立報》、《抗戰三日刊》等珍貴報刊；在南京檔案館找到了當時國民黨與日方的重要資料；在歷史所圖書資料室也尋覓到了不少原始資料。此外，還走訪了上海圖書館、上海市檔案館、上海市總工會工運史料組、上海市婦聯婦運史料組、

2　參見上海社會科學院學術祕書室編，《彙報》，第 33 期（1980.12）。

上海市工商聯資料室、復旦大學歷史系、中國第二歷史檔案館、江蘇省公安廳檔案處等單位。經過辛苦的手工抄錄後，這部書的初稿在 1980 年即交付上海人民出版社，但由於當時「出版難」日益加劇，直至 1986 年 5 月才被作為「上海史資料叢刊」之一，得以面世。

正式出版時，該書有四十萬字，所輯以 1937 年 8 月 13 日至 11 月 12 日的史料為主，共分為五編：

一、「八・一三」戰爭；

二、抗日救亡運動；

三、難民工作；

四、國際形勢和各國態度；

五、歷史文件與重要言論；

附錄：「八一三」抗戰大事記。

參與過「八一三」鬥爭、解放前中共上海地下黨的老領導張承宗應邀作序，開宗明義：「這是一件很有意義的事，不但對於一般讀者瞭解這段歷史大有裨益，而且對於專門從事上海革命史研究的同志也將提供方便。」

本書書影

二

　　在編纂這部史料集的同時，課題組成員還開始了一些初步的研究，以期為將來的深入研究奠定基礎。

　　張義漁發表了〈抗戰初期上海的「救亡協會」〉（刊《社會科學》1983 年第 1 期）等論文。他還曾到上海師範學院作過「日本帝國主義為什麼要發動『八一三』戰爭？」和「『八一三』戰爭和上海人民的抗日救亡鬥爭」兩次報告，對日本帝國主義當時國內和國際間的矛盾，發動這次戰爭的主客觀原因做了較具體的分析。聽眾感到有許多新資料、新觀點，很有啟發。1982 年 8 月 10 日，上海社會科學院歷史研究所曾舉行紀念八一三學術討論會，張義漁作了重要發言，他認為：日本帝國主義發動蘆溝橋事變和八一三事變，同樣是有計劃、有步驟地擴大對中國的侵略。「八一三戰爭中，日本在上海入侵二十萬軍隊（近衛、第 3、第 9、第 11 四個師團；竹內、安藤、鷹森、天谷、和田五個旅團），擁有二百輛戰車，三百門大砲，二百架飛機，二個重砲聯

隊，一個海軍陸戰隊。我國成千上萬個家庭被吞噬，大批人民被屠殺。金山衛赤旱塘，五千人的村子被殺死一千人，至今猶被稱作『殺人塘』。浦東、南市一帶，日軍縱火焚燒四、五天，損失五億元。閘北被焚，損失二億元，民房、學校機關都付之一炬，工廠被毀三千餘家，占當時在滬工廠總數的 70%。無家可歸進入租界的難民達七十萬。」[3]

李飛為《民國歷史人物傳》第十冊寫了一篇〈謝晉元傳〉，得到了中國社會科學院近代史研究所編輯部的好評。她還撰寫有長文〈江南敵後抗日武裝鬥爭故事〉（《支部生活》，1984 年第 20、21、22、23 期連載）。羅義俊則發表了〈「八‧一三」時期上海的難民工作〉（《社會科學》1982 年第 8 期）、〈「八‧一三」淞滬抗戰中的八百壯士和謝晉元〉（《歷史教學》1984 年第 9 期）等。

上海社科院歷史所現代史研究室編纂的這部《「八一三」抗戰史料選編》，實際上為 1990 年代以後蓬勃發展的中國抗日戰爭史研究，做了重要的鋪墊和先驅工作！後來幾乎每一部研究上海抗戰史的專著和學位論文，都曾受益於它。更值得誇耀的是，現代史研究室還在 1986 年的晚些時候推出了兩部主題相關的資料集，即《「九‧一八」──「一‧二八」上海軍民抗日運動史料》（李華明、饒景英、翁三新編，上海社會科學院出版社，1986）和《上海郊縣抗日武裝鬥爭史料》（張義漁、翁三新、李飛編，上海社會科學院出版社，1986）。該兩書的編纂背景、經

---

3 〈決不容許日本篡改侵華歷史──本所舉行紀念「八一三」學術討論會〉，《史學情況》，第 25 期（1982.10）。

過情形和學術影響，亦與《「八一三」抗戰史料選編》大致相同。

值此抗日戰爭勝利七十五周年之際，讓我們緬懷本研究室前輩史者的奉獻和功績吧。

1946 年上海美軍軍事法庭對澤田茂等在滬虐殺美國杜立德航空隊飛行員的審判 [1]

　　1946 年 1 月，中國戰區參謀長兼駐華美軍總司令魏德邁將軍（Albert Coady Wedemeyer）奉位於美國華盛頓的陸軍部之命在中國上海提籃橋監獄（Ward Road Jail）設立美軍法庭（The Military Commission convened by The Commanding General, United States Army Forces, China，亦有譯為美軍戰犯委員會），審判戰時日本軍隊在中國大陸和臺灣地區殺害、虐待美國被俘人員的相關案件。至是年 9 月間，該法庭共計審判了八批四十七名日本戰犯。

死刑	10 人（實際執行 6 人）
無期徒刑	6 人
有期徒刑	29 人
無罪釋放	2 人

　　之後又繼續開審了二十七名德國納粹戰犯。[2]

1　本文修改自：上海市檔案館編，《上海檔案史料研究》，第 25 輯（上海：上海三聯書店，2021）。

2　相關研究請參見徐家俊，〈提籃橋監獄對日本戰犯的關押、審判與執行〉，載上海市政協文史資料委員會等編，《上海紀念抗日戰爭勝利 60 周年研討會論文集》（上海：上海人民出版社，2005）；劉萍，〈戰後美軍在華處置戰犯問題初探〉，《民國檔案》，2016 年第 3 期；馬軍，〈「二戰」以後全世界審判日本戰犯第一案〉，載金永明主編，《日本社會觀察（2016 年）》（上海：上海社會科學院出版社，2017）；張穎軍，〈史海鈎沉：駐華美軍戰後

　　作為開庭時間早於東京審判的上海審判，無論在戰史層面，還是在司法實踐上都占據著非常獨特的位置。澤田茂等人在上海虐殺美國杜立德航空隊飛行員案即為其中的一個案例。

一

　　為了報復 1941 年 12 月 8 日日本海軍對珍珠港的突然襲擊，1942 年 4 月 18 日，美國陸軍航空隊的十六架 B-25 轟炸機，在詹姆斯・杜立德（James Harold Doolittle）中校的率領下，各自攜帶五百磅炸彈三枚、五百磅燃燒彈一枚，從航空母艦「大黃蜂號」（CV-8 Hornet）上起飛，轟炸了日本本土的東京、橫濱、神戶、名古屋等地。從戰術角度看，這次空襲炸毀的目標並不多，投彈量亦遠不及 1944 年以後的戰略大轟炸，但卻極大地鼓舞了美國軍民的士氣，具有極為深遠的戰略意義。

　　在上海審判為日本服務的德國間諜案〉，上海交通大學東京審判研究中心等主辦，「戰後對日本戰犯審判文獻」研討會，2020 年 1 月 6 日至 8 日。

此次空襲任務的概況可見下表：

機號與目標城市	迎擊日機（架）	地面砲火程度	空襲對象	著地狀況
1 號機東京	9	激烈	工廠地帶	衢縣北一百一十公里處跳傘
2 號機東京	0	無	工廠和倉庫	寧波附近機體著陸
3 號機東京	數架	相當厲害	煤氣、化學工廠和船塢	衢縣東南跳傘
4 號機東京	許多	無	機槍故障、放棄投彈	上饒東南跳傘
5 號機東京	0	激烈	油槽、發電所、工廠	衢縣東南跳傘
6 號機東京	0	激烈	製鐵所	寧波海面迫降
7 號機東京	0	相當厲害	工廠、製鐵所	象山海面迫降
8 號機東京	1	無	大工廠	海參崴以北六十四公里處跳傘
9 號機東京	1	激烈	煤氣工廠、發電所、製油所	鄱陽湖以南一百六十公里處跳傘
10 號機東京	16	激烈	鐵工所、工廠地帶	衢縣以北四十八公里處跳傘
11 號機橫濱	5	輕微	製油所、警戒艇	衢縣以北八十公里處跳傘
12 號機橫濱	0	輕微	船塢區	衢縣西北的淳安跳傘
13 號機橫須賀	0	激烈	船塢區、航空母艦	新建附近跳傘
14 號機名古屋	0	激烈	飛機工廠、兵營、戰車	上饒附近跳傘
15 號機神戶	2	輕微	鐵工所、工廠	象山海面迫降
16 號機名古屋	3	激烈	油槽、飛機工廠	南昌地區跳傘

資料來源：岡田舜平，《二つの戰犯裁判：ドゥーリトル事件はいかに裁かれたか》（東京：光人社，2009），頁 50-51。

完成任務後，十六架戰機悉數向西飛向亞洲大陸，除有一架在蘇聯海參崴降落遭扣留外，其餘十五架飛機因油料耗盡在浙江、江西等地或迫降或棄機跳傘。大部分美國飛行員得到了中國軍民解救後經大後方重返美國，受到了英雄般的歡呼，杜立德中校直接晉升准將。但仍有八名飛行員在落地後被日軍所俘，他們分別來自其中的兩架飛機，其一是六號機，該機迫降在浙江寧波附近海面；其二是十六號機，當飛至南昌附近時油盡跳傘。兩機

乘員落地後的狀況可見下兩表：

六號機（乘員五名）

職務	英文姓名	中文報刊譯名	軍銜	落地後狀況	被俘後狀況
飛行員	Dean Edward Hallmark	霍馬克 荷馬 迪安·霍馬克	中尉	被俘	1942 年 10 月 15 日在上海江灣被處死
副駕駛	Robert John Meder	梅特 羅伯特·米德爾	中尉	被俘	1943 年 12 月 1 日在南京監獄病死
領航員	Chase Jay Nielsen	尼爾遜 蔡斯·尼爾森	中尉	被俘	被處無期徒刑，1945 年 8 月 20 日在北平獲救
投彈手	William J. Dieter	威廉·迪特爾	下士	當場溺死	屍體在 1946 年初被尋獲
機師 機槍手	Donald E. Fitzmaurice	唐納德·菲茨莫里斯	中士	當場溺死	屍體在 1946 年初被尋獲

十六號機（乘員五名）

職務	英文姓名	中文報刊中的譯名	軍銜	落地後狀況	被俘後狀況
飛行員	William G. Bill Farrow	法羅 威廉·法羅	中尉	被俘	1942 年 10 月 15 日在上海江灣被處死
副駕駛	Robert L. Hite	哈埃特 羅伯特·海特	中尉	被俘	被處無期徒刑，1945 年 8 月 20 日在北平獲救
領航員	George Barr	巴爾 喬治·巴爾	中尉	被俘	被處無期徒刑，1945 年 8 月 20 日在北平獲救
投彈手	Jacob Daniel DeShazer	第歇澤 雅各布·薩澤	下士	被俘	被處無期徒刑，1945 年 8 月 20 日在北平獲救
機師 機槍手	Harold A. Spatz	史巴茲 哈羅德·斯巴茲	中士	被俘	1942 年 10 月 15 日在上海江灣被處死

資料來源：岡田舜平，《二つの戰犯裁判》，頁 49-50；http://www.doolittleraider.com/80_brave_men.htm。

4 月 25 日，八名飛行員作為「戰犯」先被押至東京監禁，6 月 19 日又移至上海，1942 年 8 月 20 日上午在上海江灣被日軍第十三

軍設置的軍事法庭運用《處罰敵飛機乘員的有關軍律》，[3] 以「實施無差別轟炸」為由判處死刑。其中三人於 1942 年 10 月 15 日下午在上海第一公墓執行；五人被改判終身監禁，[4] 並受盡非人折磨，健康嚴重受損。1943 年 4 月 17 日，五人從上海江灣監獄被移送至南京中國派遣軍監獄，有一人於 1943 年 12 月 1 日在監禁中因營養不良病死於南京，另四人後又被移送至北平的集中營，在日本投降後的 1945 年 8 月 20 日被美軍營救戰俘的空降小組解救，此時已身陷囹圄達四十個月之久。

　　早在 1943 年 3 月 12 日，日本政府曾藉中立國瑞士政府通報美國國務院，日本方面已對八名美國飛行員處刑。美國國務院遂

3　1922 年，日本、美國、英國、法國、義大利和荷蘭在荷蘭海牙聯合簽訂了《空戰法規》，其中第二十二條至二十四條明確規定無差別轟炸是違法行為，即禁止從空中攻擊軍事設施和軍事機關以外的民間目標。日本軍方遂以該條約為依據，制訂了旨在懲罰盟國飛行員的法律法規。換言之，後者將被剝奪戰俘待遇，而作為戰犯受到懲戒。該軍律的母本是陸軍省法務局的官員們參考若干國際法後制訂的，並與軍務局、兵務局、俘虜管理局、參謀本部作戰科進行過討論、修正。然後由陸軍參謀次長和陸軍省次官於 1942 年 7 月 28 日聯合發布給各戰區，由各戰區最高司令官依據具體情況，略作改動後予以公布。其基本內容是，一旦敵國飛行員被確認實施了無差別轟炸，即可判處死刑，或酌情處以十年以上有期徒刑及無期徒刑。中國派遣軍總司令官畑俊六大將遂在 8 月間發布了《處罰敵飛機乘員的有關軍律》，並傳達給下轄各軍。由於杜立德飛行員是在第十三軍轄區內被抓的，所以由該軍設立軍律法庭負責審理。後來在 1946 年的上海美軍法庭上，軍律和軍律法庭的合法性及嚴苛度成為了檢辯雙方爭論的焦點。岡田舜平，《二つの戰犯裁判》，頁 19、78、88、107。

4　據說，擔任日本本土防衛任務的陸軍參謀本部（總長杉山元大將）為了面子問題，一直主張嚴懲被俘美國飛行員，而陸軍省（首相兼陸相東條英機大將）考慮到美方可能會因此對在美日本人實施報復，所以反對如此處罰。對八人的死刑判決作出後，東條和杉山分別面見過天皇裕仁，前者請求減刑，而後者反對減刑。最終，天皇決定減刑。1942 年 10 月 10 日，中國派遣軍總司令官接到電報，三人維持死刑，其他五人改判終身監禁。10 月 15 日上午，第十三軍軍律法庭第二次開庭，宣布了最終判決。岡田舜平，《二つの戰犯裁判》，頁 17-18、122。

於 4 月 12 日通過相同途徑，向日本政府提出強烈抗議，抗議文
中包含了羅斯福總統的聲明：「美國政府嚴重警告日本政府，對
美國戰俘的處理嚴重違反了文明國家應該遵守的戰爭法規。針
對強加在美國戰俘上的野蠻罪行，在戰爭結束後，美國政府會追
究日本政府反文明、非人道行為的責任者，並予以懲罰。」[5] 4 月
20 日，羅斯福總統發表講話，再次強烈譴責對美飛行員野蠻處
刑的日本政府，「總有一天要用法律制裁那些對美飛行員處刑的
日本軍人」。[6]

　　有因於此，戰後在美國議會「盡力儘早查明真相」的催促
下，上海美軍法庭在成立之初，即試圖以違反國際法、虐殺被俘
美軍飛行員為由，追究當年日軍相關人員的法律責任，於是由
John H. Hendren 中校和 Robert T. Dwyer 少校牽頭，開展了一系
列的調查和準備工作。實際上，早在 1945 年 8 月，即獲救的四
名倖存者 Nielsen、Hite、Barr、DeShazer 抵達重慶之時，就曾對
被俘後的受虐狀況，以及日軍法庭的「非法」審判給出了陳述。
經過接洽，1946 年 1 月，時年二十九歲的 Nielsen 受美國陸軍部
之命從德克薩斯州重來上海為出庭作證做準備，因為他是返美療
養的四人中當前身體狀況最好的。他告訴上海新聞界，1942 年 4
月他從「大黃蜂號」上起飛時體重有一百八十六磅，但 1945 年
8 月獲救時只剩下了一百一十五磅，現在由於家人的悉心照料已
恢復到了一百三十九磅。他說「我現在最大的願望就是協助庭
審，為那四個死去的戰友討還公道，公正地懲罰殺害他們的日本

5　岡田舜平，《二つの戦犯裁判》，頁 20。
6　岡田舜平，《二つの戦犯裁判》，頁 54。

凶手」,「當華盛頓要求我來法庭作證時,我告訴他們,即使坐
擔架,我也要來上海」。

關於被俘後的狀況,他是這樣概述的:自己所乘的六號機,
因為油料耗盡,迫降在寧波附近的海面,離海岸線有一點五英
哩。機組人員中有兩人當場溺死,活著的三人游到岸邊,遭日軍
抓捕後被送往東京審問,在那裡遇到了十六號機的五名倖存者。
1942 年 6 月,八名美國飛行員又被押回上海,像犯人一樣被關
在大橋大樓監獄(Bridge House Prison),[7]「食物粗劣,不過
是些泡飯和粥,有時候會加一些腌魚。最初的一百四十天,我們
連洗澡和刮臉的機會也沒有」。後來,七個人被押往江灣監獄,
只有 Hallmark 留在原地,因為他病了,動不了。8 月 20 日那
天,八個人被帶到江灣的一個軍事法庭,Hallmark 是被人用擔
架抬去的。但當時,大家並不知道那是個軍事法庭,沒有翻譯,
也沒有辯護律師。10 月 15 日,他自己最後一次見到 Hallmark、
Farrow、Spatz 三人,他被告知他們轉移走了,後來才知道是被
處決了。大概一周以後,一個翻譯告訴他,剩下的五人原本也是
要執行死刑的,但現在日本天皇下令將其減為無期徒刑。「日本
人把主要責任推在了飛行員和槍手身上,這大概就是五個人被改
判無期的原因吧。」五人中的 Meder 中尉 1943 年末在南京因腳
氣病和營養不良病故了。「我們獲救以後曾聽說,日本人指控我
們轟炸並用機槍掃射了學校和其他非軍事目標,這是不符合事實
的。我們只攻擊軍事目標,例如東京的鋼鐵廠、彈藥廠和飛機製
造車間,還有名古屋的油庫,我們沒有使用機關槍。」

7　係日本憲兵司令部,位於今上海四川北路 85 號。

　　Nielsen 還說，當年參加此次空襲的八十名成員中，有六十一人還活著，去年 12 月他們在邁阿密慶祝了杜立德中將的四十九歲生日，他們決定今後每年 4 月 18 日都要聚會一次，紀念對東京的首次轟炸。但每每想到三位被處死的戰友，大家都心情沉重，希望正義得到伸張。他又說，「此次在上海自由漫步，沒有衛兵監視，真是好極了，上次他根本沒有機會好好看一下上海」。[8]

　　被關押在提籃橋監獄的立田外次郎（時年五十九歲，日本名古屋人，前日軍江灣監獄看守長、大尉）是當年對三名飛行員執行死刑時在場的七名日本軍官之一，他告訴美聯社記者，他在臨刑前曾對三人說，「你們死得像個英雄，你們的名字將在美國的歷史上閃光」。他還把自己說成是美國飛行員的崇拜者，給過他們不少溫暖和善意。「我先是把八個人關在我們監獄的一個小房子裡。我們交了朋友，飛行員給我看他女朋友的照片。1942年 10 月 15 日，我的長官告訴我，其中三人將在次日被處決。」「我不願意告訴他們真相，但暗示他們，敦促他們寫下了自己的願望。」「我把他們的遺願上交上級，希望通過國際紅十字會，送到他們美國的家裡。」「10 月 16 日黎明，一個十五人的行刑隊準備好了，我也準備好了十字架和骨灰盒」，「行刑前，我告訴他們，軍事法庭判處他們死刑，他們回答說：『That's O. K.』」。[9]

　　各種證據顯示，當年美國飛行員是被作為戰犯，而不是作為戰俘受到處理的。

8　"Doolittle Survivors Want Japs Punished," *North-China Daily News*, January 19, 1946, p. 1; "Doolittle Survivor Tells Tale," *The China Press*, January 19, 1946, p. 2; "Slayers of Doolittle Fliers in Shanghai," *North- China Daily News*, January 18, 1946, p. 1.

9　"Jap Kills Doolittle's Flier, Professes Warm Feeling for Them," *The China Press*, January 19, 1946, p. 1.

二

　　檢方花費了大量的人力物力，在中、日兩國間調查取證，最終確定了此案的四名被告，[10] 於 1946 年 2 月 27 日上午 10 時首次開庭。合議庭由 Edwin R. McReynolds（中文報刊中譯為馬蘭諾、麥克蘭諾次）上校主審官、John F. Gamber（譯為加勃、金巴）上校陪審官、Richard R. Wise（譯為華愛斯、惠斯）上校陪審官、Joseph M. Murphy（譯為穆菲、麥菲）上校陪審官、Gabriel P. Disosway（譯為迪梭斯威、狄素韋）上校陪審官、C. Radford Berry（譯為貝利、巴利）中校陪審官等六人組成。四名被告或在滬日俘集中營被捕，或於 2 月初由美軍從日本東京巢鴨監獄押送來滬，關在提籃橋監獄，[11] 他們分別是：

姓名	案發時軍銜	出生時間	原籍	案發時所屬部隊或單位
澤田茂	中將	1887 年	東京	日軍第十三軍司令官
立田外次郎	非軍人	待查	石川縣	日軍南京監獄支所（上海江灣監獄）看守長
和光勇精	法務大尉	待查	山梨縣	上海日本軍事法庭陪審官
岡田隆平	中尉	1903 年	愛知縣	上海日本軍事法庭陪審官

---

10 必須提到的是，當年日軍法庭的組成人員中，主審官中條豐馬法務中佐和檢察官畑逸郎法務少佐此時已經因病死亡，而書記官和翻譯官戰時也已在南太平洋陣亡，故而被免於起訴。當年代替外出中的第十三軍司令官澤田茂中將下令設立這個法庭，並任命審判官的直接責任者是第十三軍法務部長伊東章信法務大佐，其上司則是軍參謀長唐川安夫少將。他倆當然也可能被起訴。但澤田茂強烈表示「在日本軍隊中，法務部長和參謀長不過是軍司令官的幕僚，責任應由軍司令官負責，他們是沒有責任的」。所以，伊東和唐川亦被免於逮捕和起訴。此舉後來令美國檢察官非常懊悔。參見岡田舜平，《二つの戰犯裁判》，頁 59；坂邦康，《上海法廷：戰爭裁判史實記錄》（東京：東潮社，1968），頁 55。

11 1945 年 10 月 15 日和 10 月 24 日，澤田茂中將與和光勇精大尉在上海分別被美軍逮捕，12 月 8 日被押往東京巢鴨監獄。1945 年 2 月 5 日，兩人被押回上海。岡田隆平大尉和立田外次郎大尉被捕後則始終關在上海。

　　此案的檢方由 Hendren（譯為韓德倫、哈特連、漢德倫）中校和 Dwyer（譯為杜威）少校兩人組成，辯護方則有四人，分別是 Edmund J. Bodine（譯為鮑廷、白丁、波特尼、波寧）中校、Charles R. Fellows（譯為費洛斯、飛洛士）上尉組成，此外還有兩個日本的特別辯護人神代護忠和羽山忠弘。[12]

　　庭審時，四名被告除岡田隆平身著軍服外，其餘均穿西裝。檢察官 Hendren 中校首先起立宣讀起訴書，列數澤田茂七條罪狀，指控其於 1942 年 8 月至 10 月間非法成立軍事法庭，違反國際戰俘公約，以虛假的證據在上海判處被俘之美國飛行員 Hallmark、Spatz、Farrow 死刑，並判處 Meder、Nielsen、Hite、Barr、DeShazer 無期徒刑，監禁期間還對上述諸人橫加虐待，對傷員不加治療，並最終下達了執行死刑的命令。檢方又控告立田外次郎沒有給予美飛行員公正的戰俘待遇，並實施虐待、毆打，下令對三人實施了槍決；和光勇精和岡田隆平則被控不按正式審訊手續，不為被告提供翻譯和辯護人，違反國際法和國際慣例，無理判處美國飛行員死刑。由此，檢方要求法庭判處四名被告死刑。

　　繼而由被告辯護律師 Bodine 中校發言，他先是對某陪審官

12　神代護忠並不是一個律師，而且與日軍和美軍均無關係。1940 年以來他一直作為臺灣銀行的派員在上海工作，並曾受日本政府的委託，參與處理過上海公共租界的善後問題。1946 年 1 月正待遣返的神代從《字林西報》上偶然看到了岡田隆平的名字在戰犯嫌疑人之列，而岡田正是他非常尊重的前輩校友（名古屋第八高等學校），且兩人在戰時上海也有過密切交往。所以，神代決心勇敢地站出來為岡田辯護，經與美軍司令部聯絡後，並在兩名美國辯護人的推薦下終於獲准。其間，神代嫻熟的英語水平起到了決定性的作用。羽山忠弘原陸軍法務少尉，畢業於東京大學法學部，後入司法省，擔任過審判官，有法律和審判方面的豐富經驗。當然，美軍允准日本辯護人介入，也是試圖向世界展示上海法庭是個模範法庭。參見岡田舜平，《二つの戰犯裁判》，頁 61-69。

的陪審資格表示異議，接著又對美國放棄在華治外法權後在華設立法庭的法律依據提出質疑，不遂後則又要求檢方取消若干指控，但多遭合議庭否決。雙方辯論至 12 時半始告休庭。其間，四被告曾相繼被招至庭前詢問是否認罪，四人均稱：「無罪。」面對辯方提出的要到日本國內進一步收尋材料的請求，法庭允許暫時休庭。[13]

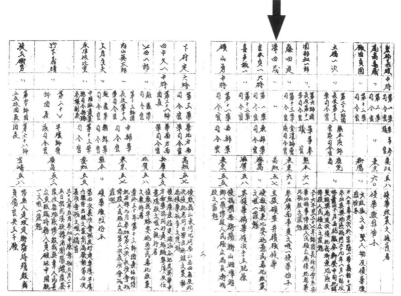

侵戰以來敵國主要罪犯調查表之澤田茂資料（圖片來源：國史館，008-010701-00017-017）

二十天以後，3 月 18 日上午法庭續審，檢方率先宣稱：美

---

13 〈日戰犯四名首次受審〉，《申報》，1946 年 2 月 28 日，第 4 版；〈殺害杜立德飛行員案，日戰犯昨受審〉，《大公報》（上海），1946 年 2 月 28 日，第 3 版；〈前日軍司令官澤田茂等昨受審〉，《新聞報》，1946 年 2 月 28 日，第 3 版；"Doolittle Trial Opens At Ward Rd.," *North-China Daily News*, February 28, 1946, p. 1；岡田舜平，《二つの戰犯裁判》，頁 124-126、170-172。

國政府在 1942 年 2 月 4 日曾通過中立國瑞士政府照會日本政府，詢問其是否願意遵守《日內瓦公約》中關於戰俘待遇的部分（1929 年 7 月 27 日），以及《萬國紅十字條例》，日本政府對此予以肯定的復函。繼而，檢方又安排美國飛行員 Nielsen 上尉出庭作證。上尉說：那次對東京的空襲絕對以軍事設施為目標，並沒有掃射和轟炸平民，這可以以當時上司發給每人的地圖為證；轟炸完畢後，各機飛往中國大陸尋求降落，八名俘虜旋即被解送上海，繼而押往東京，後又送返上海，先後關押在大橋大樓和江灣監獄兩地，飽受虐待和毆打；後來由上海日軍軍事法庭開審，審判時既無辯護人，又無翻譯，八人均被判處死刑，其中五人後因獲日本天皇特赦而被減至無期徒刑。

是日，遠東國際軍事法庭檢察長季南（Joseph Keenan）亦從東京趕來上海旁聽，休息時他告訴記者：美國人對此案甚感興趣，想瞭解當時執政之東條英機內閣對虐殺美俘是否須負責任，1942 年 8 月 8 日日本曾頒布《處罰敵飛機乘員的有關軍律》，欲置被俘敵飛行員於死地。此外，1946 年 4 月 1 日起東京國際軍事法庭將開審日本甲級戰犯，所以他將很快返回東京籌備一切。[14]

3 月 19 日，Nielsen 繼續出庭作證，其稱：被俘後日本人曾對他們百般虐待，並強迫簽下悔過書，承認美機曾轟炸東京的醫院、學校、教堂等；當時他們並不知情，只是被強逼在日文紙張上簽字，後來日方即以一紙為憑，設立法庭判處各飛行員有罪，

14　〈轟炸東京失事飛行員被殺案，開始審訊〉，《申報》，1946 年 3 月 19 日，第 3 版；〈澤田茂等再受審，季南出席旁聽〉，《新聞報》，1946 年 3 月 19 日，第 3 版；〈澤田茂等今晨續審〉，《新聞報》，1946 年 3 月 18 日，第 6 版；"Nielsen Tells Of Jap Brutalities As Local Doolittle Trial Opens," *The China Press*, March 19, 1946, p. 1。

眾人當時絕無申述的機會。而被告辯護人 Bodine 中校在隨後的
發言中則竭力想闡明兩點，即：1. 美軍飛機當時曾轟炸非軍事
區。2. 被俘飛行員曾承認轟炸非軍事區，其簽字並非出於被迫。
顯然想以此為四名日本被告開罪。Bodine 還問 Nielsen，心中是否
對日本人充滿憤恨？試圖以此證明 Nielsen 有可能因泄憤而對東
京的非軍事目標實施了轟炸。但 Nielsen 的回答卻非常巧妙，他
說：「我對日人之觀感與汝之觀感無二致。」[15]

3 月 20 日，檢察官 Dwyer 少校在法庭上朗讀了一份五十一頁
的書面證詞，出自另一名獲救的美國飛行員 Barr。由於證詞冗
長，令翻譯人員頗感疲勞。Barr 講述了從訓練到轟炸，再到墜
機，直至被日本人監禁，以及在上海、東京等地備受虐待的全過
程。他說被俘後，日本人很想知道美國飛行員是從哪裡起飛的，
他承認來自一艘航空母艦，但卻說不出艦名。後來日本終於知道
他們是從大黃蜂號起飛的，可能是從飛機殘骸中獲取了航行圖。
關於日本軍事法庭的程序，Barr 的話證實了 Nielsen 所說的，即
軍事法庭完全是名義上的，「犯人」甚至不知道他們當時是在一
個法庭上。[16]

3 月 21 日上午伊始，美籍韓人咸龍俊上尉等三名翻譯將前幾
日 Nielsen 等人的長篇發言譯成日語，在法庭朗讀。繼而檢方又
宣讀了從華盛頓寄來的杜立德將軍的書面證詞，內稱：當年美軍
飛行員在起飛前，均接到過嚴格命令，轟炸僅限於指定的軍事目

15 〈美軍續審日戰犯〉，《申報》，1946 年 3 月 20 日，第 3 版；岡田舜平，《二つの
戰犯裁判》，頁 126-129。

16 "Japs Knew Doolittle Raided from Hornet," *North-China Daily News*, March 21,
1946, p. 2; "Barr's Wordy Testimony Corroborates Nielsen's Words at Doolittle
Trial," *The China Press*, March 21, 1946, p. 5.

標，絕對不許轟炸皇宮、醫院、學校及類似目標；轟炸時所用
的全部炸彈不過十六噸，飛行員均受嚴格訓練，以期轟炸能發
揮其最大威力。之後，法庭又傳喚了三名日本證人，最主要的
是 1942 年 10 月間擔任過江灣監獄衛兵的間山重次。間山目睹了
三名美國飛行員被殺經過。間山稱：1942 年 10 月中旬某日，他
奉命在上海市第一公墓準備刑場，是日上午便在公墓空地上樹立
起十字架三個、棺木三具。行刑時，曾有人命令三名飛行員跪於
十字架前，雙手綁於十字架之橫杆上，頭上蒙以白布，額頭中間
處畫一黑圈，行刑者六人持槍立於三十公尺之外，一聲令下即開
槍射殺。事後，經軍醫檢查確已身死，乃裝入棺木，送至上海日
本居留民團火葬場焚化。翌日將骨灰裝盒送回監獄。（該項骨灰
於日本投降後交送美軍當局）當時行刑時有約三十人在場，其中
包括看守長立田外次郎。至於何人發令及行刑者姓名，間山表
示記不清了。再之後，法庭傳喚了曾與美飛行員同監的十三名
中外人士，其中有兩個俄國人，一個名叫 Haindrava，另一個叫
Sterelney。諸人均稱當時日本人給以極差的飯菜，而且每日每人
僅獲許用水一瓶半，沐浴、剃鬚皆不可能。另兩名獲救的美國飛
行員 Hite 和 DeShazer 的證詞也在此日被宣讀，亦講述了日人的
種種虐待。[17]

　　3 月 23 日是此案的六度開審，所傳證人有前日軍第十三軍
在江灣監獄的幾名衛兵，證言均表明三名美國飛行員確為日軍所
殺。被告方的辯護人頗有謀略，所提出的問題著重於被告澤田茂

17　〈續審日戰犯，尼羅遜證件數十萬言〉，《申報》，1946 年 3 月 22 日，第 3 版；
　　"Jap Eye-Witness Tells Court of Execution of Three Doolittle Men," *North-China Daily News*, March 22, 1946, p. 5。

等是否具有下令置美國飛行員於死地的權力。美軍失蹤士兵搜查處的韋拔中尉亦被傳出庭，他曾於 1945 年年底在上海萬國殯儀館搜出被害者之骨灰盒，其上刻有三人姓名，以及死亡日期。最後出庭的是萬國殯儀館的館主史特（R. O. Scott），他曾在 1942 年 10 月將死者骨灰藏於小木箱中，此次出庭便將骨灰呈堂以為物證。是日，被害飛行員 Hallmark 之妻在 Nielsen 上尉陪同下亦到庭旁聽，目睹之下，悲痛萬分。[18]

　　3 月 26 日庭審時，檢方出示了在東京附近搜尋到的三名被害美軍的親筆遺書，Hallmark 中尉在信中稱：「我執筆不知所云，彼等告余行將處我於死，余幾不能置信，余以身為戰俘，只望死後得安葬耳。」「余之轟炸東京，乃為服從軍令，蓋余乃美國空軍，余知將冒最大之危險，但戰爭者，戰爭也。」其他兩人的文字也簡短而淒慘。顯然，日軍並未將這些遺書通過國際紅十字會轉交給三人的親屬。檢察官還朗讀了 1943 年 4 月 12 日美國國務院的一份公告，有關美國對日本處決美飛行員的態度。其中，美國總統羅斯福予以了強烈譴責，指斥日本政府違反了《日內瓦公約》中關於戰俘待遇的部分，戰後要追究涉案犯罪者的責任。是日，當年六號機迫降後兩名溺死飛行員的遺體也在沙灘被尋獲，並被帶回上海。[19]

18　〈殺害杜立德飛行員案，美軍昨六度審訊〉，《申報》，1946 年 3 月 24 日，第 3 版；"Local Resident Witness At Doolittle Trial," *North-China Daily News*, March 27, 1946, p. 1。

19　〈美飛行員被害案，呈遺書作證〉，《申報》，1946 年 3 月 28 日，第 3 版；"Doomed Fliers' Farewell Notes Read In Court," *The China Press*, March 27, 1946, p. 2；"Remains of 2 Doolittle Men Brought Here," *The China Press*, March 27, 1946, p. 2。

　　鑑於辯方又提出了繼續收集重要證據的請求，法庭休庭五天，並於 4 月 1 日再度開庭。此時庭審進入了辯護方舉證的階段。為了替第十三軍司令官澤田茂脫罪，辯方律師援引了前首相兼陸相東條英機大將的親筆書證，即當年日本軍事法庭對美國飛行員的整個審判，其責任和後果完全是在東京的陸軍參謀本部，澤田茂只是執行了命令而已，個人並無責任。而前日軍中國派遣軍總司令官畑俊六元帥的書面證詞，則把澤田茂說成是一個英明、友好、和平，熟悉外交和國際法的人。為了證明美軍飛行員違反了國際法，對日本平民實施了無差別轟炸，辯方還提出了許多人證。例如，名古屋西南的某小學人員宣稱，該校在 1942 年 4 月 18 日下午遭到了美國飛機的襲擊，美機從名古屋方向接近學校，飛得很低，幾乎要碰到房頂，並實施了機槍掃射；又如，東京品川區某小學的一位老師表示，兩架美國飛機實施了轟炸，導致他和三、四個學生受傷等等。[20]

　　4 月 2 日出庭的是前中國派遣軍總司令部副參謀宮野正年少將，他曾在 1942 年 4 月 18 日到東京出差，目睹了美機的轟炸，然後回到南京。他說，1942 年 7 月 27 日陸軍參謀總長杉山元大將給南京的中國派遣軍總司令官畑俊六大將發來指示，「基於軍律的審判應該儘快開辦，儘快做出判決，並向參謀總長報告」。不僅如此，他還派遣參謀有末精三大佐，傳達了「希望判處全員死刑」的意向。有因於此，8 月間，畑俊六制訂了該派遣軍的《處罰敵飛機乘員的有關軍律》，並傳達給下屬各軍。宮野指

---

20 "Tojo, Hata Say Sawada Did Right," *The China Press*, April 2, 1946, p. 5；〈殺害美飛行員案，被告律師搜獲新證據〉，《申報》，1946 年 4 月 2 日，第 3 版；岡田舜平，《二つの戰犯裁判》，頁 133-134。

出，下令對杜立德飛行員進行審判，是上級長官杉山元和畑俊六的責任，當時澤田茂正在浙江前線指揮作戰，而在他外出時有下屬替他負責處理此事。其間，主審官曾問宮野，「日軍法庭是把美飛行員作為戰犯還是作為戰俘處理的？」宮野表示自己不懂法律。辯方特別辯護人神代則表示，「美國飛行員明顯違反了戰時國際法，所以當然不能作為戰俘，而應作為戰犯來審判」。為此，檢辯雙方展開了激烈的爭論。同日，辯方提出的其他一些證據和證人也試圖證明澤田中將當時並不在場，即使後來歸來，也無權改變日軍法庭已經作出的判決結果。[21]

杉山元在濱松市北側臺地聽取日本本土決戰陣地的說明（圖片來源：杉山元帥伝記刊行会編，《杉山元帥伝》（東京：原書房，1969），頁 238）

　　第十二次（4月3日）和第十三次（4月4日）開庭，為辯方出庭作證的是第十三軍前法務部長伊東章信少將和第十三軍前法務官島田正純大尉。前者的發言大旨如下：在日本的軍律法庭

21　岡田舜平，《二つの戰犯裁判》，頁 134-136；"Defense Claims Sawada Acted On Orders," *The China Press*, April 3, 1946, p. 5。

上沒有配備辯護人，法庭是根據日本政府的命令設定的，自己作為法務部長無權設定；澤田軍司令官不能改變判決結果，因為他正在前線；一旦被軍司令官任命為軍律法庭的審判官員，是不能拒絕的；軍律法庭與一般法庭不同的是，法庭的設定、刑期的最後決定，以及相關事項的公布，都是在陸軍參謀本部就決定了的，現地最高司令官只能決定行刑的日期。後者則描繪了對三名美飛行員執行死刑時的場景。[22]

綜合辯護方的主張，可分為如下幾點：美軍空襲日本時轟炸了一般性住宅，用機槍掃射了非戰鬥人員，日本軍律法庭是依此立證並做出裁決的；美國飛行員是作為戰犯而非戰俘受到審判的，他們所受的待遇也許不佳，但審判是按照日本的法律習慣，因而是公平的；美飛行員在上海監禁期間並未受到虐待，而且監獄並不屬日軍第十三軍管轄，在南京對飛行員們進行調查的是屬日本總軍的憲兵隊，和第十三軍無關；因十三軍司令官澤田茂離開上海奔赴浙江前線，所以委託軍法務部長任命了軍律法庭的審判官，而澤田本人對杜立德飛行員一直是懷有善意的；負責關押任務的立田外次郎對美飛行員是體貼的，和光、岡田之所以贊成判處美飛行員死刑只是服從了上級的命令；審判結果彙報給了東京的陸軍參謀本部，20日後由本部傳來了處刑的決定。[23]

第十四次（4月5日）、第十五次（4月6日）、第十六次（4月8日）和第十七次（4月9日）開庭主要是檢辯雙方對四名被告進行了質詢。

22　岡田舜平，《二つの戰犯裁判》，頁 136-138。

23　岡田舜平，《二つの戰犯裁判》，頁 139-140。

　　被告和光勇精對當年的庭審作了這樣的回憶：對美國飛行員的審判，在程序上和日本軍事法庭審理的其他案子並無二致；他本人對美國飛行員進行了盤問，根據的是東京憲兵隊的調查書，其中寫有「轟炸的目標是軍事目標和戰鬥人員，但投下的炸彈也落到了平民的頭上，這是沒有辦法的事」；畑逸郎檢察官以八名美飛行員觸犯 1942 年 8 月 13 日的軍律為由，要求將他們全部處死；第十三軍法務部長伊東章信法務大佐也曾有命令，若判定有罪，只有處以死刑；10 月 15 日開了第二次軍律法庭，宣布三人維持死刑，五人改為終身監禁；對三人處刑時其本人也在現場。面對檢方的盤問，和光表示，自己對戰時國際法和《日內瓦公約》中有關戰俘待遇的部分完全沒有知識；完全不知道美國政府曾通過瑞士與日本政府達成了關於遵守《日內瓦公約》保護戰俘的默契；此次軍律會議的檔案最初保存在日軍第十三軍，1944年末被送到東京，聽說後來在大轟炸中被燒毀了；對美飛行員執行死刑的命令是第十三軍後任司令官下村定將軍在 1942 年 10 月15 日上午 10 時下達的。

　　被告岡田隆平表示，當年開庭前三天，自己才被任命為陪審官，自己完全沒有法律知識，完全是憑「良心」來判斷美國飛行員有罪還是無罪；軍律審判是公平的，儘管庭審時間很短，但證據表明美軍在東京和名古屋轟炸了民家、學校和醫院，他們投下了燃燒彈，用機槍掃射，殺死殺傷了孩子和一般民眾；東京憲兵隊的調查書上有美國飛行員的簽名，所以自己對證據並無懷疑，真心地認為美飛行員是有罪的，贊成判處死刑；法庭上是有翻譯的，倖存的美國飛行員作證說當時沒有翻譯，這不是事實；雖然法庭上沒有辯護人，但如果美國飛行員想為自己辯護，當時是有

機會的；軍律法庭第二次開庭時，自己沒有出席，執行死刑時也沒有在場。

在對岡田進行質詢時，辯方曾提出了第十八號證據，這是旅滬日本文化人的一份請願書，署名者有國際文化振興會的堀田善衛、內山書店的內山完造、日本基督教青年會的長谷川，等等，大意是：岡田隆平在戰時上海對於保護中國的文化設施頗有貢獻，所以希望法庭能予以寬大處理。原來岡田並不是典型的日本軍人，他 1927 年畢業於東京大學文學部哲學科，曾在東京高等農林專門學校、高輪商業專門學校教授德語和倫理。1940 年來上海擔任中國派遣軍報道部文化擔當官，負責文化宣傳工作，與文人交往頗多。

被告立田外次郎則自承：自己是 1923 年被日本陸軍雇用的，擔任過軍法會議的祕書，但最初並不是軍人，1938 年 12 月到南京監獄的分支——上海江灣監獄工作，1942 年成為看守長；美國飛行員是在 1942 年 8 月 28 日被送來的，關於他們的居住和食物有特別指令，他們和日本人、中國人分開住，最初吃的是西餐，後來改成一日兩次的日食，和日本囚犯相同；夏天，給美國人五條毛巾，冬天給六條毛巾，而一般的囚犯是夏天三條，冬天四條；囚犯上、下午各有一次三十分鐘到六十分鐘的戶外活動；美國飛行員和日本看守關係很好，後者沒有實施過毆打，自己也沒有實施過虐待和毆打；在對三名美軍實施槍決時，自己奉上級之命做了些準備和事後工作，當時自己仍不是軍人，下令開槍的是田島少尉；在行刑前自己曾給三名美軍一些安慰之語，並為他們製作了十字架。

此案首犯、五十九歲的澤田茂中將，在日軍中已服役了四十

年，曾任日本駐沙俄、土耳其、波蘭、滿洲國、巴西等國武官，並兩度遊歷英、美、法、瑞士等國，1941 年被派來上海擔任第十三軍司令官，有妻一、子二，均在日本。整個庭審期間，他和辯護人竭力將罪責推給東京上級部門，4 月 8 日他向法庭辯稱：當年組織軍事法庭及對被俘美國飛行員的處理、待遇等，都是按照東京方面參謀本部杉山元大將通過中國派遣軍總司令官畑俊六大將傳來的指示而辦理的，而且命令抵達時，自己已於 1942 年 5 月 12 日離滬，正在前線指揮作戰。其間的法律關係預先委托給了軍法務部長伊東章信大佐辦理，伊東可以使用軍司令官的官印。9 月 17 日他回到上海，此案已審結了數星期，遂由伊東報告了軍律及其判決結果。他到南京向畑俊六總司令官報告時，畑又告訴他，關於杜立德飛行員的處置權在東京，自己不必做什麼，等著東京送來決定就可以了。事實上，他雖是軍司令官，但並無權力撤銷判決。而對三名美飛行員執行死刑時，自己已於 1942 年 10 月 12 日卸任第十三軍司令官離開上海回日本了，由下村定將軍接任。收容美國飛行員的監獄也並非第十三軍管轄，而是隸屬於中國派遣軍。澤田還當庭表示，對處決美國飛行員甚為「遺憾」，並辯稱自己是一「仁慈之人」，對戰俘向極「愛惜」，上級曾批評其「過分寬縱」。[24]

　　4 月 11 日，庭審進入了檢辯雙方最後的辯論階段，交鋒異常激烈，主要圍繞著三個問題而展開，即美飛行員當時是作為戰俘

---

24 岡田舜平，《二つの戰犯裁判》，頁 144-167；〈殺害美飛行員案，澤田茂歸罪東京，今日將為最後一庭〉，《申報》，1946 年 4 月 9 日，第 3 版；〈敵司令官澤田茂，今日作最後審訊〉，《新聞報》，1946 年 4 月 9 日，第 4 版；"Sawada Says Orders Came From Tokyo," *The China Press*, April 9, 1946, p. 5；"Doolittle Trial Nearing Conclusion," *North-China Daily News*, April 10, 1946, p. 2。

還是戰犯處置？把飛行員交給軍律法庭審判是否違反了國際法？在監禁期間是否對美國飛行員實施了虐待？

羽山忠弘的辯護要旨是：當時日本的法務人員並不知道 1942 年 2 月 4 日日、美之間遵守《日內瓦公約》中關於戰俘待遇的默契，所以許多條款並沒有得到履行；日本的軍律會議沒有辯護人，審理也做得不夠充分，對病員沒有給予充分的照料，庭審確實存在著一些不足；如果要公正地審判澤田等四名被告，還應該充分考慮日本舊陸軍的特殊性，舊陸軍完全沒有民主觀念，指導的原則是等級和命令，上級的命令是絕對的，合適不合適、有沒有道理，下級完全沒有商討的餘地，若不服從可能會受到重罰甚至死刑；本案中的四名被告作為下級軍人，對於長官的意志是難以違背的。

神代護忠的辯護詞中與羽山有些雷同之處，他指出：日本陸軍的法規、組織、秩序、習慣、傳統，和國際社會普遍的正義觀念是背離的，但日本社會和軍隊的缺陷與罪惡，不應該讓四名被告個人來承擔刑事上的責任，因為他們無法反抗上級的壓力，所以法庭應該考慮當時的大環境和大背景。與此同時，神代也提出了一些獨到的見解，他認為：所謂的戰犯審判，迄今在世界的審判法規和審判制度中並沒有確立起來，上海美軍法庭貫徹的是美國的法律解釋和運作制度，換言之，本案的被告是在美國的法庭上受到了美國法律的審判；四名被告是日本軍人，按照日軍的軍規和命令行事，日軍的組織、法規、習慣也許是野蠻的、不文明的，但四人是職務行為，如果他們有犯罪嫌疑的話，應該按照國際法，在國際法庭上接受國際審判官的審判；無論美國的法庭如何優秀，運營如何公平，但這是戰勝國按照自己的審判程序進行

的審判，在國際法上還沒有確立戰犯審判制度之前，用國內法予以審判，美國不是重覆了日本軍律法庭當年的錯誤嗎？

抑或是出自真心，抑或是為了討好庭方，神代在發言中對上海美軍法庭予以了很高的評價，並多次表示深深的感謝。他說：美軍庭審過程中映襯暴露出日本社會制度內部存在著許多矛盾和缺陷，以及舊陸軍組織、法規、秩序、風紀等的野蠻性，旨在由此促進日本封建制度的崩潰和社會的民主化，這和美國建國以來追求高邁的理想、不斷努力的國策是相同的；本法庭雖然起自於戰勝國對敵國的復仇意圖，但實際情況並不是這樣，本案審判前後耗時數星期，審判官、檢察官、翻譯、美籍辯護人等相關人員都表現出了誠實和公平的態度，對此，被告及辯護人深有體會，除了表示敬謝外，願意做出深刻的反省。他最後表示：正是日本社會潛在的各種矛盾和不合理，在極端的戰爭情況下，發展成為暴力橫行和國民的盲目服從，以致釀成了不幸的結果。[25]

4 月 12 日（第十九次開庭）上午 9 時至 10 時半，是宗宮信次辯護人發表辯護詞的時間，他是經 GHQ（駐日美軍司令部）允許，從東京來滬的原日本陸軍省法務部人員，與其他四名辯護人並無關係。他表示：軍律是 1942 年 8 月 13 日由中國派遣軍總司令官畑俊六公布的，此前在關於空戰的法規中對違反戰時國際法的行為有所規定，所以制訂該軍律是為了把已經普遍認可的戰時國際法作為國內法來實施；《日內瓦公約》中關於戰俘待遇的部分，日本並沒有正式批准，關於戰犯審判的手續在國際法上也

25　岡田舜平，《二つの戰犯裁判》，頁 179-185；〈杜立德飛行員案，律師激烈辯論〉，《申報》，1946 年 4 月 12 日，第 3 版。

沒有確立，所以根據日本軍律而進行的審判是妥當的；美國飛行員的自白書和東京憲兵隊的空襲報告書表明，那次轟炸明顯違反了戰時國際法；日本的司法審判制度和美英國家是不同的，在軍事審判中沒有辯護人的場合很多，整個程序非常簡單，初審就是終審，在證人和證據的處理上和美英也很不相同，檢察官的起訴書和憲兵的調查書占據著重要地位。

在涉及被告和光、岡田部分時，宗宮強調：日本軍律法庭是合法組成、合法運作的，證據和程序並無不妥，也沒有強制和暴力行徑，所以審判和判決是公平的；雖然沒有辯護人，但被告可以自我辯護；法庭上有一個叫三浦的日本人充當了英語和日語之間的翻譯；在文明國家，審判官的職務行為在民法上和刑法上都是沒有責任的，這是法治國家的通行原則，所以起訴和光、岡田是完全沒有理由的。

涉及被告立田時，他說，上海江灣監獄的所長是由南京監獄長大岡時次郎兼任的，立田只是負責運行工作而已，對美飛行員執行死刑時，他甚至還不是軍人，直接責任者是下令開槍的田島少尉；面對第十三軍司令部所屬法務官下達的死刑執行命令，即使抱有疑問，也是不能拒絕的；而且並沒有立田虐待美飛行員的證據，相反他倒是做過一些富有人情味的事。

關於被告澤田，宗宮認為他沒有法律責任，因為開庭和死刑執行時他均不在上海現場；江灣監獄也不在他的管轄之內；事件的處理，幾乎全都是聽命東京方面的指令，他並無行使自由意志的餘地。該辯護人還援引了前參謀總長杉山元的證詞，即「事情

起因於自己的命令，完全是自己的責任」[26]。

緊接宗宮之後，Dwyer 少校代表檢方做了五十分鐘的最後陳述，他強烈批判了日本的法律體制，依然呼籲法庭判處四名被告死刑。Dwyer 在發言中，有針對性地對辯方的一些說辭進行了駁斥。

鑒於辯方曾提出，當年的日軍法庭是以《處罰敵飛機乘員的有關軍律》為基準而展開的，而該軍律則是將國際法、國際慣例法律化了。Dwyer 認為，國際法和國際慣例最基本的思路是「軍人被敵人逮捕前所做的行為，任何軍法會議都不能審判」，而美飛行員們被逮捕後，並沒有發生逃亡、反抗的行為，所以無論什麼樣的日本軍律、法規，都不能審判這八名飛行員。至於那個旨在處置美國飛行員的軍律，表面上看是法律，實際上是恐怖的代名詞，從國際法的慣例來看，是不能被認可的。即使是把它看作國內法，那它也不應漠視國際法、國際慣例和人道的原則，而執行貫徹這種軍律的人是不能免責的。

鑒於辯方曾說，日軍法庭對美國飛行員的審判，和其他審判日本人的案例在程序、方法上是相同的，所以是公平的。Dwyer 表示對此不能認同，因為《日內瓦公約》規定應該為戰俘配備辯護人。例如在本次美軍法庭上，針對四名被告，開庭將近二十次，從提出證據物件、證人出庭，到被告為自己辯護、檢辯雙方的辯論，以及全程配備翻譯，耗時數十天。相比之下，在當年的日本法庭上，事關八名被告（其中三名死刑）的大案，僅僅一、二個小時就審結了，這怎麼能說是公正的審判呢？審判過程中最重要的是證據和證言的可信性，在日軍憲兵所作的有關空襲的被

---

26 岡田舜平，《二つの戰犯裁判》，頁 192-197。

害調查書中，關於八名飛行員特定的、有針對性的證據一條也沒有。而且東京等地人口密度極高，轟炸造成的傷害很輕微，所以不能說非戰鬥人員蒙受了很大損失。日軍法庭的審判官，按照上面的命令，一旦判定被告有罪就處以死刑，這樣的審判明顯是製造了不正義。

辯方雖曾坦承舊日本的社會制度以及軍國主義是壞的，但又說個人在其中沒有選擇，只能服從命令，是犧牲品而已，因為在舊日軍中宣揚的是「長官的命令就是天皇的命令」，所以應該控告的是社會的組織制度，而非個人，所以對四名被告應該給予寬容的判決。Dwyer 則相應指出，制度、組織、主義等自身並沒有生命，日本軍國主義無論多麼罪惡，也都是通過四名被告這類人的行動表現出來的，否則這種制度和主義就不能存在。如果制度和主義是壞的，那麼實行它們的人同樣也不能免罪。事實上，在一個事件中，沒有責任人是不可想像的，把全部責任推給已自殺而死（1945 年 9 月 12 日）的陸軍參謀總長杉山元也是不對的。

針對被告澤田的部分，Dwyer 批評他：軍司令官全權委托給法務部長，不給予任何的制約，對杜立德事件完全不管，「這是日本的正義嗎？」作為指揮官應該為他下屬的行為負責。他還援引法務部長伊東章信的證詞：「澤田軍司令官從我這裡獲悉了杜立德事件的審判結果，獲取了紀錄文件，然後蓋上了印，但沒有讀內容。」「軍司令官有權下令廢除、減刑和再審，但他沒有做。」Dwyer 還提醒法庭，江灣監獄雖不在第十三軍的管轄之下，但美國飛行員們是被第十三軍起訴並被執行死刑的，這個事

實不容置疑。[27]

4 月 15 日下午 2 時，此案第二十次開庭，終於進入了最後判決
階段。駐華美軍總司令魏德邁將軍也趕來旁聽。主審官 McReynolds
上校宣布開庭後，發言大旨如下： 我們審判官面對雙方提出的
證據，經過兩天的深思熟慮，決定做出判決。四名被告的行為很
多是為了服從他們政府和上級長官的命令。很明顯，面對命令，
他們幾乎沒有表示出一點反抗的意思，所以不能說他們是完全無
罪的，但是被告每個人的程度是有所差別的：澤田茂，面對殘酷
的判決，對參謀本部等上級機關沒有提交抗議文書，部下告訴他
被俘美國飛行員所受的待遇與日本軍人相同，他對此並沒有確
認，所以存在著部分過失；和光勇精，受過法律訓練，但遵從了
上司的特別命令，依據了虛偽的證詞進行判決，投票贊成死刑，
扮演了最重要的角色；岡田隆平，完全沒有受過法律訓練，儘管
是按照「良心」做出判斷，但投票贊成死刑，與和光一樣，是服
從了上級的命令；立田外次郎，雖然並未發現他個人有虐待行
為，但他是美國飛行員的直接看管人，他服從了上級的命令，並
沒有給予飛行員們戰俘的待遇。

McReynolds 表示，經過合議庭祕密投票，三分之二以上的意
見認為，儘管檢方的若干指控不能成立，但仍判定四名被告有
罪，具體判決如下：澤田茂處有期徒刑五年，和光勇精處有期徒
刑九年，岡田隆平、立田外次郎亦均處徒刑五年。

---

27 岡田舜平，《二つの戰犯裁判》，頁 198-207；"Verdict Due On Doolittle Trial
Soon," *The China Press*, April 13, 1946, p. 5。

有到現場旁聽的魏德邁將軍（圖片來源：國史館，002-050101-00005-099）

　　聆此輕判後，檢辯雙方均大大出乎意料。審判官詢問檢方有
什麼話說，求死刑未遂的檢方竟一言不發。又問辯方意見，諸被
告及辯護律師均喜出望外，頻頻鞠躬道謝。辯護人神代護忠邊流
淚邊說：此次審判是公平、懇切的，對此由衷地表示感謝，有利
於被告的多數證據都被採用了，感謝審判官們的寬宏和忍耐。他
向為四名日本被告盡了全力的美籍辯護人，也表示了至深的感
謝，最後還感謝了檢察官、翻譯和其他有關人士。另一辯護人羽
山忠弘亦破涕為笑，摘下眼鏡擦去眼淚。[28]

　　此案一經宣判，第二天中外各大媒體即向世界公布了判決結
果。不少輿論認為，和亞洲各地正在進行的對日本 B、C 級戰犯
的審判相比，以及對照上海美軍法庭的其他案子（例如漢口虐殺

28　岡田舜平，《二つの戰犯裁判》，頁 214-220；〈被告律師喜極而笑，殺害
　　美飛行員案，日戰犯判徒刑〉，《申報》，1946 年 4 月 16 日，第 3 版；"Doolittle
　　Japs Get Light Raps," *The China Press*, April 16, 1946, p. 5；"Lenient Sentences
　　In Doolittle Trial," *North-China Daily News*, April 16, 22, 1946, p. 1。

美俘事件，數名被告被判死刑，多人被判長期徒刑），這次判決實在是太輕了，欠缺公平，「未能為首次空襲東京殉難的英雄雪冤，人人引以為缺憾」。[29] 而其主要原因是，允許了數名日本人作為特別辯護人出庭，為辯方收集反證提供了極大便利。與此同時，若干比四名被告更具直接責任者卻並未受到起訴。在美國，該判決也立刻引起了強烈的反應，美國議會宣稱應該貫徹此前羅斯福總統提出的實施「相應的報復」的意圖，故而迅速將重審的要求傳達給了駐華美軍司令部，然後再由該部法務部長傳給了主審官 McReynolds 上校。主審官為此徵詢了檢察官、辯護人的意見，認為原審並無不當，最終決定不予再審。

三

判刑以後，四名被告被關押在提籃橋監獄，後轉移到東京巢鴨監獄，1950 年 1 月被全部釋放。澤田茂晚年雙目失明，過著平靜的生活，1980 年死去，享年九十三歲；和光勇精回鄉後充當辯護律師，直至病故，生前他曾寫過一篇有關當年庭審的綜述；[30] 立田外次郎在鄉務農，數年後去世；岡田隆平後來曾在私人大學任教，以書為友，1996 年以九十二歲高齡離世。

辯護人羽山忠弘後來回日本法務省工作，當過審判官和辯護律師。神代護忠回國後則在大藏省工作。

本案美國檢察官 Dwyer 少校次年在上海美軍法庭結束後，即

29 岡田舜平，《二つの戰犯裁判》，頁 221-223；〈杜立德飛行員案，各犯僅判徒刑〉，《和平日報》1946 年 4 月 16 日，第 3 版。
30 載坂邦康，《上海法廷》，頁 53-69；巢鴨法務委員会編，《戰犯裁判の実相》（東京：槇書房，1986），頁 275-280。

受聘擔任麥克阿瑟將軍的法律顧問，正準備奔赴東京，卻不料一病不起，1947 年 3 月 19 日病逝於上海美軍醫院，享年僅四十二歲，遂下葬萬國公墓。[31]

四名死去的美國飛行員的遺體在 1949 年 1 月被運回美國，一同安葬在阿靈頓（Arlington）國家公墓。另四名倖存者大都非常長壽，Barr 在 1967 年因心臟病去世；曾來滬出庭作證的 Nielsen 活到了 2007 年 3 月 23 日，享年九十歲；Hite 活到 2015 年 3 月，享年九十五歲。

這裡要特別提到的是 DeShazer，他在被日軍監禁期間，接觸到了《聖經》，由此皈依了基督教。戰後不久，他作為美以美會的傳教士重返日本，力圖以愛報怨，拯救昔日的敵人。此後他在日本傳教達數十年之久，2008 年 3 月 15 日去世，享年九十六歲。2009 年他的傳記《原諒你的敵人》[32] 正式出版。

Jacob DeShazer（圖片來源：維基百科）

31　〈美軍法庭檢察官杜少校辭世〉，《中華時報》，1947 年 3 月 21 日，第 4 版。

32　Janet Benge and Geoff Benge, *Jacob DeShazer: Forgive Your Enemies* (Seattle: YWAM Publishing, 2009).

　　作為飛行員們的領軍人物、指揮首次空襲日本的杜立德中校，平安抵美後被破格授予准將軍銜。1942 至 1945 年間他曾在北非、地中海、英國和日本沖繩指揮美國空軍作戰，因功晉升至中將。1946 年退役，1993 年 9 月 27 日在加利福尼亞去世，享年九十六歲。

　　這裡還應該要提到一個人，他就是岡田隆平的兒子岡田舜平。舜平 1931 年 2 月 17 日出生於東京澀谷，1949 年在東京大學哲學科求學。1953 年入時事通信社工作，1987 年退休。2008年 11 月 3 日去世。由於父親作為戰犯入獄的事件，令少年時代的舜平印象深刻，成年後他便產生了搞清楚這一案子的想法。他的著作《兩個戰犯審判：杜立德事件是怎樣審判的？》（《二つの戰犯裁判：ドゥーリトル事件はいかに裁かれたか》），終於在他去世的次年——2009 年由東京光人社出版。這本書總共二百五十二頁，以杜立德空襲事件為經，以 1942 年 8 月 20 日的日本軍律法庭和 1946 年 2 月至 4 月的上海美軍法庭為緯，通過表現兩個法庭上審判官、檢察官、辯護律師、被告等人的諸面相，以此揭示戰爭與法律，國際法和國內法的關聯與差異，尤其是通過比較展現了美國社會和日本社會在運作制度及思維方式的軒輊。最具學術和史料價值的是，作者大量引用了辯護人神代護忠早年摘譯的美軍法庭的庭審速記稿，[33] 故而讓讀者能比較全面地看到了當時各方交鋒的面貌。該書在某種程度上還具有填補空白的意義，此前關於東京審判和 B、C 級戰犯審判的書籍數量龐大，關於杜立德空襲日本的研究和回憶錄亦復不少，但針對杜

33　1946 年上海美軍法庭的庭審原始紀錄現存華盛頓的美國國家檔案館。

立德案審判過程的公開出版物卻幾乎為零，只有個別書籍有所涉及而已。

《二つの戦犯裁判》書影

　　該書具體結構如下：

前言；

第一部分戰爭（什麼是杜立德事件？對日本的第一次空襲是如何
　　　實施的？美軍旨在「報復」的審判準備）；

第二部分戰時法規（基於「軍律」的戰犯審判，國際條約的成
　　　立，戰爭犯罪的責任者，無差別轟炸的事實，美飛行員
　　　的處刑問題，日本的「軍律」是如何制定？對杜立德飛
　　　行員的審判）；

第三部分軍事審判（上海美軍法庭，對各被告的個別訊問，對
　　　各被告訴因的證據檢討，辯護方的最後辯論，檢察方的
　　　最終陳述，最終判決）；

第四部和平（半世紀的傷痕）；

附錄：關於 B、C 級戰犯審判；

後記；

參考文獻。

岡田舜平在全書中的一個基本做法是，鋪陳了當年檢辯雙方，尤其是辯護方的許多說詞。與之相應，他基於特殊的立場，字裡行間不時流露出的其本人的觀點，也大致與辯護方相似。作者雖然承認日、美兩國在人權和價值觀念上存在著巨大的差異，反映在軍事法庭的程序上，日本方面是低水平的，極端不充分的（例如沒有辯護人，沒有證人出庭，根據檢察官和主審官的訊問確定證據，缺乏質疑和應答環節，包括翻譯時間在內二個小時就結案了），因而相比美國方面的程序要簡略得多，也嚴苛得多，甚至會被視為是不正當的審判。

但岡田又認為，儘管存在著上述弱點，但日本的軍律審判從國際法上看卻並無不當，是正規的，因為當時世界上針對戰時犯罪的國際法規並未確立起來，所以日軍制成了自己獨特的軍律，並據此進行審判，這是被國際法所認可的，而且國際法對軍律的內容及審判程序並無明確規定。事實上，許多國家的軍隊也都開辦有軍律法庭，用以戰時在作戰地和占領地以國內法處罰本國國民以外的人員。而且當年美軍空襲之下確有許多民家遭襲，所以不能說第十三軍的軍律法庭是建立在虛偽、不公正的基礎上，也不能說參與軍律審判的日本軍人做了「違法行為」。如果一定要說有罪錯的話，首先是沒有人權和民主傳統的國家政權有問題，其次是個人的人權感有問題，也就是個人在道德上是不能免責的，但是從「罪刑法定原則」的刑罰原則出發，四名被告不能說負有法律責任，將國情和習慣的差別歸之於個人責任是不可取的。此外，日本和美國在日常食物的標準和質量上本來就存在不

同，據此認為美飛行員受到了虐待也是不妥當的。[34]

　　岡田儘管承認 1937 年中日戰爭爆發後，日軍較早地對中國實施了無差別轟炸，但又指斥美軍在戰爭後期對日本本土實施了地毯式轟炸，特別是使用了原子彈，造成了大量傷亡，所以儘管美方批評日本軍律存在著「非人道性」，但其自身亦有矛盾之處。[35]

　　很明顯，該書存在著特定的政治傾向性，主旨依然是為了替諸被告脫罪辯護，並為戰前戰時的日本社會和軍事制度做些緩頰。但作為一本出版物，畢竟又為重現該案的進程提供了較為寬闊的視野和若干寶貴的資料，特別是令讀者體會到了國際法視野下相關戰爭問題的複雜性。坦率地說，上海美軍法庭當年審理的大多數案子迄今尚缺少這樣「放大鏡」式的研究論著。

34　岡田舜平，《二つの戰犯裁判》，頁 18、24、62、79、101-103、110、140-141、191。

35　岡田舜平，《二つの戰犯裁判》，頁 97、113。

石原勇在上海吳淞、江灣集中營虐待美國戰俘案 [1]

　　前文〈1946 年上海美軍軍事法庭對澤田茂等在滬虐殺美國杜立德航空隊飛行員的審判〉已考析澤田茂案，本文再以石原勇案，繼續論證作為開庭時間早於東京審判的上海審判，無論在戰史層面，還是在司法實踐上都占據著非常獨特的位置。

一

　　集中營內虐俘是各地美軍法庭重點追訴的一種類型，石原勇案是其中的一個典型案例。1946 年 3 月 4 日晨 9 時，上海美軍軍事法庭開始審理此案。合議庭由五人組成，米都頓上校（Col. John W. Middleton）任主審官，萊克上校（Col. Edward F. Rector）、佐治臣上校（Col. James L. Jackson）、史維遜中校（Lt.-Col. George S. Swanson）、米撤中校（又譯米沙，Lt.-Col. Harry M. Manser）為陪審官。檢察官是加蘭特上尉（Capt. Lynn G. Gillard）和奧斯本中尉（Lieut. Raymond J. Osborn），被告辯護人是利威雲少校（Major Maurice Levin）和多納中尉（Lieut. Raymond E. Turner）。

　　石原勇，時年三十六歲，1929 年至 1930 年曾在美國夏威夷讀書，1935 年間來華居住。故其除母語外，還長於中、英兩國文字。1942 至 1945 年，即日軍占領上海期間，石原勇作為日本

1　本文修改自：日本《Asia：社会・経済・文化》，第 7 号（2020），頁 133-145。

平民，曾在日軍設置的吳淞與江灣兩個盟軍戰俘集中營內受雇充任翻譯主任，為虎作倀，對關押其內的許多美軍戰俘多方苛待，並常常施以拷打、電擊、灌水等酷刑，故而被美俘稱為「東方的野獸」（Beast of the East）。1945 年 1 月石原勇被解雇。同年底，藏匿在漢口，12 月 11 日被美軍戰犯調查處抓獲後押送來滬，關押在提籃橋監獄。此前，為了表明自己所作所為均屬克盡職責，石原勇特意將自己的小指切掉。

庭審之初，首先由檢方宣讀起訴書，檢方以七項罪名控告石原勇其曾對戰俘福利中尉（Lieut. William T. Foley）、米納克上士（Sgt. John C. Minnick）、史力克上士（Sgt. Michael J. Schick）、史都上士（Sgt. Joe M. Stowe）、史多華斯上士（Sgt. Henry B. Stowers）、畢士上士（Sgt. Jack R. Bishop）等數十人施虐，其中有確切姓名的就有二十八人。

被告辯護人旋以美國已於戰時放棄在華治外法權、美軍無權在華設立法庭為由，請求取消該案。主審官則以「中國當局並未反對此舉」為由，予以駁回。

接著，檢方宣稱將提供受害者的書面證詞（因為這些受害者在戰後均已返回美國，許多人正在治療創傷，所以難以到場），以此證明該被告曾對美軍戰俘長期實施暴行，故意違反集中營的法規。辯方則反對採信書面證詞，理由是這剝奪了被告方驗證的機會，從而違反了公正的原則。辯方的這一主張亦遭到了合議庭的拒絕。

首份書證來源於米納克上士，他在文中稱在江灣集中營裡有一些日本看管者，被告石原勇是其中之一。該上士曾暗地裡給這些日本人起過綽號，例如 Tiny Tim、Shufflefoot、Dirty Neck、

Arkansas Traveller、G-1、G-2，被告則被稱為 The Beast of the East（東方的野獸）。米納克透露，有一次石原勇為了讓他說出私購食物和與人兌換美元的內情，曾用馬鞭抽打他的肩膀、脖子和頭部，並向他的喉嚨灌水，實施所謂的水刑。他從上午 10 點半被折磨至下午 3 點。此後的幾個星期裡，他的手、手臂和鼻子都極感不適。

史力克上士在書面證詞中描繪了自己是如何被石原勇綁起來並實施水刑，被告當時還在旁邊吆喝：「如果你想招供的話，就搖搖頭。」史力克為了喘口氣就搖了搖頭。被告見他還是不說，就繼續用刑，前後持續了一個半小時。

史都上十則稱，有一天在半夜裡，他被被告抓去盤問私兌美元的事，當他說自己什麼也不知道時，被告罵他是「可惡的騙子」。石原又盤問他關於一瓶威士忌酒的來源，他也說不知道。然後，他被剝去了衣服，當時窗戶開著，天很冷，他的雙臂本能地攏在胸前。石原勇竟將一桶水澆到他身上。接著他被施以水刑，被灌進很多水，嘔吐得很厲害。

福利說他也被實施過水刑，手指還遭被告反撐。

一個叫 Bergie Bergan 的平民在證詞中說，有一次他被審訊了一個半小時，被告用馬鞭抽打他，並朝嘴裡灌水，他昏厥過去。事後，他渾身青腫、流血。

還有一個人證明，石原勇曾野蠻地用一支鉛筆插進他的鼻子，導致鼻子流血。

Robert Brown 稱被告應對集中營裡的許多暴行負責，他常常為一些小事就大動干戈。Brown 稱自己也曾在水刑中昏死過兩次，石原還將竹籤刺入了他的手指。

　　手指遭竹籤傷害的還有 Davis，他指證石原對犯人一直很殘忍，自己還曾被倒綁在梯子上達幾個小時之久。並指出，當時在集中營內，每逢白天，日本人都會派出四百個戰俘、犯人去建築一座土丘，用作射擊點，日本人稱它為「富士山第二」。

　　午後，法庭開始傳喚控方證人到庭。第一個作證的是曾在吳淞和江灣集中營任職的矢澤利彥下士。他說自己在 1944 年 1 月親見石原勇對「不遵紀律」的營中戰俘施虐，共有五次之多，戰俘多為美國海軍陸戰隊隊員，還有在押的各地美國領事館館員。石原勇為獲取口供，不惜採取毒辣手段，或用馬鞭抽打，或用茶壺將水強行灌進他們的嘴裡。矢澤宣稱：「母親教不說謊言，故今日作證，是實話。」但其後他又贊揚石原勇為人不偏不倚，視法令軍紀如山似海，雖曾虐待戰犯，但也曾為營內戰俘福利著想，並請傳教士到營中為各人祈禱，並解私囊，以牛奶供給病者。檢察官於是反問證人：石原勇既然如此「仁慈」，又為何「虐打戰俘」？證人竟稱「其人非常守法」。矢澤還告訴法庭，按照集中營的規定，除星期天以外，平日裡從早上 9 點至正午，再從下午 1 點至 4 點半，戰俘必須勞動。每個月可以因此獲得少量工資，到營內食堂買一些糖、茶和鹽等。石原勇就是以所謂的「走私」問題，對戰俘動用了水刑並實施了拷打。其間，法官又問證人：「水刑有沒有對營內不說實話的日本人也實施過？」證人表示沒有。

　　第二個作證的是集中營的翻譯森迫一記（Morisako Kazunori），他亦表示自己曾多次目睹被告施暴，受害者有 Huizenga、Ketner、Clime、Bergman、Minnick、Stowers、Foley 和 Lum 等。集中營最高

長官得知石原的暴行後，隨即將他解職了。[2]

石原勇（中）和他的兩名辯護律師在法庭上（*North-China Daily News*, March 5, 1946, p. 3）

　　3月5日是庭審第二天，出庭的控方證人是原吳淞、江灣盟軍戰俘集中營所長兼海防路盟僑集中營所長大寺敏（Odera Satoshi，日本鹿兒島人，時年五十八歲）大佐。他試圖勾畫日軍的「人道」形象，宣稱武士道精神和他一向的政策是禁止對盟軍戰俘實施酷刑和侮辱。他說對石原勇虐俘的詳情並不清楚，所以後來一得知此事，便馬上將其解僱了。[3]

　　3月6日，石原勇在面對控辯雙方的質詢時滔滔不絕，以似通不通的英語大發「宏論」，他承認了三項指控，但又說自己生平最看不起懦夫，認為被關在集中營內的戰俘都是無能之輩，既然不能到前線作戰，自然就應在後方做苦工。他承認曾對戰俘實施過水刑，但又解釋說此刑並不能致人於死，因為他自己也曾被人實施水刑九次。石原又稱，自己也曾為營中各人謀過福利。其

2　〈日戰犯石原勇受美軍法庭審訊〉，《申報》，1946年3月5日，第4版；"'Beast of the East' On Trial for Torture," *North-China Daily News*, March 5, 1946, p. 3。

3　"Ishihara Attends Court Session," *North-China Daily News*, March 6, 1946, p. 3.

間，為了替被告減罪，辯護人利威雲少校和多納中尉曾提請法庭
注意：其一，各被害人戰後返美，此次自美國來信書面作證，其
字裡行間多有渲染，甚至有言過其實之詞。其二，被告犯罪時處
境特殊，實屬變態心理，因其自東京到中國時自負甚高，後來只
在集中營內謀得一小職位，與士兵同等待遇，所以內心非常痛
苦、自卑，以致將怨氣發泄於戰俘身上，每次打人便引以自榮，
所以打人或虐犯並非出於真實意願。檢察官隨即駁斥辯方：石原
勇為人極為殘暴，並非可以用「變態心理」四字洗滌其罪。[4]

　　3月7日下午3時，主審官米都頓上校宣讀了判決書，石原
勇犯罪「出於本意，並無受何人之主使」，七項罪名成立，判處
無期徒刑，囚禁地點將由主管當局決定。石原勇聞判後，表情嚴
肅，神色緊張，由美軍憲兵押回。[5]

　　需要指出的是，石原勇一案的庭審記錄，連同上海美軍軍事
法庭的全部庭審資料，今天仍保存在華盛頓的美國國家檔案館。

二

　　石原勇的庭審情況已經比較清楚了，那麼他曾經服務和施暴
的吳淞、江灣集中營又位於哪裡呢？內部的狀況究竟如何？

　　較早探討這一問題的是上海市檔案館的研究人員陳正卿，他
的〈美軍戰俘畫筆下的寶山集中營〉一文（《世紀》，2005年
第5期）提供了不少有價值的線索。按照陳正卿的敘述，2002

4　〈雙方律師激烈辯論，美軍三審石原勇〉，《申報》，1946年3月7日，第
　　4版。

5　〈日戰犯石原勇處無期徒刑〉，《申報》，1946年3月8日，第3版；" 'Beast
　　of Asia' Given life Term," *North-China Daily News*, March 5, 1946, p. 3。

年春，他曾接待過一位中文名字叫梁孝玲的美籍荷蘭女士，這位
女士的父親叫麗貝‧威爾克森（Reba Wilkerson），原是美國愛
荷華州莫里森建築公司員工。1941 年春，他由公司安排到西太
平洋上的威克島參加美國海軍基地的建造工程，卻因太平洋戰爭
突然爆發而遭日軍俘虜，1942 年初被押送到上海的日軍集中營
苦役四年之久，戰後他返回美國。梁女士來滬就是想探尋一下
當年父親被關押的地方。其間，梁女士向陳正卿轉交了他父親
生前的回憶文章〈威克島被遺忘的倖存者〉（"Wake's Forgotten
Survivors," *American History Illustrated*, Vol. XXII, No. 8, Dec., 1987,
pp. 43-44），甚至還有其父一名難友的畫作。這位戰俘畫家叫愛
司塔尼塔（Joseph J. Astarita），能畫一手出色的鉛筆素描，1947
年即獲釋回國後不久，就憑藉著記憶作了幾十幅畫，把集中營的
生活場景、日軍暴行等，生動、真實地描繪了下來。[6]

　　陳正卿援引威爾克森的說法：在經歷了兩周的激烈抵抗後，
威克島的美國守軍司令下令投降。1942 年 1 月 12 日，日軍將島
上被俘美軍官兵和建築員工，除留用一百人繼續在島上為日軍修
築工事外，其餘占大多數的一千一百八十人被強令登上新田丸，
趕進密封船艙內，運往上海作苦役。在歷經了十二天漫長的海上
顛簸，再加饑餓和暴打後，終於抵達上海黃浦江畔的公和祥碼
頭，然後被命令以急行軍的速度長跑到吳淞集中營。

　　該集中營是當年日軍三百個俘虜集中營中的一個。他們到達
這裡時，日軍已經使用經年。這個被戰俘們謔稱為「鬼屋」的大
院子臨靠江邊，四周圍著鐵絲網，有些地方已經損壞並正在搶

6　Joseph J. Astarita, *Sketches of P. O. W. Life* (Zürich: Rollo Press, 1947).

修。在未修好前，戰俘們暫時被關押在狹小、簡陋、板棚似的平房裡。日軍只發給他們稻草墊和單薄的棉線毯。時近嚴冬，吳淞口寒風呼嘯，他們常常凍得不能入睡，披著毯子在屋裡行走。日軍供給他們的食物竟是帶皮的稻穀和沒有油鹽的白菜湯，難得有一點點魚。

　　他們的勞役是開挖吳淞運河。原來日軍占領上海後，計劃以吳淞為運送軍需的基地。通過運河就可以把日軍從海輪卸到駁船上的物資，直接拖到岸上的倉庫門前。開挖的工具是鐵鎬和鏟子，每天的土方量必須在落潮時完成，這樣戰俘們必須每天從黎明起或挖或抬，幹到日落。這條運河大約挖了一年時間，它連著大江，還可以看見江上冒煙的兵艦，兵艦上插著日本旗。

　　從愛司塔尼塔的畫作中可以看出，繁重的勞動和饑餓，使戰俘們的健康受到嚴重摧殘。他們個個彎腰駝背，肋骨突出，腹部內凹，手臂和腿部肌肉青筋暴露。他們在日軍的刺刀逼迫下，在泥濘的河灘上擔土。

　　根據威爾克森的文字和愛司塔尼塔的畫，再加走訪熟悉鄉土歷史的人士，陳正卿最終找到了當年的吳淞運河和集中營舊址，即今日連接蘊藻濱的支流河和吳淞公園後海軍博物館的一部分。

　　吳淞運河即將完成時，美國戰俘們又被轉移到距上海城區以北四英哩的江灣集中營（成立於 1942 年 4 月），它位於江灣的高境廟鄉，日軍將其命名為「上海敵國戰俘收容所」，所長是陸軍大佐大寺敏。

　　這次戰俘們的苦役是建造「富士鄉項目」，實際上就是一座兼有瞭望和防守功能的高大堡樓，它呈上小下大四方柱形，頂有瞭望塔，各層都有射擊口，為磚石水泥鋼筋建築，它是出於日軍

防範戰俘營暴動而設計的。日軍看押人員對戰俘的毆打、虐待難以盡述，一些戰俘因受盡折磨而死去。看管人員的凶暴也被畫家記錄下來，其中一個下巴尖突，眼眶深陷，軀幹瘦長的，戰俘背地裡罵他為「恐怖骷髏」的人，慣常以馬鞭抽打戰俘的頭頂和頭頸。另有一個叫「英俊的哈里」的翻譯官，是「恐怖骷髏」的跟屁蟲，喜歡拿著照相機照相。據陳正卿指出，這個「恐怖骷髏」就是石原勇。至於集中營的所長「長有兩撇翹鬍子，他臉上掛著陰險的笑，總說『皇軍必勝』」。戰爭結束後，江灣集中營改為上海戰犯拘留所，專門關押日軍戰犯。陳正卿曾前往原地探查，「這裡已是一片民宅，也不乏高樓大廈」，「現在已是一司法單位所在地」。

　　吉林社會科學院日本研究所武向平撰寫的〈日本在中國境內盟軍戰俘營機構分布考察〉一文（《社會科學戰線》，2009 年第 4 期）則試圖主要根據日本國立公文書館所藏日本戰俘情報局檔案，對日軍在中國境內四地（香港、臺灣、上海和奉天）設置的盟軍戰俘營進行詳細考察。文中涉及上海部分時指出：上海盟軍俘虜收容所成立於 1942 年 2 月 1 日，位於上海市郊三十餘里的楊行鎮附近，即吳淞和揚子江的中間地帶，此地原是日本陸軍的一座兵營。收容所建成時日軍人員主要有將校十五人、下士官十九人、兵五十人，所長大寺敏大佐。到 1942 年 6 月，其內共收容美、英官兵及其他人員達一千六百多人，同年底為一千四百五十六人。盟軍戰俘在日軍強迫下，長期從事繁重的勞動，如修建道路、農耕生產、建築、開礦等，每天勞動時間八至十六個小時，每月勞作在二十四天以上。戰俘的生活環境也是極其惡劣，許多人受到嚴刑拷打、關禁閉或斷絕食物等懲罰，有的

人甚至被當場處死。

同樣是學術性探究，上海師範大學歷史系張帥、蘇智良的〈上海盟軍戰俘營〉一文（《歷史研究》，2016 年第 1 期）利用的中外資料更為翔實，考察也更為全面、周密和深入。該文主要依據美國戰俘情報局（American Prisoner Information Bureau）的調查檔案，[7] 以及倖存戰俘們的回憶，[8] 並輔以日方俘虜情報局檔案和中國報紙等相關紀錄，力圖多角度展現上海盟軍戰俘營的歷史圖景。

作者首先指出，依據日方的資料，日本在太平洋戰爭期間設置的盟軍戰俘營共有十八處。

日本本土 8 處		占領區 10 處		
善通寺	名古屋	上海	朝鮮	馬來亞
大阪	函館	臺灣	爪哇	婆羅洲
仙台	廣島	香港	泰國	菲律賓
東京	福岡	奉天（今瀋陽）		

其中的上海戰俘營設置於 1942 年 2 月 1 日。接著，作者系統調查了中國、西方和日本學術界以往的研究成果，結論大旨是：對設置在中國的盟軍戰俘營乃至上海戰俘營以往關注不足，上海盟軍戰俘營的設置狀況如何？戰俘來源於何處？日方如何管理？戰俘們的生活狀況如何？這些問題都有待深入挖掘。

根據兩人的進一步研究和實地調查，日軍在上海設置的盟軍

7　主要是 "Prisoner of War Camps in Areas other than the Four Principal Islands of Japan," 31 July, 1946, 4-4, 5A-AB-C2-693, Historical Manuscript File。

8　例如：Reba Wilkerson, "Wake's Forgotten Survivors," *American History Illustrated*, Vol. XXII, No. 8, Dec., 1987；James P. S. Devereux, *The Story of Wake Island* (Philadelphia, PA: J.B. Lippincott, 1947)；John N. Pace, "Released from a P. O. Camp," *The American Journal of Nursing*, Vol. 46, No. 1, Jan., 1946 等等。

戰俘營主要有兩處：吳淞盟軍戰俘營和江灣盟軍戰俘營，日方稱為「上海俘虜收容所」。它們在時間上存在著繼承關係，管理者亦基本相同。除此之外，日軍在上海還有零星關押盟軍戰俘的地點，如提籃橋監獄（今四川北路 85 號）、海軍戰俘營（今東江灣路 15 號）、華德路監獄（今長陽路 147 號）。作者援引美方材料，吳淞戰俘營「曾經是日軍的一處兵營，位於上海以北十五英哩，距離吳淞砲臺五英哩」。1942 年 12 月 6 日，戰俘們由吳淞轉移到江灣高境廟鄉，「坐落在上海北郊的江灣鎮，修建在一個比較乾燥的高地上，距離上海一個小時的車程」，具體坐標為「北緯 31 度 18 分，東經 121 度 28 分」，其今址在寶山區殷高路 15 號上海市高境強制隔離戒毒所。營內的戰俘 1942 年為一千四百八十四人，1943 年是九百八十人，1944 年是一千零二十三人。其中，威克島戰俘占據了絕大部分，此外還包括英美等國駐上海的海軍戰俘、美國駐華北的海軍陸戰隊官兵、部分被捕的盟軍飛行員，以及少數被俘的盟軍高級將領等。

　　除了忍受陰冷的氣候、粗劣的食物、繁重的勞役外，盟軍戰俘們還常要面對日方管理者的肆意暴行，作者援引戰俘們的回憶，日本看守「野蠻又愚蠢，經常製造騷亂，他們虐待戰俘，戰俘管理當局也支持看守們這麼做」；「日軍守衛對戰俘很不友好，戰俘經常被抽打耳光。有時因為幾個戰俘犯錯就會導致所有人受罰，戰俘營發生過幾次大規模懲罰戰俘的事情，懲罰措施包括在雨中罰站數小時、幾天不供應食物或關禁閉」。一次例行訓話中可見一斑，某日軍軍官曾毫無顧忌地向新到戰俘們宣稱：「從現在開始你們身無分文，自從被俘的那一刻起，你們就一無所有了。即使你身體裡的那點空氣，也不屬你。從現在開始，你

們要為大東亞共榮而努力工作，你們就是大日本帝國的奴隸。」在修建「富士山第二」時，一些中國勞工獲准進入戰俘營勞動，美國華北海軍陸戰隊的戰俘們得以將自己持有的美元同中國勞工交換，逐漸形成了一個地下市場。日方知情後進行查處，大部分戰俘雖遭受嚴刑拷打，仍不願吐出實情、出賣戰友。

不過，作者也指出，雖然飽受虐待，生存條件十分惡劣，但由於戰俘營配備了基本的醫療設施，再加國際紅十字會及旅滬僑民的積極援助，以及盟軍戰俘盡力保持嚴格軍紀，上海盟軍戰俘營的戰俘死亡率，相比同類型的集中營是相對較低的。

李健、蘇智良的〈侵華日軍在滬集中營考論〉[9]一文將日軍在上海建立的二十三個集中營分為四類，即：

1. 上海僑民集中營；
2. 教會人員集中營；
3. 上海盟軍戰俘營；
4. 中國戰俘集中營。

作者斷言，日本對盟軍戰俘的管理缺少人道主義關懷，戰俘備受饑餓、寒冷、酷刑，甚至勞累至死等野蠻對待。並援引了一位美國海軍軍官回憶：「在集中營裡日本人除了灌水和拷打外還有電刑，所謂的電刑是把著電的金屬觸著人體要害處，我在室內一聽見外面尖銳的慘叫聲就知道又開始電刑了。我想這是一種非常痛苦的刑罰，受刑人沒有一次不慘叫的。當他們手臂被吊得脫節時也常常發出這樣的慘叫，但獨有灌水時不發一聲。這些刑罰

9　李健、蘇智良，〈侵華日軍在滬集中營考論〉，《上海師範大學學報（哲學社會科學版）》，第 46 卷第 3 期（2017.05）。

都是無任何理由的。」另一位美國海軍軍官則稱：「在吳淞集中營裡，牛馬式的生活除外，這裡經常發生所謂的『不幸事件』，每個日本兵都有自己的『法律』，我們時常在無意中破壞了事前根本不知其存在的『司法』，我海軍魯檳遜因拒絕給日兵搖動卡車前面的馬達驅動器被打得半死，還有一個平民戰俘，僅僅看一下營地四周的電網被槍殺了，經我們抗議後，營裡開了一次庭，最後日本軍官宣稱這不過是『意外的不幸事件』，那個殺人的士兵無罪復職。」

通過上述學者對吳淞、江灣集中營的研究，石原勇施暴的大環境已日漸清晰了。

三

在第二次世界大戰結束以後同盟國家對日軍集中營戰犯的審判中，石原勇是一個比較特殊的被告。他並非軍人亦非看守，只是一個被集中營雇用的日本平民，平日裡獲准穿著軍服，是司職起溝通作用的翻譯。他的罪證確鑿，既有許多戰俘的書面證詞，亦有本國同事的到庭指證，本人亦供認不諱，所以中外學術界迄今未見有人對此提出質疑，但有些案例則不同了。[10]

石原勇實施暴行的動機和行徑，固然有其個人的性格與行為特點，但同時也反映出日軍戰犯的基本特徵，那就是無視盟軍戰俘的基本人格和尊嚴，並頻繁實施殘暴的體罰。石原勇對戰爭中俘虜身分的蔑視，正是當時武士道文化浸潤下日本社會普遍的價

---

10 參見馬軍著，丁世理譯，〈桑島恕一軍醫大尉的羅生門——1946 年上海美軍軍事法庭的一個案例〉，收入高綱博文等編，《上海の戰後：人びとの模索・越境・記憶》（東京：勉誠出版，2019）。

值觀念，而漠視 1929 年的《關於戰俘待遇的日內瓦公約》、[11]
極力榨取盟軍戰俘的勞動力，又是戰時日本帝國的一項基本國
策。日軍戰俘政策後來之所以飽受國際主流社會和學術界的詬
病，原因即在於此。

　　當然，日軍對盟軍戰俘普遍實施的虐待和暴行還有一個更深
層次的因素，那就是二戰期間日本陸軍的軍事特質和發展水準。
眾所周知，和日本海軍日新月異的狀況不同，自日俄戰爭以後，
日本陸軍的建設出現了明顯的停滯趨勢，刻意倡導「唯意志論」
導致的後果到二戰時期已暴露無遺，以致在軍事學術的諸多領
域，包括後勤、醫療、糧食供應等方面，都遠遠地落後於時代的
潮流。事實上，缺醫少藥、缺吃少穿的政策並非專對盟軍戰俘，
而是基於日本軍人自身也面臨同樣困惑的大背景。例如，戰時的
青年軍官、戰後成為日本著名軍事歷史學家的藤原彰教授在其回
憶錄《中國戰線從軍記》中對此有過詳盡的闡釋。藤原教授以
自己的親身經歷和研究歷程斷言，「第二次世界大戰中死亡的
二百三十萬日本軍人中有一半以上的人，實際上都不是戰死的，
而是餓死的，其中主要原因是因為後勤供給斷絕，很多士兵患上
了戰爭營養失調症而導致死亡。所以從廣泛的意義上來說，他們
之中的大部分其實是餓死的。而導致大量軍人餓死的重要原因還
在於作戰優先、輕視補給的日本軍隊的作戰行為特性，在於即使
沒有糧食，也要憑藉氣力作戰的軍國主義精神」。[12] 如果說當
時的日本軍政當局尚且不能充分解決本國軍人的食物和醫藥問

11　日本是簽署國，但卻並未正式批准。

12　藤原彰著，林曉光譯，《中國戰線從軍記》，頁 1。

題，那麼自然不能期望他們在漠視《日內瓦公約》的前提下，會為受鄙視的敵國被俘軍人提供充沛的食品、舒適的住宿、溫暖的衣被，以及良好的醫療。而且，日本舊陸軍的內部充滿著各種各樣的暴行，上級打下級，長官打小兵，老兵揍新兵，猶如家常便飯（例如石原勇自承自己也曾受過水刑）。這種惡劣的情緒和行徑，自然也會延伸成對敵國軍人和平民的肆意施暴，於是各集中營內的戰俘常常會因區區不足掛齒的小小冒犯而遭受毒打。[13]

當然，在同樣的大環境下，具體個人的反應也不盡相同，並非所有的日本軍人都是殘暴的，吳淞、江灣集中營內的醫務官新藤就給戰俘們的印象較為友善。「他是一個善良的人，對於戰俘營中的盟軍醫務人員比較友好，對戰俘報以理解和同情。」[14]這樣的人在其他集中營裡也有。[15]

已有的資料表明，發生在吳淞和江灣集中營裡的暴行並非個案，但上海美軍法庭只對石原勇一人進行了審判，該法庭顯然因時間倉促存在著選擇性和隨機性的特點，並沒有對施暴者進行徹底、全面的清算，這當然是其時的歷史環境和條件使然。[16]順

---

13 楊競編譯注釋，《皮蒂日記：奉天戰俘營 1942-1945》（瀋陽：瀋陽出版社，2015），頁 19-20。

14 張帥、蘇智良，〈上海盟軍戰俘營〉，《歷史研究》，2016 年第 1 期。

15 參見馬軍著，丁世理譯，〈桑島恕一軍醫大尉的羅生門——1946 年上海美軍軍事法庭的一個案例〉。

16 例如徐家俊認為，上海美軍法庭的司法實踐「是一項伸張正義、順應民意的行為，應予充分肯定。在時間上又先於中國國民政府審判日本戰犯，為中國各軍事法庭審判日本戰犯提供了可資借鑒的經驗」，但同時也存在著缺憾，即「帶有一定局限性和片面性，法庭不涉及日本戰犯對中國人民犯下的罪行，它只注重日本戰犯對美軍被俘人員以及美軍盟友菲律賓人民所犯的罪行，同時在調查、取證中還遺漏或沒有追究他們一些重要罪行」。徐家俊，〈抗戰勝利後日本戰犯在上海的關押、審判與執行〉，《上海地方志》，2015 年第 4 期。

便一提的是，該集中營的最高長官大寺敏大佐雖遭上海美軍法庭釋放，後來亦受到了審判，只是審判方是屬於中國軍事法庭範疇的第一綏靖區司令部軍事法庭。1946 年 11 月 17 日，他因兼任上海海防路收容所所長期間（1942 年 11 月 5 日至 1945 年 5 月 8 日）多方虐待盟國僑民而被提起公訴，次年 7 月 26 日被判有期徒刑七年，後又改判三年六個月。[17]

　　最後需要指出的是，第二次世界大戰是一次同盟戰爭，1941 年 12 月 7 日太平洋戰爭爆發後，中、美、英之間成為了對日作戰的盟友，持續四年直至大戰結束。1942 至 1945 年間的上海，雖然位於敵後，並無大規模的戰事發生，但作為遠東的第一都市，仍然是雙方關注、角力的一個焦點。從這個意義上說，分布在上海城區邊緣的若干盟軍戰俘集中營和盟國僑民集中營，[18] 其內被關押的數千名人員，以受虐、受難的特殊形式和中國民眾在並肩苦撐，等待著黎明的到來。

17　有關大寺敏的案子，可參見〈兩日戰俘，虐待僑俘〉，《申報》，1946 年 11 月 19 日，第 5 版；〈三日戰犯宣判，一長監二徒刑〉，《申報》，1947 年 7 月 27 日，第 4 版；李良等，〈戰犯審判實例之一〉，《震旦法律經濟雜誌》，第 4 卷第 6 期（1948.06），頁 211-218、第 4 卷第 7 期（1948.07），頁 225-230；袁燦興，《國際人道法在華傳播與實踐研究（1874-1949）》（合肥：合肥工業大學出版社，2015），頁 219-225。

18　有關上海盟國僑民集中營的概況，可參見熊月之，〈上海盟國僑民集中營述論〉，載上海市政協文史資料委員會編，《上海紀念抗日戰爭勝利 60 周年研討會論文集》，頁 305-334。

《「九‧一八」——「一‧二八」上海軍民抗日運動史料》是怎樣編成的？[1]

　　過去我寫過〈《「八一三」抗戰史料選編》是怎樣編成的？〉一文，事實上，該書還有一部姊妹書，即《「九‧一八」——「一‧二八」上海軍民抗日運動史料》（上海：上海社會科學院出版社，1986），只是後者晚出版五個月而已。

　　上海社會科學院歷史研究所自 1978 年 10 月復所以後，繼續秉承文革前的編史傳統，而編纂「上海抗日救亡運動的興起」系列資料集，遂成為那一時期的一項戰略任務。參加該書資料搜集、整理和編輯工作的是來自現代史研究室的李華明、饒景英和翁三新三位中年學者。數年間，他們不辭辛勞，走訪了上海圖書館、上海市檔案館、中共一大紀念館、上海辭書出版社、中國第二歷史檔案館等許多單位，從數十種文獻中系統挖掘、擇取了大量相關資料以編輯成集。全書達四十一萬字，五百二十三頁，共分九章：

第一章：「九‧一八」事變在上海的反響；

第二章：「一‧二八」事變的爆發；

1　本文修改自：「上海史研究通訊」微信公眾號，2022 年 12 月 22 日，撰於 2021 年 12 月 21 日。

第三章：日軍大舉進攻上海，十九路軍英勇抗戰；

第四章：國共兩黨關於「一・二八」事變的主要文電；

第五章：上海人民聲援十九路軍抗日；

第六章：上海人民踴躍援助十九路軍抗戰；

第七章：上海人民譴責國民政府出賣上海，反對中日停戰協定；

第八章：上海各界隆重追悼淞滬陣亡將士；

第九章：關於「一・二八」事變和上海軍民抗戰回憶錄；

附錄：「九・一八」到「一・二八」上海軍民抗日運動大事記。

　　其內資料的來源，原載體屬報紙、期刊的有《國聞周報》、《申報》、《新聞報》、《紅旗周報》、《民族日報》、《時事新報》、《文藝新聞》、《生活周刊》、《大公報》、《民國日報》、《生活》臨時特刊、《列寧青年》、《大中華》、《讀書雜誌》、《時報》、《戰火》、《新文化半月刊》等等；屬書籍、著述的有《蔣總統集》（臺北：國防研究院，1961）、《為新中國奮鬥》（北京：人民出版社，1953）、《淞滬禦日血戰大畫史》（上海：文華美術圖書公司，1933）、《「一・二八」的一些紀念品》（上海：商務印書館，1933）、《十九路軍抗日血戰史》（上海：神州國光社，1947）、《日本帝國主義對外侵略史料選編（1931-1945）》（上海：上海人民出版社，1975）、《淞滬抗日畫史》（生活書店1932年版）、《十九路軍抗日血戰史》（上海：神州國光社，1947）、《宋慶齡選集》（北京：人民出版社，1966）、《十九路軍隨營學生義勇軍同學錄》（1932年版）、《文史資料選輯》第37輯（北京：中華書局，1963）、《文史資料選輯》第59輯（北京：中華書局，1979）、《上海文史資料選輯》第47輯（上海：上海人民出版社，1984）等等。還有一些是原始

檔案，如《工部局警務處情報》、《淞滬抗日戰役第五軍戰鬥要報》、《中國現代政治史資料彙編》等，以及若干當事人的回憶。歷史研究所資深的日漢翻譯家吳繩海先生則對一些日文史料（如《日本外交年表與主要文書：1840- 1945》下卷、[2] 日本外務省編《帝國海軍和上海事變》）進行了摘譯。現代史研究室主任任建樹先生還對全稿進行了審訂。

　　一二八事變是繼九一八事變之後，日本帝國主義為轉移國際關注，擴大對華侵略，在上海地區蓄意製造的一個事端。相應地，它也引發了全國人民尤其是上海人民在民族大義的感召下，開展起了抵抗外來侵略的英勇救亡運動，從而受到國內外的廣泛關注，意義極為深遠！《「九・一八」──「一・二八」上海軍民抗日運動史料》翔實地反映了這一事變的前前後後、方方面面，對於研究中日戰爭史、第二次世界大戰史和上海史具有重要的鋪墊作用。三位主要編者在採資、編訂的同時，或在出版之後，也相繼發表了若干研究性的論文，如〈「一・二八」事變前後的宋慶齡〉（李華明、饒景英、翁三新，上海《社會科學》，1981 年第 4 期）；〈「九・一八」和「一・二八」時期的上海學生運動〉（李華明、饒景英、翁三新，上海《社會科學》，1983 年第 1 期）；〈評「一・二八」戰爭前後滬西日商紗廠大罷工〉（饒景英，《史林》，1989 年第 4 期）；〈彪炳史冊的「一二八」淞滬抗戰〉（饒景英，《史林》，1992 年第 1 期）等等。1995 年 7 月上海社會科學院出版社出版的，由中共上海

2　外務省編，《日本外交年表並主要文書：1840-1945》（東京：日本国際連合協会，1978）。

市委黨史研究室編，李華明、饒景英參與撰寫的《上海抗日救亡史》亦從該資料集中受益頗多。

除此之外，編資者還常藉各種公開場合，口頭宣示自己的學術心得。例如 1982 年 8 月 10 日上海社會科學院歷史研究所曾召開紀念八一三淞滬抗戰四十五周年學術討論會，代表一二八課題組發言的李華明詳細介紹了日本帝國主義製造九一八和一二八事變的經過。他分析說，事件的產生絕非偶然，1930 年前後世界資本主義出現了新的經濟危機，處在這一漩渦中的日本，產品相對過剩，失業增加，原料、糧食、副食品嚴重不足，它就拼命以奪取鄰國為出路。當時，日本關東軍的高級參謀板垣曾說過：要打開我們國家的困難經濟局面，根本政策不外乎要向海外發展，只有占領中國的東北，才是唯一的出路。代表壟斷資產階級的政友會和民政黨，都奉行著軍國主義的擴張政策。

李華明進而指出，九一八事變後，日本強占了東三省，它一面拼湊滿洲國傀儡政權，另一方面為轉移人們的視線，又發動了一二八事變。1932 年 1 月 28 日，日本藉口「日僧事件」，在寶山路一帶向第十九路軍發動進攻。據日本駐滬公使館武官田中隆吉供稱，這是他按照板垣征四郎的指令，勾結女間諜川島芳子，利用日僧事件，指揮日本浪人焚燒了三友實業社，一手炮製了一二八事變。事後，他還接到板垣表示感謝的信說，幸虧你這麼一來，「滿洲的獨立」就成功了。

李華明還著重揭露了這場戰爭的破壞，光是一二八淞滬戰爭三十三天，日本法西斯給上海造成的可估計損失就達法幣十七億元。當時戰區涉及的閘北、虹口、吳淞、江灣、大場等處，損失尤烈，直接受害者有十八萬戶，達八十一萬人，家破人亡，失蹤

的計一萬八千餘人。此外，更有無法以貨幣計算的損失，如日機對閘北的狂轟濫炸，將素有東方知識寶庫之稱的東方圖書館和著名的出版事業商務印書館炸毀。東方圖書館是當時收藏中外圖書最豐富的圖書館，藏有中文圖書二十六萬冊（每冊三、四本合訂），外文圖書八萬冊，何氏善本四萬冊，經史子集、方志五萬五千三百九十五冊，各項圖片五千套。當時日本海軍第一外遣艦隊司令兼駐滬特別陸戰隊司令塩澤幸一說，炸毀閘北幾條街，一年半載中國人馬上可以恢復起來，只有把東方、商務這樣的文化機關摧毀，中國人則永遠不能恢復。其用心可謂萬分險惡。[3]

《「九・一八」──「一・二八」上海軍民抗日運動史料》面世後，其受益面不僅在歷史研究所，也不僅僅在上海史界，以後中外學術界但凡有涉及一二八問題的，幾乎是繞不開此書的，實可謂利及遠人，功不可沒。三十五年過去了，今天依然如此。該書在上海社會科學院歷史研究所數十年的史料編纂事業中占據著醒目的位置！

順便一提的是李華明、翁三新在該書正式出版之前的1985年已調往中共上海市委黨史資料徵集委員會辦公室（後為中共上海市委黨史研究室），饒景英於1995年從歷史研究所退休，三人現均健在。吳繩海、任建樹從歷史所退休後，分別於1985年和2019年離世。

值此一二八事變九十周年的前夕，讓我們重新翻閱這部資料集吧。

3　參見〈決不容許日本篡改侵華歷史──本所舉行紀念「八一三」學術討論會〉。

本書書影

後記

　　昨晚，與一位老先生吃飯，他似乎懂一些周易、玄學，席間突然冒出一句：「你的名字『馬軍』，有點怪怪的，不是太好，最好能再起個名字。」我笑而不答。

　　我叫「馬軍」已經五十四年了，文化程度不高的父母當年給我起這個名字，大概有兩個原因，其一是文革因素，這是眾所周知的；其二便是父親 1960 年代初曾在海軍服役。其實，在那個時代裡，名字裡帶「軍」的人有很多，在一定意義上，我們這代人自出生起就被打上了文革烙印。

　　名字，對一個人的童年可能是某種開啟，而童年的經歷又會給予一生以至深的影響。因於「馬軍」，我在童年時常常在腦際想像著一個騎著馬的解放軍的形象，並幻想著自己長大後也能成為解放軍。那時還看了不少打仗的電影，例如《南征北戰》、《大刀記》、《烽火少年》、《長空雄鷹》、《渡江偵察記》、《難忘的戰鬥》等。據老輩人回憶，小時候的我愛玩打仗遊戲，嘴裡經常喊的是「衝啊……殺呀……衝啊……殺呀」。

　　進入少年時代以後，我又產生了對歷史學的興趣，並很快糅合成對軍事史，尤其是世界軍事史的著迷。記得高中時代讀的最多的課外讀物是蘇聯將帥的二戰回憶錄，例如朱可夫的《回憶與思考》、科涅夫的《方面軍司令員筆記》、什捷緬科的《戰爭年代的總參謀部》、華西列夫斯基的《畢生的事業》、巴格拉米揚的《戰爭是這樣開始的》、梅列茨科夫的《為人民而戰》，以及史達林的《論蘇聯偉大衛國戰爭》、格列奇科的《蘇維埃國家的

武裝力量》等等。蘇聯軍隊在二戰中擊敗法西斯德國和軍國主義日本，取得了具有世界歷史意義的勝利，這令我非常崇敬！由於反復閱讀，書中的某些段落，我甚至能夠背下來了。

那時，為了購買朱可夫的《回憶與思考》（七元八角）和科涅夫的《方面軍司令員的筆記》（三元伍角），我著實下了很大的決心。作為一個高中生，並沒有固定的收入，1987 年夏靠學校組織的社會實踐才掙了一點勞務費。錢一到手，我便毫無猶豫地換書回家了。

1988 年 8 月我考入了復旦大學歷史系，對我這個出自一般中學的一般學生來說，委實是個奇蹟。但在慶幸之餘不免又有些許的遺憾，尋思著應該在填志願時多添一項「提前錄取」，那是針對軍事院校的，如果被錄取了，不就可以頭戴大檐帽，身穿解放軍制服，扛上肩章了嗎？那該有多神氣啊！

未遂的軍人夢，在這之後又延續了多年，其化解的方式自然還是對軍事史的鑽研。大學期間乃至進研究所之初，所讀所寫也大率如此，記得本科的畢業論文是〈對中央紅軍長征幾則問題的考辨〉，工作後發表的第一篇論文是〈蘇德戰爭合圍戰特點探析〉。這種狀況一直要持續到 1995 年我就讀在職碩士生之後，由於進入了廣闊的上海史、中西文化交流史領域，我才開始了兼「武」兼「文」的新時代。直至後來，「文」終於壓過了「武」，但「武」卻始終也沒有放棄過。

本書即匯聚了我過去三十年有關第二次世界大戰史的重要論文、文章（絕大多數曾發表過），因為這一直是我鑽研軍事史的焦點。由於學術時代、環境和旨趣的變化，早年的那些文字已經明顯老化了，但畢竟是自己青年時代和過去歲月的見證。今天，

面對昔日的字裡行間，除了重新核對全部引文並略作協調外，基本未予變動。但仍希望能在新的板塊組合之後，以一定的特色，在滿坑滿谷的二戰史書籍中占有一席之地。

研究軍事史，自然是要懂一些軍事學的，我雖然沒有正式聽過課，但時間久了，也會領悟到一些骨幹知識。在生活中我常常講，軍事學由於重在制敵、致勝，所以它其實是社會管理學最直接、最集中的體現，它的許多原則對於生活和工作是很有啟迪的，例如大規模集中兵力的原則、預備隊的原則、後勤保障的原則，等等。我總是將軍事學術的三個層次——戰略、戰術、戰鬥，作為自己分析問題、處理社會事務乃至進行學術管理的基本思維，旨在從遠、中、近的三種視野中，選擇最恰當的措置。這或許是我長期喜好軍事史的一種別樣的收穫。

近年來，我偶爾受邀參加軍事史專業的學術活動，其間與軍官們往來交談，側身軍服和肩章之間，有時我也會想，如果當年自己走了軍校之路，後面的人生又會是怎麼樣呢？一個本想成為軍人的人最終成為了文人，這當然是和平的大時代使然，或許自己還應該為此感到慶幸吧。戰爭畢竟不是小孩子的遊戲，而是瞬間剝奪千百人生命的悲劇，還是越遠離越好。讓我們永遠珍愛和平！

最後，請允許我向支持本書出版的上海社會科學院和民國歷史文化學社表示真摯的感謝，特別是要向欣然作序的華強教授和擔任審稿、編輯工作的人士致敬！

馬軍

2021 年 8 月 21 日撰

2023 年 12 月修訂

說史敘事 15

二戰硝煙下的蘇德、遠東與上海
An Overview on World War II History

作　　者　馬　軍
總 編 輯　陳新林、呂芳上
執行編輯　李佳若
封面設計　溫心忻
排　　版　溫心忻

出　　版　🛡開源書局出版有限公司

　　　　　香港金鐘夏愨道 18 號海富中心
　　　　　1 座 26 樓 06 室
　　　　　TEL：+852-35860995

　　　　　🌼 民國歷史文化學社 有限公司

　　　　　10646 臺北市大安區羅斯福路三段
　　　　　37 號 7 樓之 1
　　　　　TEL：+886-2-2369-6912
　　　　　FAX：+886-2-2369-6990

初版一刷　2024 年 5 月 31 日
定　　價　新台幣 500 元
　　　　　港　幣 140 元
　　　　　美　元　20 元
I S B N　978-626-7370-87-2
印　　刷　長達印刷有限公司
　　　　　臺北市西園路二段 50 巷 4 弄 21 號
　　　　　TEL：+886-2-2304-0488

http://www.rchcs.com.tw

國家圖書館出版品預行編目 (CIP) 資料
二戰硝煙下的蘇德、遠東與上海 = An overview
on World War II history / 馬軍著 . -- 初版 . -- 臺
北市 : 民國歷史文化學社有限公司 , 2024.05

　　面；　公分 . -- (說史敘事 ; 15)

ISBN 978-626-7370-87-2 (平裝)

1.CST: 第二次世界大戰　　2.CST: 戰史

712.84　　　　　　　　　　　　　　113005589